Sven Kuntze

Die schamlose Generation

SVEN KUNTZE

Die schamlose Generation

Wie wir die Zukunft unserer Kinder
und Enkel ruinieren

C. Bertelsmann

MIX
Papier aus verantwortungsvollen Quellen
FSC® C014496

Verlagsgruppe Random House FSC® N001967
Das für dieses Buch verwendete
FSC®-zertifizierte Papier *Munken Premium Cream*
liefert Arctic Paper Munkedals AB, Schweden

1. Auflage

Umschlaggestaltung: buxdesign München
Satz: Uhl + Massopust, Aalen
Redaktion: Sibylle Auer, München
Druck und Bindung: GGP Media GmbH, Pößneck
Printed in Germany
ISBN 978-3-570-10222-0

www.cbertelsmann.de

Für Inka, Klara und Sophie

Inhalt

Prolog

»Die wahre Großzügigkeit gegenüber der Zukunft besteht darin, alles der Gegenwart zu geben.«

Albert Camus

Ich habe von folgendem Erlebnis an anderer Stelle schon einmal berichtet. Aus gutem Anlass aber erzähle ich die Geschichte noch einmal.

Es liegt bereits einige Jahre zurück, als ein Freund mich bat, eine kurze Rede zum achtzehnten Geburtstag seiner Tochter aus zweiter Ehe mit einer sehr viel jüngeren Frau zu halten. Unterhaltsam sollte die Rede sein, aber auch die Probleme nicht verschweigen, mit denen sich der Nachwuchs heutzutage auseinandersetzen muss.

Die junge Dame, der nun meine Aufmerksamkeit galt, war ein reizendes Geschöpf, sportlich und musisch begabt, Klassensprecherin und der Mittelpunkt einer großen Freundesschar. Der Stolz eines jeden Elternpaars, wenn man einmal davon absah, dass sie eine aufdringliche Art an sich hatte, ihre unmittelbare Umgebung an ihrem Problembewusstsein teilhaben zu lassen. Sie marschierte unbeirrbar in den ersten Reihen jeder der unzähligen Bewegungen zur Verbesserung oder Verhinderung von diesem und jenem, die damals wieder über das Land kamen wie die biblischen Plagen über das alte Ägypten.

Die Eltern waren in ihrer Studienzeit ebenfalls öfters unterwegs gewesen, um einem diffusen Unmut Ausdruck zu verleihen. In die Jahre gekommen, waren sie fußfaul geworden und hatten ihren Protest in den Kopf verlagert, wo er, von gelegentlichen kompromisslosen Äußerungen unterbrochen, ein friedliches Dasein führte.

»Wir sind doch ihrer Meinung«, seufzte ihr Vater, mein Freund, genervt angesichts zahlloser Merksätze, die sie auf gesundem Papier ohne Rücksicht auf die durchgängige Einrichtung mit Möbeln und anderen Ikonen aus den Zwanzigerjahren in der elterlichen Wohnung verteilt hatte.

»Das grüne Licht leuchtet nicht für lau«, »Jutesack statt Plastiktüte« oder »Obst aus Neuseeland verschwendet Energie« stand dort in bewusst ungelenker Schrift zu lesen.

Seine beiden Kinder aus erster Ehe waren, nebenbei, besser geraten. Sie führten ihre Leben unauffällig in akademischen Berufen und abseits der großen Themen. Was dem Vater aber auch nicht recht war. »Ein wenig engagierter, so wie wir damals, könnten sie schon sein«, knurrte er gelegentlich.

Was sie von meiner Rede erwarte, wollte ich von der jungen Dame wissen, bevor ich begann, darüber nachzudenken.

»Warum erzählst du nicht von der Erbschaft deiner Zeit«, antwortete sie freundlich, mit zweideutigem Unterton.

Ich muss irritiert geschaut haben.

Das sei sicher ein Thema, das mir liegen müsse, denn schließlich sei ich, wie die meisten anderen meiner Generation, auch so ein Erbonkel, auf dessen Hinterlassenschaft sie gerne verzichten würde.

Ich war immer noch irritiert.

»Klimakatastrophe«, half sie mir nachsichtig auf die Sprünge, »Staatsverschuldung«, fuhr sie fort, »Atommüll«. Sie kannte keine Gnade. »Das sind doch ergiebige Themen für das, was vor mir liegt.«

Ich habe die Rede dann doch nicht gehalten.

Einige Tage später erzählte ich meiner etwa gleichaltrigen Tochter von dem Zwischenfall, in der vagen Hoffnung, dass sie mir beistehen würde.

»Sie hat ganz recht. Was ist das auch für ein Durcheinander, Himmeldonnerwetter, das ihr uns nach sechs Jahrzehnten Friede und Wohlstand hinterlasst!« Erbarmungslos wies sie meine Bitte um Unterstützung ab: »Ihr solltet euch was schämen, aber Scham ist euch wahrscheinlich in den wilden Jahren, auf die ihr so stolz seid, abhandengekommen.«

Scham? Geht's noch? Was war das denn für ein Ladenhüter aus dem Mund meiner Tochter, die eine in jeder Hinsicht fortschrittliche Erziehung genossen hatte, nämlich gar keine?

Ganz sicher kein Begriff aus dem elterlichen Bestand verblasster Theorien, von denen etliche, wie etwa die vom »tendenziellen Fall der Profitrate« oder der »Kaderpartei als Vorhut des revolutionären Subjekts, des Proletariats« bereits reichlich Patina angesetzt hatten, wenn wir sie nicht schon gänzlich auf dem Müllhaufen unserer persönlichen Biografien entsorgt hatten. (Genossenhumor und nur nach dem Studium der Klassiker, in Sonderheit Lenin, recht verständlich: »Die KPD-AO ist die Vorhaut des Proletariats. Immer, wenn's ernst wird, zieht sie sich zurück.« Damals ein Brüller!)

Die Scham indes ist eines der kostbarsten Gefühle, derer wir Menschen fähig sind. Sie ist die emotionale Grundierung der Moral als Maßstab unseres Handelns. Ohne das tiefe Gefühl der Scham, das uns gelegentlich heimsucht oder dies zumindest tun sollte, hat Moral keinen Halt. Die Scham ist das Gefäß, in welches die Moral ihren Inhalt gießt und Form gewinnt. Ohne jene würde diese austrocknen wie die Pfütze in der Wüste. Im Gegensatz zu den angeborenen Emotionen wie Angst, Wut oder Traurigkeit gehört die Scham zu den sozialen Emotionen wie Schuld oder Eifersucht, die erlernt werden müssen.

Nachdem ich den Begriff der Scham und damit die Sache selbst spät im Leben und unerwartet wiederentdeckt hatte, trug ich bei Lesereisen durch die deutsche Provinz anlässlich einer Veröffentlichung über das »Alter« gegen Ende der Veranstaltungen gelegentlich die aufmüpfigen Thesen der beiden jungen Damen vor. Wir, die »Vierziger«, das heißt diejenigen, die in den Vierzigerjahren und Anfang der Fünfzigerjahre des vergangenen Jahrhunderts zur Welt kamen, waren bei diesen Veranstaltungen bis auf seltene Ausnahmen unter uns. Meine Zuhörer waren in der Regel erst einmal wie gelähmt. Es brauchte seine Zeit, bis sie Atem geholt, das Vorgetragene begriffen und zugeordnet hatten und reagieren konnten.

»Absurd, lächerlich«, hieß es dann. »Können Sie noch einmal wiederholen, was Sie meinen? Ich finde da keinen Zugang!« – »Wovon reden wir eigentlich? Ich dachte, das sei eine Lesung zum Thema Alter. Ich habe wenig Lust, mir Vorwürfe anzuhören!«

Nach einer zweiten Runde der Erläuterung wurde es dann meist recht lebhaft, was zumindest bezeugt, dass die Anschuldigungen meiner Tochter und ihrer Bekannten nicht ganz spurlos an ihnen vorübergegangen waren. Das sei »Unsinn«, wurde ich belehrt. »In jedem Augenblick leben verschiedene Generationen nebeneinanderher. Das kann man nicht einfach trennen, nur weil's passt.«

»Aber wir sprechen doch auch von der Generation unserer Väter und Großväter!«

»Und Mütter und Großmütter!«

Fortschrittliches Gedankengut, das wie flüssiges Quecksilber in alle Poren des Landes eingedrungen war, hatte auch vor dem Hochsauerland nicht haltgemacht.

»Ja, schon recht, aber die wichtigen Stellen sind doch nicht nur von Frauen und Männern mit sechzig plus besetzt. Da gibt's haufenweise Dreißig- bis Fünfzigjährige. Die sind verantwortlich wie alle anderen auch!«

»Denken Sie mal an das schwere Erbe des Faschismus, das wir zu ertragen hatten!«

»Was war an dem für uns so unerträglich?«

»Ich habe daran gelitten und tue es heute noch!«

Mit der Last des Faschismus indes konnten die meisten der Anwesenden wenig anfangen.

»Alle haben gemeinsam Verantwortung, nicht nur wir.«

»Dann muss mir mal einer erklären, wie es sein kann, dass wir nach sechs Jahrzehnten Wohlstand, Wirtschaftswachstum und geringer Arbeitslosigkeit einen Schuldenstand von zwei Billionen Euro angehäuft haben. Das sind vier Billionen in alter D-Mark!«, gab ich zu bedenken.

»Das sind doch alte Kamellen. Jeder weiß, dass die Umstellung eins zu zwei nie der Realität entsprochen hat.«

Und schon waren sie mir entwischt.

»Der Itaker …«

»… sagt man nicht mehr!«

Zustimmendes Gelächter.

»Der Italiener am Marktplatz, neben dem Café Leuthen, der hat damals von heute auf morgen eins zu eins umgestellt.«

»Die Eisdiele auch!«

»Mag sein, das ändert aber nichts an dem hohen Schuldenstand.«

»Dafür kriegen unsere Kinder und Enkel ein Land in tadellosem Zustand.«

In der ersten Reihe meldete sich ein schmaler, scheuer Mann zu Wort und erklärte umständlich, dass die Toiletten in der Winkelreinschule drüben im Hägert …

Unwirscher Zwischenruf aus dem Publikum: »Wir wissen, wo die ist!«

»… seit geraumer Zeit völlig verdreckt« seien. Sein Sohn pinkle deswegen über den Zaun, der das Schulgebäude umgibt, in einen Nachbargarten, dessen Besitzer sich deswegen bei der Schulleitung beklagt habe. Damit, so hatte ich ihn verstanden, wollte er andeuten, dass es mit dem tadellosen Zustand nicht weit her war.

Die Leute murrten und bestraften ihn mit dem Verräterblick. Eingeschüchtert setzte er sich wieder hin. Ihm folgte ein kräftiger, kahler Sauerländer. Er habe sich früher über Landstraßen fast eine Stunde lang zu seiner Arbeitsstelle in einer Traktorenfabrik quälen müssen. Seit aber das neue Autobahnstück fertig sei, bezahlt von den Steuergeldern »der Vierziger, wie Sie die nennen«, brauche er nur noch die Hälfte der Zeit. Das sei ein Stück Hinterlassenschaft an Kinder und Enkel, derer man sich nicht zu schämen brauche. »Überhaupt, dieses Wort!«

So ging das querfeldein, vom Autobahnteilstück und dem Erbe des Faschismus bis hin zum Verhältnis von Euro und D-Mark und verdreckten Grundschulklos.

Für mich war das leichtes Tagwerk, da ich nun, ohnehin erschöpft nach neunzig Minuten Vortrag, ruhig und gelassen beiwohnen konnte, wie die Wogen hochschlugen.

Der Höhepunkt war ohne Zweifel eine Veranstaltung auf der Schwäbischen Alb, wo ein erregter Zuschauer seinem redseligen Nachbarn drohte: »Noch ein Wort, und i bompf dr oine!«, was wohl heißen sollte: »Ich hau dir eine aufs Maul!«

Aufgeregte Reaktionen im Publikum: »So goats fei et.«

Die Fortsetzung des Abends fiel schließlich der schwäbischen Sitte, mit den Würmern vor den Vögeln aufzustehen, zum Opfer.

Freilich blieben Einsicht und Nachdenklichkeit, gar Reue oder Scham die seltene Ausnahme bei den Lesungen, insofern waren meine Bemühungen vergeblich. Immerhin haben die erregten Wortmeldungen am späten Abend alle Einsprüche gegen das, was ich auf den folgenden Seiten ausbreiten werde, vorweggenommen. Und zum Teil haben sie ja recht. Der Begriff der »Vierziger«, im Zusammenhang mit den sozialen und ökonomischen Entwicklungen der vergangenen fünf Jahrzehnte, entspricht nicht der Trennschärfe, welche die Wissenschaft von Begriffen fordert. Trotzdem ist der Generationenbegriff in den Geschichts- und Sozialwissenschaften häufig verwendet worden, als »Generation der Sachlichkeit« für die Zwischenkriegszeiten zum Beispiel, oder als »skeptische Generation« für diejenigen, die als Heranwachsende das

Kriegsende noch erlebt hatten. Der Begriff taugt, wenn die Betroffenen konkrete Vorstellungen mit ihm verbinden und sich ein Gefühl von Gemeinsamkeiten nachweisen lässt.

Mein Publikum in jenen Tagen, recht besehen aber vor allem die beiden jungen Damen, waren Anstoß für dieses Buch gewesen, aus dem unter der Hand schließlich ein Pamphlet geworden ist, in dem es zuweilen recht unsachlich zugeht. Im Folgenden werde ich nur in Ausnahmen nach Ursachen suchen – zu denen gibt es bereits Veröffentlichungen in großer Zahl –, sondern vor allem Behauptungen anstellen. Das muss kein Schaden sein, solange die generelle Marschrichtung sich einigermaßen mit der Realität verträgt.

Gelegentlich geht es querfeldein und endet in unzugänglichem Unterholz. Das ist vor allem dem Dickicht der Realität geschuldet, das bislang noch keiner zu durchdringen wusste.

Ein Pamphlet will nur in zweiter Linie korrekt darstellen und analysieren. Vor allem will es Krakeel machen und in dessen Nachfolge wirken und wird deswegen mit groben Maschen in grellen Farben gestrickt.

Ein Pamphlet ist immer Aufruf zur Aktion – so auch in diesem Fall. Es fordert jedoch weder Aufruhr noch Revolution, sondern besinnt sich am Ende auf jene Tugenden, die jedem Gemeinwesen von jeher gut angestanden haben: Solidarität, Gemeinsinn, Mitleid, Bescheidenheit und Verantwortung – Tugenden, die jeder Einzelne für sich zwar gern in Anspruch nimmt, deren Umsetzung in der Praxis aber regelmäßig den äußeren Umständen zum Opfer fällt. Wären sie jedoch als Kollektivtugenden wieder eingeführt, folgte das Notwendige fast von selbst.

Was die Theorien, und derer gibt es ohne Ende, zum Zustand der Gegenwart und Zukunft betrifft, so bin ich mit leichtem Gepäck unterwegs. Dies ist, wie bereits angedeutet, keine wissenschaftliche Arbeit. Ich habe deswegen auf exakte Anmerkungen und

Quellennachweise verzichtet, bedanke mich aber bei all denjenigen, deren Gedanken oder Formulierungen – anonym zwar, aber stets durch Anführungszeichen markiert – auf den folgenden Seiten zu finden sein werden.

Ich habe auch auf reichliches Zahlenmaterial verzichtet, es wird ohnehin überlesen. Wer studiert schon Tabellen, Prozentsätze und deren Vergleichsgrößen sowie die volkswirtschaftlichen Schlüsseldaten, denen oft komplizierte Definitionen zugrunde liegen, ohne deren Verständnis die Zahlen bedeutungslos bleiben? Die Dimensionen sind zudem so ungeheuerlich, dass sie die Vorstellungskraft eines jeden Lesers, wie auch die meine übrigens, überfordern. Sie tun das täglich bei der Zeitungslektüre. Was den erwünschten Effekt hat, dass die sehr realen Entwicklungen mit sehr realen Konsequenzen für jeden Einzelnen die Gestalt einer mystischen Realität annehmen, die mit der Wirklichkeit nichts mehr gemein hat. Ganz so wie das Paradies jenseits unserer irdischen Existenz.

Und noch eines: Gelegentlich vagabundiere ich zwischen dem Begriff »die Vierziger« und der ersten Person Plural, dem »Wir«, hin und her. Das hat jedoch keine tiefere Bedeutung, sondern dient, wie ungelenkt auch immer, ausschließlich dem Fluss der Darstellung.

Viel Unterstützung aus den eigenen Reihen habe ich bei diesem Projekt nicht erfahren dürfen. Eine alte Freundin, die »den jungen Joschka Fischer noch kannte«, ganz wie Tante Musi noch »am kaiserlichen Hof getanzt« hatte, findet das Projekt »ungehörig«, ein Urteil, das wiederum zu der längst verstorbenen Tante gepasst hätte.

Ein Freund aus frühen Jahren, der eine lange Strecke Wegs vom Berufsrevolutionär zum melancholisch konservativen Kulturkritiker zurückgelegt hatte (wenngleich, recht betrachtet, der Weg so lang nicht gewesen war), beschied mich knapp: »Ich sehe überhaupt keine Zusammenhänge. Gibt es auch nicht«, und fügte hinzu: »Das ist ein Zitat. Woher es kommt, wirst du selbst herausfinden müssen.« Hilfreich war das auch nicht gewesen.

Die beiden jungen Damen, die mich auf das Thema gebracht hatten, werfen mir heute vor, mich an ihre Generation »anschleimen« zu wollen, und machen mir wenig Hoffnung auf Zustimmung oder Absolution, und wenn ich »noch so kritisch wäre«. Zudem sei die Idee, mein Gewissen durch die Publikation eines gut verkäuflichen Buches zu entlasten, typisch für Leute wie mich.

Ein alter Freund spricht von »Verrat«, immerhin, denn die meisten wollen »davon nichts mehr hören«.

Einer von denen damals, der es zu einem Professor für Philosophie gebracht hatte, fand das alles sehr interessant, bevor er mir erklärte, Gartenzwerge in deutschen Vorgärten seien des Kleinbürgers Traum von einer eigenen Armee von Lohnabhängigen unter Tage, die er, der Kleinbürger, sich in der Realität nicht leisten könne. Deswegen stelle er sie als Gartenzwerge zwischen Petunien und Cotoneaster vor die Haustür. Bevor solche Träume nicht aufgearbeitet und gelöst seien, sei jede politische Praxis zum Scheitern verurteilt.

Auf meinen Vorschlag hin, die Gartenzwerge zu verbieten, bekam ich jenen kurzen Blick, der besagt: »Nichts begriffen!« Auch mein Professor war einst ein Revolutionär gewesen und wollte die Welt vom Kopf auf die Füße stellen.

Flüchtig besehen, haben meine unwilligen Gesprächspartner den Augenschein auf ihrer Seite. Die »Erbschaft unserer Zeit« liegt so prächtig vor uns wie vermutlich keine andere in der Geschichte der Menschheit, von der unserer unmittelbaren Vorfahren ganz zu schweigen.

Wir haben die weite Welt für jedermann zugänglich gemacht. Bei meinen Streifzügen als ARD-Korrespondent kreuz und quer durch die Vereinigten Staaten kam ich in manch entlegenen Winkel – deutsche Rentner waren immer schon da gewesen. Wir Vierziger sind rüstig ins Alter gekommen. Wir verzehren im Durchschnitt eine auskömmliche Rente. Unsere Gesundheit bietet nur in Ausnahmen Anlass zu Sorge. Der technische Fortschritt, an dessen Entwicklung die Vierziger beteiligt waren, hat eine unendliche Anzahl neuer Produkte auf den Markt gebracht, die jedes Leben in vielfacher Weise bereichern können. Der Konsum im weitesten Sinn hat ein unerhörtes Niveau erreicht. Nahrungsmittel, die einst den Betuchten vorbehalten waren, finden sich heute auf dem Frühstückstisch jedes drittklassigen Hotels garni. Über die Jahre sind soziale Barrieren und Ungleichheiten, die ihre Ursachen in Traditionen und Vorurteilen hatten, abgebaut worden, die Gesellschaft ist blitzblank geputzt von überflüssigen Vorschriften. Vieles ist zwar der Dynamik des Marktes geschuldet, aber irgendjemand muss es in die Tat umgesetzt haben. Zudem sind neue Grundrechte, an die ehedem keiner dachte, wie die auf Abtreibung, Kindheit, Privatheit, Arbeitsplatz oder sexuelle und körperliche Identität, entdeckt und durchgesetzt worden. Sie ergänzen die klassischen Menschenrechte der Aufklärung auf Leben, Besitz und Freiheit.

Über sieben lange Jahrzehnte sind politische Katastrophen trotz der jüngst erworbenen Fähigkeit der Menschheit, sich im Handumdrehen auszulöschen, verhindert worden. Keine geringe Leistung, wenn man die Turbulenzen in der ersten Hälfte des vergangenen Jahrhunderts bedenkt. Aus diesem Grund ist der Europäischen Union 2012 der Friedensnobelpreis verliehen worden. In der Begründung heißt es unter anderem: »Über siebzig Jahre hatten Deutschland und Frankreich drei Kriege ausgefochten. Heute ist Krieg zwischen Deutschland und Frankreich undenkbar. Das zeigt, wie historische Feinde durch gut ausgerichtete Anstrengungen und den Aufbau gegenseitigen Vertrauens enge Partner werden können.«

Auch die großen Verführungen der Vergangenheit, Faschismus

und Kommunismus, scheinen bis auf Reste nach langen und verlustreichen Auseinandersetzungen erledigt.

Das ist eine Bilanz, die sich sehen lassen kann, und sie scheint durchaus den Vorstellungen des schottischen Historikers Robert Mackenzie zu entsprechen, der in der pathetischen Sprache des 19. Jahrhunderts festhielt: »Jede Generation übergibt der nachfolgenden die Schätze, die sie einst geerbt hatte, verändert und verbessert durch eigene Erfahrungen, Erfindungen und die Früchte der Siege, die sie errungen hat.«

Ein Jahrhundert vor ihm hatte sein berühmter Landsmann Edmund Burke beschwörend geschrieben: »Das menschliche Gemeinwesen ist eine Partnerschaft, zu der nicht nur die Lebenden, sondern ebenso die Verstorbenen und jene, die noch geboren werden, gehören.«

Wie glänzend die Gegenwart also auch gewesen sein mag, eine Generation wird an dem gemessen, was sie den Kindern und Enkeln hinterlassen hat. Die amüsante Twain'sche Einsicht über die Schwierigkeiten von Prognosen in Bezug auf die Zukunft hat viel von ihrem Witz verloren, denn wir wissen heute recht genau, was auf uns zukommen wird, und sind deshalb in der Lage, die Hinterlassenschaft der Vierziger auf Heller und Pfennig zu berechnen.

Die Vierziger – Schaubild einer Generation

Die »Vierziger« werden gemeinhin als Produkt jener Wochen und Monate beschrieben, in denen kurzfristig eine Revolution auf der Tagesordnung der Republik zu stehen schien. In den verwirrenden und unerhörten Ereignissen dieser Zeit, als rote Fahnen das Straßenbild westdeutscher Universitätsstädte beherrschten und Maos rote Bibel als Leitfaden für eine gelungene Zukunft herhielt, soll die Identität dieser Generation entstanden sein, welche die Vierziger seither mit einem unsichtbaren, nur ihr zugänglichen Band in Stil und Bewusstsein verbindet. Das gemeinsame Erlebnis, das jeder Identität zugrunde liegt, war demnach der heroische und selbstlose Kampf gegen das versteinerte Bewusstsein unserer Eltern und deren hoffnungslos veraltete Vorschriften und Moralvorstellungen.

Das Aufbegehren war auch deswegen besonders bunt und bewegt, weil es den Geist der Fünfzigerjahre überwinden musste, der die Jugend unter der Obhut von Konformismus, Reaktion und geistiger Unfreiheit groß werden ließ. Diese Zeit erscheint als »bleierne, auf der Stelle tretende Zeit, als eine autoritäre Ödnis, von Altnazis und dummdreister Gestrigkeit verstellt – als Vorzeit, als verlorene Zeit«.

Unaufhörlich warnten kritische Beobachter vor dem Rückfall der bundesrepublikanischen Gesellschaft in den Faschismus und die Barbarei, der, dem alarmierten Tonfall zufolge, unmittelbar bevorzustehen schien. Es war die Zeit der Dunkelmänner im Hintergrund, die inzwischen alle längst vergessen sind. Diese Streitmacht des Beharrens konnte nur durch grelle, unbotmäßige Maßnahmen überwunden werden, weswegen manche Aktionen im Rückblick grotesk überzeichnet wirken müssen.

Tatsächlich aber haben die gemeinsamen Erfahrungen, die aus den Vierzigern eine Generation gemacht haben, sehr viel früher stattgefunden. Identitäten entstehen über lange Zeit in der zweiten Lebensdekade. Der zornige Sommer der Unduldsamkeit war zu kurz und kam zu spät, um das Gemeinschaftsgefühl, das damals spontan und intensiv entstanden war, verlässlich in die Zukunft zu verlängern. Der unselige Hang der Vierziger zu den verstaubten Resten des Marxismus tat sein Übriges und trieb sie in Form zahlreicher politischer Fraktionen bald wieder auseinander.

Ihr kurzer Flirt mit der Revolte hatte vor allem einen intensiven Modernisierungsschub zur Folge, auf den die Republik damals dringend angewiesen war, wollte sie weiter erfolgreich im Konzert der bedeutenden Industriemächte mitspielen. Die Vierziger waren somit Teil des Ganzen und würden es auch weiterhin sein. Die antiautoritäre Episode blieb den meisten von ihnen als ein aufregendes, einmaliges Ferienlager in Erinnerung, in dem sie zuhauf Geschichten und Anekdoten für zukünftige Feierabende erleben durften.

Die Vierziger wurden zur Generation in den Tiefen der Fünfzigerjahre.

Wenn man durch Fotoalben aus jenen Zeiten blättert, dann sind die der Fünfzigerjahre mit wenigen Ausnahmen schwarz, weiß und grau, die im folgenden Jahrzehnt dagegen meist bunt und fröhlich. Das mag zum schlechten Ruf der Fünfzigerjahre als dem grauen Sack unter den Dekaden beigetragen haben. In Wirklichkeit waren sie in kultureller, sozialer und wissenschaftlicher Hinsicht das fruchtbarste und folgenreichste Jahrzehnt des 20. Jahrhunderts. Die meisten unserer heutigen Probleme, aber auch Annehmlichkeiten, haben ihren Ursprung in jener Dekade. Die damaligen Entwicklungen und Erfindungen veränderten nachhaltig und tiefgreifend zuerst die westliche Zivilisation und danach den Rest der Welt.

Das darauffolgende Jahrzehnt hat die Vorgaben dankbar in Dienst genommen und bis auf grelle Accessoires wenig Eigenes hinzugefügt, wenn man einmal von der Wiederentdeckung des Marxismus und seiner Epigonen absieht.

Die Urheber der revolutionären Entwicklungen kamen aus der Generation unserer Eltern, die, aus dem Krieg heimgekehrt, den Aufbau einer Welt in Angriff nahmen, die sich wesentlich von der vergangenen unterscheiden würde. Manches entstand abseits im Verborgenen, blieb vorläufig unbemerkt und kam erst mit Verzögerung zur Wirkung. Anderes wiederum detonierte mitten in der Gesellschaft, und nachdem sich der Rauch verzogen hatte, war nichts mehr, wie es einst gewesen war.

So recht war damals keinem der Beteiligten bewusst, dass sie dabei waren, die Welt von Grund auf zu erneuern, und welche Konsequenzen ihr Erfindergeist in ferner Zukunft haben sollte. »Es war getan fast eh gedacht!«

Zu den wichtigsten Entscheidungen und den Grundlagen der zukünftigen Stabilität der jungen deutschen Republik gehörten die Sozialpartnerschaft zwischen Arbeitnehmern und -gebern, das duale System der Berufsausbildung und die soziale Marktwirtschaft. Mit diesen Weichenstellungen gelang es damals, die »kapitalistische Wirtschaft mit einem demokratischen System« zu verbinden. Anderthalb Jahrzehnte später jedoch zog die Studentenbewegung bereits alles wieder in Zweifel: »Kapitalismus führt zum Faschismus, Kapitalismus muss weg!«, hallte es durch die Straßen deutscher Städte, die mittels der Dynamik einer sozialen Marktwirtschaft gerade wieder aufgebaut worden waren.

Zu den internationalen Randbedingungen der westlichen Zukunft gehört das Abkommen von Bretton Woods mit seinen Institutionen, dem Internationalen Währungsfonds und der Weltbank, mit deren Krediten auch der Wiederaufbau der jungen Bundesrepublik finanziert wurde. Das waren Antworten auf die Erfahrungen der zurückliegenden Kriege und Wirtschaftskrisen, geplant und durchgesetzt von Männern und Frauen, denen Geschichte die Quelle von Einsichten, Gegenwart schweres Tagwerk und Zukunft heilige Verpflichtung waren.

Die Vierziger wuchsen als Wirtschaftswunderkinder in einer Atmosphäre grenzenloser Zuversicht auf. Es ging ständig aufwärts, und das Gespenst wiederkehrender Wirtschaftskrisen schien ein für alle Mal gebannt. Die Besitzer alter Fahrräder leisteten sich bald Motorräder und später das erste Auto. Die Urlaubsreisen tasteten sich unaufhaltsam gen Süden vor. Aus Autobahnteilstücken wurden lückenlose Nord-Süd- und West-Ost-Transversalen, auf denen man sich ohne Geschwindigkeitsbeschränkung fortbewegen durfte – unsere Form der grenzenlosen Freiheit, die wir seither stolz gegen den Rest der Welt verteidigen.

In die Küchen kamen Eisschränke, Geschirrspüler und elektrisches Gerät, die den Hausfrauen Zeit ließen, sich um ihr Äußeres zu kümmern. Diese Frauen waren »schlanker, gepflegter und aufgeschlossener als ihre Mütter«, fand eine soziologische Untersuchung damals heraus und fügte versteckt in einer Fußnote hinzu, sie »riechen zudem besser«. Muße verleitet zum Nachdenken, was die Frauen auch taten. Ihre Überlegungen führten schließlich zur Frauenbewegung, die unser soziales Gefüge folgenreicher verändern sollte als die meisten Parteiprogramme.

Die Theater öffneten wieder ihre Pforten, prächtige Kinopaläste entstanden, und klein, grau und unschön hielt das Fernsehen seinen Einzug in die deutschen Wohnstuben. Von jenseits der Alpen kamen bald fremdländisch aussehende Gastarbeiter, bereit zu niederen Diensten, zu denen sich der Einheimische bereits zu schade geworden war.

Politiker und Ökonomen hatten offensichtlich einen Weg gefunden, um anhaltendes Wachstum und »Wohlstand für alle« zu bewirken. Wohin das Auge der Heranwachsenden auch schaute, herrschten Aufbruch und Optimismus. Nur die Lebenslust hatte anfänglich Schwierigkeiten, mit dem allgemeinen Tatendrang

Schritt zu halten, denn tief im kollektiven Gedächtnis der Nation hielten sich die Erinnerungen an die Untaten des Dritten Reiches.

Die Mehrzahl der Deutschen wäre gern über das Dritte Reich und seine Verbrechen hinweggegangen wie über ein unartiges Geräusch beim Abendbrottisch. Das ging natürlich nicht, also ersetzte man das Schweigen bald durch aberwitzige Diskussionen. Man dachte damals allen Ernstes über eine »Vergangenheitsbewältigung« nach oder verkündete die »Stunde null«, zu der man, befreit vom Dritten Reich, einfach von vorn beginnen wollte, während sich die Politik durch Geldtransfers um »Wiedergutmachung« bemühte.

Diese gespenstischen Auseinandersetzungen waren Balsam für viele deutsche Seelen, die überzeugt waren, Opfer einer verbrecherischen Clique gewesen zu sein, welche sich unter nicht näher geklärten Umständen in Besitz des Heimatlands gebracht hatte. Nachdem sie vertrieben war, kam das eigentliche Volk wieder zum Vorschein: kultivierte, friedfertige, hart arbeitende Menschen.

Zwei Jahrzehnte lang funktionierte die Vergangenheitsverdrängung, bis der Frankfurter Auschwitzprozess sie unerbittlich außer Kraft setzte. Gleichzeitig begannen die Vierziger, Fragen zu stellen und den natürlichen Bruch zwischen den Generationen um ein großes Stück zu vertiefen.

Von den Eltern aus gesehen war der Wiederaufbau eine beispiellose Leistung. Die Menschen hatten Arbeit, ein Dach über dem Kopf und genügend zu essen. Die Schulen waren geheizt, die Freibäder erschwinglich und die Verwaltung effizient. Mehr konnte man nach der großen Katastrophe nicht erwarten. Der Nachwuchs nahm den Wiederaufbau jedoch gleichmütig zur Kenntnis. Schließlich hatten die Eltern das Land ruiniert, deswegen waren sie in der Pflicht, die Schäden zu beheben.

Das Leben jeder vernünftig heranwachsenden Generation kreist um drei große Themen: Identität, Sexualität und Rebellion gegen die Eltern. Hinzu kommt ein Medium, um sich auszudrücken und darzustellen.

Zu alldem gab es hierzulande vorläufig wenig Anschauungsunterricht für eine Jugend, die noch mit vierzehn brav und bundesweit in kurzen Lederhosen und hirschhornverzierten Hosenträgern herumlief. Das sollte sich augenblicklich ändern, als die neuen Errungenschaften der US-Zivilisation über uns kamen wie eine Flutwelle. Im Handumdrehen wurden die Vierziger zu Amerikanern, denn die hatten von allem nur das Beste: die besten Filme, Gangster, Cowboys, Strände, Frauen, Schauspieler, Sänger, Wolkenkratzer, Boxer und Sportler, die besten Marshmallows, die weitesten Petticoats, die heißeste Musik und natürlich traumhafte Autos. Kein Vergleich zu den deutschen Nachkriegsmodellen in ihren trüben Farben, sondern üppige Skulpturen in Ultramarin, Creme und Pink mit Chromflächen, so groß wie das Fürstentum Luxemburg. »Es ist das Land der Sehnsucht für alle die, welche die historische Rüstkammer des alten Europas langweilt«, hatte Hegel bereits lange zuvor erkannt, denn so ging Leben.

Die Eltern beobachteten misstrauisch und mit besorgten Mienen, was sich da unter dem Nachwuchs tat, und befürchteten nicht ohne Grund, dass die ehrwürdigen deutschen Vorstellungen von einer gelungenen Erziehung bald ausgedient hätten. Und in der Tat waren die Eltern als Vorbilder – bis auf verschwindend kleine Reste – diskreditiert. Die deutsche Identität war in den Tiefen der Geschichte verloren gegangen. Zwischen den Vierzigern und der einst glanzvollen nationalen Kultur stand unüberwindbar wie eine dunkle Mauer das Dritte Reich. Die neue Republik wiederum, die sich anfangs ohnehin als Übergangslösung verstanden hatte, war mit den täglichen Sorgen vollauf beschäftigt und traute sich an das Thema »nationale Identität« nicht heran. In diese Leere kamen die Angebote der Amerikaner, derer sich die Vierziger umgehend bedienten.

Für das veränderte Selbstbild sorgten zwei junge Schauspieler aus den Tiefen der amerikanischen Provinz: James Dean aus Marion/Indiana und Marlon Brando aus Omaha/Nebraska. Die beiden schufen im Alleingang aus dem Nichts einen neuen Menschentyp: den Außenseiter als Massenmensch, der sich in ständiger, freilich für alle erträglichen Rebellion gegen Eltern und Konventionen befand und trotzdem guter Patriot und pünktlicher Steuerzahler blieb. Das waren keine Revolutionäre gegen das System, sondern Rebellen in einem eng umgrenzten Aktionsfeld: dem Erziehungspersonal und dem Lebensstil in den amerikanischen Vorstädten. Aber ihr Auftritt war klasse, machte einen überwältigenden Eindruck und entsprach sogar in Teilen ihren Gefühlen. »Marlon«, schrieb Truman Capote in einem langen Porträt, »war immer unzufrieden mit dem, was er gerade tat. Das folgte keinen erkennbaren Ursachen. Die Unzufriedenheit schien ihm zu gefallen. Sie war ein Grundzug seines Wesens.« Von James Dean berichtet Nicholas Ray, der Regisseur von *Denn sie wissen nicht, was sie tun* (*Rebel without Cause)*: »Er hasste seinen Vater, war rachsüchtig und hatte eine unwiderstehliche Aura von Einsamkeit um sich.«

Sowohl Brando als auch Dean blickten aus mürrischen Augen über hochgezogenen Schultern skeptisch auf diese Welt. Sie schienen, bis auf ein bitteres, seltenes Lächeln, das Lachen verlernt zu haben. Ihr Gang war sparsam, von einer müden Trägheit. Sie hatten niemals Eile, denn wer sich sputen musste, war Verpflichtungen eingegangen, und diese beiden waren nur sich selbst verpflichtet. Sie wussten sich zwar ihrer Haut zu wehren, aber waren spürbar empfindsamer als ihre Umgebung und befanden sich in einem Dauerzustand der Verletzlichkeit. Beide sahen unverschämt gut aus und strahlten eine rohe sexuelle Energie aus, die selbst nicht verführt, sondern bereit ist, sich verführen zu lassen.

Bislang war der amerikanische Jugendliche ein guter Athlet, mittelmäßiger Schüler und folgsamer Sohn gewesen, ständig verstrickt in umständliche, naive Annäherungsversuche an das andere Geschlecht, das wiederum seine Zukunft in der Rolle der erfolgreichen Hausfrau und vielfachen Mutter sah. Es bedurfte einer Handvoll Filme mit den beiden in den Hauptrollen, und diese Lebensperspektiven waren erledigt.

Marlon Brando und James Dean verkörperten perfekt die Haltung jener Jahre: Coolness, eine der schönsten Erfindungen der einfallsreichen Freunde jenseits des Atlantiks. Begriff und Bedeutung entstammen dem Jazzmilieu der Nachkriegszeit, als die Ära des Swing und seiner großen Orchester zu Ende ging und kleine Ensembles den Bebop entwickelten. Damals stand Dizzy Gillespie mit Sonnenbrille und weiten Hosen auf den winzigen, dunklen Bühnen der Jazzlokale an der 42. Straße und hatte damit im Alleingang die Kleiderordnung des neuen Lebensstils erfunden. Freilich, die blieb stets nebensächlich, denn im Kern ist Coolness reine Haltung. Sie weiß um die Nichtigkeit des Äußeren und kann deswegen spielerisch mit ihm umgehen.

Coolness ist Folge der Lebenssituation schwarzer Musiker, die trotz ihres großen Beitrags zur amerikanischen Kultur Bürger zweiter Klasse blieben. Wer in dieser Situation überleben wollte, brauchte Selbstbewusstsein und Unabhängigkeit. Coolness schützte gegen die täglichen Herausforderungen des Rassismus und im Fall der Vierziger in Deutschland gegen die einer erstarrten Gesellschaft.

Coolness ist weder hektisch noch zudringlich, weder emsig noch umtriebig, sondern eine Mischung aus Gleichmut, Lässigkeit und Gewitztheit. Sie verfügt über einen scharfen Blick fürs Wesentliche und bleibt auf Distanz zu den Zumutungen gesellschaftlicher Konventionen. Das macht sie stark und unabhängig, denn sie gewinnt ihren Lebensrhythmus aus sich heraus und hält sich in sicherer Entfernung zur allgemeinen Betriebsamkeit. Von der Blasiertheit, mit der sie gelegentlich die Form gemeinsam hat, unterscheidet sich Coolness durch ihren kategorisch unsentimentalen Blick auf die Realität, während Blasiertheit sich in ihr heimelig aufgehoben fühlt.

James Baldwin hat den schmerzvollen Boden, auf dem Coolness entsteht, in einer Erwiderung an Norman Mailer und dessen Text *Der weiße Neger* preisgegeben. »Die weißen Amerikaner bilden sich ein, dass die Sache, die sie vor dem Sturm des Lebens retten müssen, vor allem ihre Unschuld ist. Es ist genau dieses Gut, das ich sofort loswerden musste, und zwar unter tödlichen Schmerzen.«

Vermittelt durch Filme, Wochenschauen und Zeitschriften, dauerte es nicht lange, und auch hierzulande traten die Heranwachsenden in die Fußstapfen der amerikanischen Vorbilder. Jeans, T-Shirts und Chucks ersetzten Hemdkragen, Hosenträger und festes Schuhwerk, stets begleitet von einem misstönenden Chor besorgter Eltern, Erzieher und Publizisten, die wie Günter Gaus den »mit der Hingabe an die USA verbundenen Verlust an eigener Identität« befürchteten. Aber es war zu spät. Die Entwicklung hatte sich in Gang gesetzt.

Im Winter 1950 erhielt Gregory Pincus, Professor für Genetik an der Clark-Universität in Worcester/Massachusetts, Besuch von zwei älteren Damen. Die eine, Margaret Sanger, kämpfte seit vierzig Jahren unbeirrbar und standhaft, nur unterbrochen durch ungezählte Gefängnisaufenthalte wegen Erregung öffentlichen Ärgernisses, für Geburtenkontrolle. Ihre Begleiterin, Katharine McCormick, war die Erbin von International Harvester, einer Landmaschinenfabrik, und nicht in der Lage, »auch nur die Zinsen aus ihren Einkünften zu verzehren«, wie ihr Vermögensverwalter einmal feststellte. Sie vertrat die Auffassung, der Sexualtrieb sei so stark und ungerichtet, dass es notwendig sei, ihn von der Reproduktion zu entkoppeln. Vor diesem Hintergrund, bemerkte sie leichthin, sei Sex zwischen Frauen ohnehin dem zwischen den Geschlechtern vorzuziehen.

Professor Pincus galt mit einem IQ von 210 als Genie und begabtester Genetiker seiner Generation. Sein Spezialgebiet war damals die Parthenogenese, die eingeschlechtliche Fortpflanzung. Mitte der Dreißigerjahre gelang ihm als Wissenschaftsassistent in Harvard die In-vitro-Befruchtung von Kanincheneiern, was ihn jedoch umgehend in große Schwierigkeiten brachte. Die Zeitschrift *Colliers* berichtete in drohendem Unterton: »Durch diese Art der Fortpflanzung werden vermutlich nur Frauen geboren. In einer Welt voller selbstgenügsamer Frauen würde in Zukunft der Wert des Mannes gegen null tendieren.«

Das kam bei Pincus' konservativen Kollegen weniger gut an, außerdem war er russisch-jüdischer Herkunft, sodass er schließlich in Harvard keine Anstellung fand. Notgedrungen zog er sich an die dreißig Meilen westlich von Boston gelegene Clark-Universität zurück. Dort forschte er jahrelang mit schmalem Budget, das vor allem aus den Patenterlösen zum Versteifen von Schnürsenkelenden finanziert wurde.

Die beiden Damen kamen ohne Umschweife auf den Grund ihres Besuchs zu sprechen. Ob Pincus in der Lage sei, eine »Pille zur Verhütung« zu entwickeln. Pincus bejahte und brauchte sich fortan um die Finanzierung seines Instituts und die Gehälter seiner Mitarbeiter keine Sorgen mehr zu machen. Es sollte jedoch noch ein ganzes Jahrzehnt dauern, bis im Mai 1960 gegen den anhaltenden Widerstand des Heiligen Stuhls und der konservativen amerikanischen Freikirchen das Mittel »Enovid« als erste Antibabypille von den amerikanischen Gesundheitsbehörden zugelassen wurde.

Die Wissenschaftler selbst hatten lange mit sich gerungen, ob sie ihr Produkt überhaupt auf den Markt bringen sollten. Sie ahnten, welche sozialen und gesellschaftlichen Folgen die »Pille« haben würde. Schließlich siegte die resignierte Einsicht, dass Erfindungen, einmal in die Tat umgesetzt, nicht mehr aufzuhalten sind. Freilich, was als Kampf um die Selbstbestimmung der Frau begonnen hatte, wurde schnell zum willkommenen, unkompliziert verfügbaren Genussmittel.

Der Zweite Weltkrieg war gerade zu Ende gegangen, als Sam Phillips zweiundzwanzigjährig in Memphis/Tennessee ankam. Er stammte aus ärmlichen Verhältnissen und war in Florence/Alabama zur Welt gekommen. Nachdem sein Vater 1941 gefallen war, verließ Sam die Schule und kümmerte sich um seine sieben Geschwister.

Er unterschied sich in nichts von den Gleichaltrigen, die damals im Süden der Vereinigten Staaten aufwuchsen, außer seiner Vorliebe für die Musik der Schwarzen. An sommerlichen Sonntagen schlich er sich in die Nähe der Kirchen, durch deren geöffnete Fenster der Gesang der Gemeinde nach draußen drang. »Ich hatte so etwas noch nie gehört. Wenn die Frauen und Männer ihre Lieder sangen, ich meine nicht den Chor, sondern die versammelte Gemeinde, kam keiner aus dem Takt. Es war der Himmel auf Erden.«

Wie alles andere, so war auch die Musik im Süden der USA nach Rassen getrennt. Die Weißen hatten ihre weiche, nasale Country Music, die Schwarzen hatten Gospel, Blues und eine schnelle, harte Tanzmusik namens Rhythm 'n' Blues, die später »Rock 'n' Roll« heißen sollte. Sie unterschied sich von der Musik der Weißen durch einen hart durchgeschlagenen Viervierteltakt, eine pulsierende Basslinie, schneidende Gitarrensoli und unerhörte Texte: *Baby bang my Box, Stamp my Cream to Butter, Let's do our Things together* oder *Somebody has been using that Thing*. Was viele weiße Eltern damals nicht ahnen: Ihr Nachwuchs hörte heimlich die schwarzen Radiostationen mit ihrer aufregenden Musik, die bald Besitz von ihren weißen Seelen ergreifen sollte.

Zunächst arbeitete Sam Phillips als Hoteltechniker im »Peabody«, dem größten und besten Hotel der Umgebung. Zugleich mietete er ein kleines Geschäft, 706 Union Avenue, richtete dort ein bescheidenes Tonstudio ein und nahm über das freie Wochenende schwarze Sänger wie B. B. King, Howlin' Wolf oder Ike Turner auf. »Sag mal«, fragte ihn ein Kollege damals schockiert, »schüttelst du den Schwarzen, die bei dir vorstellig werden, etwa die Hand?«

Sam blieb nicht verborgen, dass seine Musik bei den Heranwachsenden, unabhängig von der Hautfarbe, das Bedürfnis nach wilder Anarchie weckte. »Wenn ich einen Weißen mit dem Sound der Schwarzen finden könnte, würde ich steinreich werden«, erzählte er seiner Assistentin Marion Kreisker, während er aus dem Fenster sah und diesen schmalen, dunkelhaarigen Jungen beobachtete, der aus seinem Lastwagen der Crown Electric Company nicht zum ersten Mal sehnsuchtsvoll zum Studio hinüberblickte.

Als Elvis Aaron Presley sich im Juni 1953 schließlich ins Studio traute, war Sam Phillips gerade unterwegs, und Marion Kreisker nahm ihn in Empfang. Daraus entwickelte sich einer der berühmtesten Dialoge der Popgeschichte.

Was für ein Sänger er sei, wollte sie von ihm wissen.

»Ich singe alles.«

»Mit welchen anderen Sängern vergleichst du dich? Wie klingst du?«

»Ich klinge wie kein anderer sonst!«

Der Rest ist Geschichte. Mit Elvis kam alles zusammen – die Suche der weißen Jugend nach einer eigenen Musik, ein weißer Sänger, der die Rassenschranken überwand, und die Sehnsucht der Heranwachsenden nach Rebellion.

Der privat überaus höfliche und wohlerzogene Junge aus Tupelo/Mississippi ließ fortan auf den Bühnen die Hüften kreisen und brachte eine unerhörte Leiblichkeit in die Musik. Die Schulmädchen zu seinen Füßen kreischten und tobten. »Sie wurden bewusstlos, machten sich nass und masturbierten.« Wenn man P. J. Proby glauben darf, »brachen sie sogar die Stuhlbeine ab und traktierten sich damit«.

Elvis grinste mit herabgezogenen Mundwinkeln höhnisch unter einer Woge blauschwarzer Haare. Auch die Haare der heranwachsenden Vierziger, die bislang durch einen geraden Scheitel getrennt ordentlich rechts und links und flach anlagen, türmten sich plötzlich wie riesige Surfwellen über der Stirn, in Form gehalten durch gewaltige Mengen weibisch riechender Pomade. Was an Haaren übrig blieb, wurde als Entenschwanz am Hinterkopf zusammengefasst. Wenn dann noch eine einzelne Strähne in elegantem Bogen locker ins Gesicht fiel, kannte die Unwiderstehlichkeit keine Grenzen mehr.

Leonard Bernstein, Chef der New Yorker Philharmoniker, bemerkte damals hellsichtig: »Presley hat das größte kulturelle Potenzial des 20. Jahrhunderts.« Sein Gesprächspartner blieb skeptisch und fragte: »Und was ist mit Picasso?« – »Nein, nein«, insistierte Bernstein, »es ist Elvis! Er bestimmt den Rhythmus unserer Zeit. Er hat alles verändert, die Musik, die Sprache, die Mode. Er ist die totale soziale Revolution.« Oder, in den schlichteren Worten von John Lennon: »Vor Elvis war nichts!« Die Musik würde für die nächsten Jahrzehnte die Form werden, in der die Vierziger sich darstellten.

Meine erste 45er-Platte, groß wie ein Kuchenteller im »Café Einstein«, war *Lucille*, ein Song mit der Energie einer Handgranate im Augenblick ihrer Explosion. Der Sänger, Little Richard, trug einen bleistiftminenscharfen Haarstrich auf der Oberlippe und eine Felswand aus Haaren und Pomade auf dem Kopf. Darunter blickten Augen kalt wie die Spitzen eines Degens in die tobende Menge. Außerdem war er schwul: »Wenn Elvis der König ist, bin ich die Königin.«

Ein zierlicher, schwuler Schwarzer, der mit den Ellbogen auf ein Klavier einhämmerte und unverständliche Laute ins Mikrofon brüllte, Negermusik eben, eroberte im Sturm die Plattenteller deutscher Wohnstuben. Die Verhältnisse begannen zu tanzen. Jeder starke Taktteil von »Lucille« ließ die Wände unserer Bonner

Bundesbedienstetenwohnung erzittern. Ich erinnere mich genau, wie meine Mutter die Treppe hochgerannt kam, nachdem ich die Platte zum ersten Mal laut aufgelegt hatte. Was passiert sei, wollte sie verstört wissen.

»Little Richard!«, klärte ich sie brüllend auf.

»Mach's leiser«, bat sie und verließ erschüttert mein Zimmer.

Ich spiele die Nummer gelegentlich auch heute noch. Allerdings nicht auf einem All-in-one-Philips-Plattenkoffer in rotem Kunststoffbezug, sondern auf meiner Neunzig-Watt-Anlage. Das geht ab!

Meine Tochter erträgt die Musik leider nicht und bittet mich, wie ihre Großmutter, jedes Mal, das »Affengebrüll« leiser zu stellen.

Den Text verstand ich damals nicht recht. »Satisfy my heart«, hieß es da anzüglich. Es ging um Weiber, und was sie einem Mann alles Gutes antun konnten. Davon allerdings verstand ich noch weniger. So viel jedoch war unbestritten: Little Richard war der Erlöser der Eingeweihten. Elvis war okay, aber nur für jedermann, und zu denen zählte ich nicht. Später würde meine Mutter mich einmal auffordern, »einen flotten Elvis aufzulegen«. Pech für ihn, denn damit war es um den Mann endgültig geschehen.

Coolness und Antibabypillen nebst Rock 'n' Roll als Lebensstil waren fraglos gewichtiger Proviant, den die Fünfzigerjahre dem folgenden Jahrzehnt mit auf den Weg gaben. Aber es kam noch mehr dazu.

Im Jahr 1958 stellte sich eine junge Frau und Mutter von drei Kindern die unscheinbare Frage: »Ist das alles?«, und begann mit der Arbeit an einem Buch, das fünf Jahre später unter dem Titel *Der Weiblichkeitswahn* in die Buchläden kam.

Nach turbulenten Jahren als Reporterin für linksliberale, kurzlebige Zeitungen und Zeitschriften im New Yorker Stadtteil Greenwich Village hatte Betty Friedan Ende der Vierzigerjahre geheiratet, war wie Millionen anderer in eine der neuen Vorstädte gezogen und lebte dort als Hausfrau, Mutter und Gattin ein beschauliches, ereignisloses, gesichertes Leben. Zahlreiche Zeitschriften und Ratgeber begründeten jede Woche aufs Neue, dass sie und ihre Nachbarinnen in der besten aller Welten angekommen waren.

Der Soziologe Ferdinand Lundberg und seine Mitarbeiterin Marynia Farnham kamen in ihrem Bestseller *Modern Woman – The Lost Sex* zu der Einsicht: »Die unabhängige Frau ist ein Widerspruch in sich. Je gebildeter sie ist, desto größer sind ihre sexuellen Schwierigkeiten, und desto geringer ihre Chancen, eine Familie zu gründen.« Der Feminismus sei mithin »eine ernsthafte Erkrankung«.

Bevor sie begann, ihr Buch zu schreiben, war Betty Friedan von der Zeitschrift *McCall's* gebeten worden, eine Reportage unter dem Titel »Die weibliche Verbundenheit« über ihr Klassentreffen zu verfassen. Aber statt wie geplant auf glückliche, erfüllte Frauen, frisch aus dem Paradies, zu stoßen, fand sie Ängste, Frustrationen, Zweifel und Verzweiflung. Die Frauen fühlten sich unterfordert und abgeschoben und betrachteten ihre Männer »wie die gelegentlichen Besucher von einem fernen Planeten«. Aus der »weiblichen Verbundenheit« wurde in der Folge *Der Weiblichkeitswahn*, das Handbuch der Frauenbewegung für die nächsten Dekaden.

Aus New York meldete sich die Beatgeneration um Allen Ginsberg und Jack Kerouac zu Wort. Ihre vitalistisch fließenden Texte verbinden den Romantizimus der Vergangenheit mit der modernen Kritik an der Vergesellschaftung des Lebens – Themen, die als politische Botschaften in den Sechzigerjahren wieder Karriere machen sollten.

Auch Ginsberg und Kerouac waren keine politischen Rebellen. Im Gegenteil: Jack Kerouac war tief religiös und politisch konservativ. Beide hingen dem alten amerikanischen Traum von Ungebundenheit und Grenzenlosigkeit an, vertraten einen radikalen Individualismus und das Recht auf Rausch, Ausschweifungen und die »nie heilende Wunde der Liebe«. Dem heroischen Existenzialismus, der damals jenseits des Atlantiks in Mode gekommen war, konnten sie wenig abgewinnen, wie die ersten Zeilen von Allen Ginsbergs berühmtestem Gedicht »Howl« bezeugen:

Ich sah die besten Köpfe meiner Generation, verwüstet
vom Wahnsinn, ausgemergelt hysterisch und nackt, im
Morgengrauen durch die Straßen der Schwarzen irren,
verzweifelt auf der Suche nach einem Schuss.

Im Schoß der Fünfzigerjahre entwickelten sich zeitgleich, und vorerst als solche wenig beachtet, Formen radikaler Kritik an der Gesellschaft. Dazu zählten die Texte und Gedichte der Beatgeneration ebenso wie *Peaton Place* von Grace Metalious, die mit kaltem Blick ein amerikanisches Kleinstadtleben beschrieb, oder der Angestelltenroman *Der Mann im grauen Flanell* von Sloan Wilson. Er schildert das Unbehagen junger Amerikaner am Konformismus und an einer undeutlich wahrgenommenen Ausweglosigkeit. »Ich weiß nicht, was mit uns geschieht«, sagt die Frau des Protagonisten ratlos. »Du hast einen gut bezahlten Job. Wir haben drei reizende Kinder, und eine Menge Leute hätten gerne das Haus, in dem wir leben. Und trotzdem sind wir ständig unzufrieden.«

Damit kommt das diffuse Gefühl der »Unzufriedenheit« ins Spiel. Vorläufig wird es noch wenig beachtet und erst im nächsten Jahrzehnt wieder aufgegriffen werden, als die »Not der Notlosigkeit« aufkam und man unzufrieden wurde mit dem, was man hatte. Und man hatte eine ganze Menge.

An der Westküste schritt derweil Hugh Heffner zur Tat. Er war siebenundzwanzig, als er 70 000 Exemplare der ersten Nummer seiner Zeitschrift *Playboy* auf den Markt brachte. Er hoffte, im besten Fall 30 000 zu verkaufen. Es wurden 53 000, und Hugh war fortan ein gemachter Mann. Unschätzbaren Dienst bei dem überraschenden Erfolg leistete ihm das erste Titelbild mit einer nackten Marylin Monroe, das allerlei Sehnsüchte hervorrief, und die sind stets wirkungsvoller Anlass für Veränderung.

Heffner wollte etwas bewirken, schon um den Erfolg seiner Zeitschrift sicherzustellen. Er hatte sorgfältig den *Kinsey Report* über das sexuelle Verhalten amerikanischer Männer gelesen und den riesigen Unterschied zwischen öffentlicher Moral und geheimen Wünschen zur Kenntnis genommen. Er spürte die »erotische Energie«, die darauf wartete, befreit zu werden. Wenn er die verborgenen Wünsche in ihrer Vielfalt der Öffentlichkeit zugänglich machen und als natürlichen Teil des Lebens darstellen würde, müsste sich damit Geld verdienen lassen, überlegte Heffner nicht zu Unrecht.

Dem Zangenangriff von Alfred Kinseys Wissenschaft und Hugh Heffners Entschlossenheit war die puritanische Sexualmoral der Amerikaner auf Dauer nicht gewachsen. Sie zog sich in die Dörfer und Kleinstädte des Mittleren Westens zurück und überließ die sexuelle Vielfalt in den Städten ihrem Schicksal: der Befreiung von religiösen und moralischen Vorschriften.

Letztlich handelte es sich stets um Akte der Befreiung, zu denen man hierzulande, eingeschüchtert und orientierungslos, nicht in der Lage war. Die Deutschen blieben auf die Vereinigten Staaten angewiesen, deren Kultur und Lebensstil zunehmend von schwarzen Sängern, Künstlern und Sportlern befeuert wurden. Die befreiten im Jazz die Musik von den gesetzten Noten, den Tanz von den vorgegebenen Schritten und die Stimme vom Wohlklang. Als sie ihre subversive Arbeit vollendet hatten, waren die Amerikaner aus den engen Grenzen des Calvinismus ausgebrochen und tanzten fortan nach den wilden Melodien der neuen Ungebundenheit. Eine schrankenlose Körperlichkeit ergriff die Jugend des

Landes, deren Seelen, zwar häufig vermittelt durch weiße Künstler, schwarz geworden waren.

Jetzt fehlten nur noch die Gefechtstechnik, um die neuen Errungenschaften gegen das Althergebrachte durchzusetzen.

Alles begann in den Abendstunden des 1. Dezember 1955 mit einem halblauten, unglaublich couragierten »Nein«.

Hinter der zweiundvierzigjährigen Rosa Parks, einer Änderungsschneiderin aus Montgomery/Alabama, lag ein langer Arbeitstag an der Dampfpresse eines Bekleidungsgeschäfts. Sie war müde, erschöpft und spürte jeden Knochen im Leib, als sie auf ihren Bus wartete. Den ersten, der voll besetzt war, hatte sie passieren lassen. Der nächste hatte noch freie Plätze. Sie bezahlte zehn Cent und stieg zu.

In den Bussen des Südens war die vordere Hälfte der Sitze für die Weißen bestimmt, während die Schwarzen im Fond Platz nehmen mussten. In Montgomery, wo die Rassenschranken schärfer waren als in anderen Gemeinden, konnte der Busfahrer das weiße Terrain zusätzlich ausweiten, wenn seinen weißen Passagieren freie Plätze fehlten.

Genau das geschah drei Stationen weiter. Der Busfahrer drehte sich zu Rosa Parks um: »Stehen Sie auf, und machen Sie Platz.« Das war keine Bitte, sondern ein Befehl.

Rosa Parks blieb sitzen.

»Sofort, meine ich, machen Sie die Plätze frei.«

Rosa Parks hatte Angst, aber sie war müde und wollte den Rest der langen Fahrt nicht stehen. Sie hatte den ganzen Tag für die Weißen gearbeitet, und jetzt erklärte man ihr, dass sie kein Recht auf einen Platz habe, obwohl sie früher zugestiegen war.

»Hören Sie, gute Frau, ich will Ihren Platz, und ich will ihn jetzt«, insistierte der Fahrer.

Rosa Parks, die bislang geschwiegen hatte, nahm schließlich all ihren Mut zusammen und antwortete: »Nein.«

Der Fahrer hielt an, verließ schockiert den Bus, rief die Polizei, ließ Rosa Parks festnehmen und ins Gefängnis bringen. Was er nicht ahnen konnte: Er war gerade dabei, Geschichte zu schreiben, denn damit begannen die langen, blutigen Auseinandersetzungen der Schwarzen um die »unveräußerlichen Rechte … gleicher Menschen«, wie es in der amerikanischen Unabhängigkeitserklärung heißt.

Diese Auseinandersetzungen mit dem weißen, zu allem entschlossenen Mob der amerikanischen Südstaaten zählen zu den anrührendsten und bewegendsten Geschichten von Verzweiflung, Courage und Entschlossenheit des vergangenen Jahrhunderts. In diesem Ringen entwickelten die Schwarzen in der Tradition von Mahatma Gandhi jene gewaltlosen Widerstandsformen wie *Teach-ins, Sit-ins* oder *Walk-ins*, die gut eine Dekade später auch hierzulande zum Einsatz kommen sollten. Mit einem Unterschied freilich: Die Schwarzen im Süden der USA hatten es mit einem entschlossenen Gegner zu tun, der ihnen über viele Jahre einen hohen Blutzoll abverlangte. Die Rebellen in Europa hingegen litten höchstens unter dem Kommando »Knüppel frei«, das gelegentlich blaue Flecken verursachte, die dann stolz wie vergängliche Orden getragen wurden.

Der Schoß der Fünfzigerjahre war also fruchtbarer und zukunftsträchtiger gewesen als der aller Jahrzehnte vorher und nachher. Was sie angestoßen hatten, hinterließ weltweit für immer tiefe, untilgbare Spuren. Die Amerikaner hatten Musik, Moden und Haltungen auf den Markt gebracht, auf die sich zum ersten Mal in der Geschichte Menschen aller fünf Kontinente beziehen konnten. Die neue Massenkultur war nicht elitär, es bedurfte keiner Voraussetzungen, um an ihr teilzuhaben. Sie bildete die geistige Grundlage für die Globalisierung der Volkswirtschaften, die damals in Gang kam.

Einzig das unbegrenzte Wettrüsten der Supermächte und damit verbunden die atomare Drohung lagen wie ein schwerer, bedrohlicher Schatten über dem Alltag und hielten die Fantasie der Menschen besetzt. Man hatte konkret Angst vor der Vernichtung allen Lebens auf dem Planeten. Am Ende des Jahrzehnts hatten die USA und die Sowjetunion eine Sprengkraft von dreißig Milliarden Tonnen TNT, mithin einige Tonnen Dynamit pro Kopf der Erdbevölkerung, angehäuft. »Overkill capacity« hieß diese Errungenschaft im Militärjargon der Zeit.

Pünktlich zum Ausklang des Jahrzehnts trafen sich jedoch der damalige amerikanische Präsident Eisenhower und sein sowjetischer Kontrahent Chruschtschow in Camp David. Zuvor hatte der Russe überraschend erklärt, Kommunismus und Kapitalismus könnten durchaus in »friedlicher Koexistenz« leben, und damit die Spannungen zwischen beiden Lagern und die Gefahr eines Atomkriegs erheblich reduziert.

Nachdem sie der Welt noch kurz entschlossen den Hula-Hoop-Reifen geschenkt hatten, gingen die Fünfzigerjahre zu Ende.

Das neue Jahrzehnt begann mit einem Präsidenten an der Spitze der Vereinigten Staaten, der umwerfend gut aussah, jung, hip und sportlich war und eine atemberaubende Frau an seiner Seite hatte. Er war der erste Politiker, der zu einem Fernsehstar wurde, indem er cool in einem heißen Medium blieb. Unter einem unbezähmbaren Schopf wilder Haare strahlten Lebenslust und grenzenloser Optimismus. Das war eine andere Physiognomie als die deutscher Manager und Politiker.

Ein Bekannter, der den jungen Senator aus Boston bei abendlichen Einladungen im noblen Washingtoner Stadtteil Georgetown erlebt hatte, berichtete, er sei ein unglaublich geistreicher Gast gewesen, begabt mit schnellem Witz und herzlichem Lachen, der eine Abendgesellschaft allein unterhalten konnte. Er hätte auch »erfolgreich Stand-up-Comedian werden können«, schloss er seine Erinnerungen an die Abende mit John F. Kennedy. Zudem lag ihm ein rauchiges Timbre in der Stimme, mit dem er der Nation die emphatischen Texte vortrug, die ihm seine Redenschreiber verfasst hatten. Mit einer einzigen kurzen Bemerkung lehrte er uns die wichtigste Voraussetzung für ein Leben in Gemeinschaft. »And so, my fellow Americans: ask not what your country can do for you — ask what you can do for your country!«

Bei Licht besehen ist Kennedys Amtsführung jedoch voller dunkler Flecken: Er brachte die Welt an den Rand eines Atomkriegs, zog die Nation in das Vietnam-Abenteuer und hatte die misslungene Invasion auf Kuba zu verantworten. Aber sein Ende wog alle Zweifel auf. Er reichte der Jugend die Hand, und sie folgte ihm.

Die Vierziger wurden also im Wesentlichen Amerikaner, mit einer bedeutsamen Ausnahme: Wir verweigerten uns dem amerikanischen Glauben an steten Fortschritt und der »positiven Definition des ›Neuen‹ als Ort produktiver Entfaltung und Kreativität«.

»The best is yet to come«, hatte US-Präsident Barack Obama nach seiner Wiederwahl im Jahr 2012 verkündet. Deutschen Politikern würde man einen solchen Satz schwerlich glauben wollen. Mit der Zukunft wussten die Vierziger, im Gegensatz zu ihren Vorbildern jenseits des Atlantiks, wenig anzufangen. Sie war ihnen kein reizvoll verlockender Raum, den es zu erobern galt, sondern ein Ort in grauen Farben, voll mit Gefahren und unguten Überraschungen. Also zogen sie sich in die Jugendjahre zurück und versuchten, diese durch lange Ausbildungszeiten, Flucht vor Verbindlichkeiten und äußere Merkmale wie nachlässige Kleidung und lange Haare auszudehnen.

Das wichtigste Signum der neuen Zeit jedoch, der Schritt, der die Vierziger für immer von den Vorfahren entkoppeln würde, war der unbedingte Wille zur Gegenwärtigkeit. Wir wurden fast ausnahmslos zu »Legionären des Augenblicks«. Der Augenblick aber hatte bislang einen mäßigen Ruf gehabt. Ernsthafte Menschen lebten aus der Tradition in die Zukunft. Der Augenblick als

Nahtstelle zwischen Tradition und Zukunft dient lediglich dem beschwerlichen Geschäft, die Zukunft zu gestalten. Die Entdeckung des Augenblicks als dem zeitlichen Lebensmittelpunkt hingegen entlastete die Vierziger von der Vergangenheit, die ohnedies die ihre nicht war, und befreite sie von der Verantwortung für die Zukunft.

Selten hat ein Jahrzehnt so wohlhabend und reich mit unerhörten Möglichkeiten ausgestattet begonnen wie die Sechzigerjahre. Wer jetzt heranwuchs, brauchte nur noch zuzugreifen. Der Gabentisch war reich gedeckt, und das Auspacken der Geschenke konnte leicht ein ganzes Leben in Anspruch nehmen. Sicherlich gab es Vorurteile und Konventionen, die aus dem Weg geräumt werden mussten. Das war oft zähes Tagwerk, denn die Macht lag immer noch in den Händen der Alten. Letztlich aber entwickelten die Entdeckungen der Fünfziger eine unaufhaltsame Dynamik. Wesentlich Neues ist seither kaum dazugekommen, wenn man einmal von der zeitweiligen Wiederentdeckung des Sozialismus in Teilen Europas absieht.

Aus den Reihen der Vierziger entwickelte sich eine in Deutschland bislang unbekannte Sorte von Staatsbürgern. Sie traten der Obrigkeit gelassen und souverän gegenüber und verlangten von Politik und Verwaltung schlüssige, nachvollziehbare Begründungen, bevor sie sich zufriedengaben. Der Staat solle wieder zum Diener seiner Bürger werden, und die wiederum wussten, was sie wollten. Die Verantwortlichen in Politik und Verwaltung waren gut beraten, auf sie zu hören, denn unzufriedene Untertanen entwickelten die bedrohliche Fähigkeit, lautstark und effektiv das Wort zu ergreifen und zur Tat zu schreiten.

In jenen Tagen erschien eine neue politische Gestalt vor den Wahlurnen, der Schrecken aller Parteistrategen – der Wechselwähler und, ja, die Wechselwählerin. Es entstand jenes Reservoir leicht erregbarer Bürger, die auch heute noch die Basis von Bürgerinitiativen und Widerstandsnester gegen staatliche und kommunale Vorhaben sind. Eine Weile stand die Entstaatlichung der Gesellschaft, das tiefere Anliegen der Achtundsechziger, tatsächlich auf der Tagesordnung.

Hans Magnus Enzensberger feierte das »Zurückwachsen der Politik in die Gesellschaft«. Ulrich Beck förderte unter einem gewaltigen Berg von Hauptwörtern folgende Einsicht zutage: »Die politische Modernisierung entmachtet, entgrenzt die Politik und politisiert die Gesellschaft – oder genauer: stattet die so ermöglichten und allmählich entstehenden Zentren und Handlungsfelder der Subpolitik mit Chancen der außerparlamentarischen Mit- und Gegenkontrolle aus.«

Das war der hüftsteife Stil der Zeit. Es fällt auf, dass die Generation der Leichtfüßigen eine Schreibweise pflegte, die so elegant daherkam wie eine Ballerina in Gummistiefeln. Einer Generation, die so mit ihrer Sprache und damit dem Verständnis umgeht, sollte man eigentlich nicht trauen. Wer seine Botschaft bewusst hermetisch wegschließt, hat etwas zu verbergen. Bei den Vierzigern waren es damals vermutlich die Ahnung, das Wirkliche ist das allein Mögliche, das Aktuelle stets richtig und damit verbunden die noch geheime Hoffnung auf eine bürgerliche Karriere.

Eine ungeheure Freizügigkeit kam über das Land. Die Toleranz drang stetig und unaufhaltsam in alle Poren der Gesellschaft ein, und wo sie einmal Raum gefunden hatte, war sie nicht mehr zu verdrängen.

Wohin man blickte, wurden hergebrachte Gewohnheiten rustikal abgeräumt. Aus dem Seitenscheitel mit den ausrasierten Schläfen, dem ästhetischen Vorgriff auf die künftige Glatze, wurden prächtig ungepflegte Haarmengen, wie sie in Zentraleuropa zum letzten Mal die Wikinger getragen hatten. Für unsere Väter und ihre tiefen Geheimratsecken war das eine schwer erträgliche Provokation und nebenbei ein gefährlicher Einbruch in geschlechtsspezifische Vorurteile, mit denen damals noch ein Gutteil der verbindlichen Sitten und Gebräuche begründet wurden, von der latenten Homosexualität der weibischen Haartracht ganz zu schweigen. Als die Haarlänge auch noch mit dem Ehrentitel »Rebell« oder gar »Revolutionär« zur Deckung kam, kannte die Länge keine Grenzen mehr.

Zu jener Zeit wurde ein Freund von mir, der als Bühnenbildner am hiesigen Landestheater sein Geld verdiente, mit dem Ambiente für den jährlichen Medizinerball beauftragt. Er tat dies, indem er, sehr zum Befremden der Auftraggeber, einige Wagenladungen Herbstlaub in die Festhalle kippen ließ. Zusätzlich wollte er zur späten Stunde zwei Dutzend Statisten als Teil seiner Inszenierung auf die streng abgeschirmte Veranstaltung loslassen.

Dort hatte sich eine festliche Gesellschaft eingefunden. Die Damen trugen lange Kleider aus den Jahren zuvor und die Herren dunkle Smokings, die ein wenig nach Mottenkugeln rochen – auch so ein Symbol aus längst vergangenen Tagen. Zwei junge Ärzte hatten sich für helle Tuxedos entschieden und stachen hervor wie Schwäne im Ententeich. Auf der gut besuchten Tanzfläche zogen die Herrschaften zu den Klängen englischer Walzer oder eines gelegentlichen Foxtrotts gemächlich ihre Runden, als gegen Mitternacht die Statisten in verwegener Kleidung auf die Tanzfläche stürmten und gebieterisch »was Schnelles« vom Orchester verlangten. Dessen Musiker, froh, Lale Andersens »Blaue Nacht am Hafen« hinter sich zu haben, kamen der Aufforderung umgehend nach.

Während freies Tanzen heute zum Teil wieder eingefangen worden ist und nach verbindlichen Figuren abläuft, gab es damals keine Vorbilder, nach denen man sich anstelle der klassischen Schrittfolgen hätte richten können. Die Bewegungen der unerbetenen Gäste waren deswegen chaotisch, raumgreifend und unschön. Aber sie waren frei, ungebunden und folgten sichtlich keinen Regeln. Das hopste, wedelte und gestikulierte in alle Richtungen.

Die Männer in den dunklen Anzügen wollten verschreckt ihre Partnerinnen aus dem Gewühl retten, die fanden jedoch Gefallen an dem Durcheinander und zwangen die Herren zurück auf den Tanzboden, wo sie sich den Zumutungen freier Schritt- und Bewegungsfolgen fügen mussten.

Die Band auf dem Podest über ihnen hatte in der Zwischenzeit Holz und Blech beiseitegelegt und beschränkte sich auf Bass, Schlagzeug und Klavier, während die Bläser rhythmisch in die Hände klatschten. Im Nu war, angefeuert durch eine unerbittliche Basslinie, eine wogende, erregte Menge aus dem Klatschen der Musiker, dem Stampfen nackter Füße, aus wild bewegten Leibern, Händen und Armen, aus verrutschten Kleidern, verschwitzten Anzügen und lockeren T-Shirts entstanden. Und mittendrin die Herren mit einem Blick, so hoffnungslos gedemütigt und verunsichert, als hätte man ihnen die Gürtel aus den Schlaufen ihrer weiten Hosen gezogen. Sie begriffen instinktiv, dass dies der letzte Abend ihres Lebens in den alten Formen gewesen war, und erkannten erschrocken, dass ihre Frauen bereit waren, sich den neuen anzuschließen. Ihnen blieb nur noch die Wahl des Rückzugs, entweder aufrecht in Würde oder getrieben als Opfer.

Das bedeutsamste Erbe jedoch und weitaus gewichtiger als die materielle Sicherheit und die kulturellen Errungenschaften waren die Arbeitsaufträge und Themen, die den Vierzigern mit auf den Weg gegeben wurden.

Ihre Vorfahren mussten sich noch der Vaterlandsliebe, dem Gehorsam, der Pflicht, der Ehre oder dem Primat der Außenpolitik verbunden fühlen und hatten dafür teuer bezahlt.

Für die Vierziger galten diese Vorgaben nicht mehr. Die ihren waren die kostbarsten, die je eine Generation für ihre Zukunft in Anspruch nehmen durfte. Sie bestanden aus dem Versprechen der

»Emanzipation« von allem, was lästig und rückständig schien, und der »Gleichheit« statt vermeintlich natürlicher Unterschiede zwischen den Menschen. Dazu kamen die »Selbstbestimmung«, die »Befreiung« von unbegründeten Vorschriften sowie die »Nachhaltigkeit« als Verpflichtung, mit den natürlichen Ressourcen des Planeten verantwortungsvoll umzugehen, um nur die wichtigsten zu nennen. Diese Projekte waren Privileg und Pflicht in einem. Sie werden der Maßstab sein, wenn der Nachlass der Vierziger auf dem Prüfstand steht.

Die persönlichen »Bedürfnisse«, einst im Privaten untergebracht, wurden ebenfalls zum Gegenstand der Politik. Die Begründung für diesen raumgreifenden Anspruch war die damals weit verbreitete Überzeugung, alles Private sei politisch. Der Politik hat dieses Ansinnen nicht weiter geschadet, hingegen sehr den persönlichen Beziehungen der Vierziger, in die nun stürmisch die Politik eindrang. Ganz so, wie Hannah Arendt klug vorausgesagt hatte, als sie vor »großem Unheil« warnte, das bei der Vermischung der beiden unvereinbaren Sphären entstehen würde.

Für die Eltern geriet die Welt damals ins Taumeln. Sie müssen plötzlich das Gefühl gehabt haben, auf einer Eisscholle in bewegter See zu treiben. Aus dem einst sicheren Bestand bewährter Überlieferungen war bodenloser Treibsand geworden. Denn jetzt wurden die Details ihres Lebens, und ein Leben besteht durchgängig aus einer Ansammlung von Details, zusammengefegt und entsorgt.

Schade, dass sie sich kaum mehr zu Wort gemeldet haben. Vergangenheit und ein Großteil ihrer Traditionen waren zwar nicht mehr intelligent zu begründen, aber es wäre interessant gewesen, der Poesie des Taumels und dem Gefühl der Bodenlosigkeit nachzuspüren, denn erst jetzt setzte sich der Ertrag der Moderne als Lebensgrundlage endgültig durch. Aber sie haben sich nicht mehr getraut.

Einige knorrige Einzelkämpfer versuchten vergebens, das eine oder andere noch aus der Konkursmasse zu retten. Als Verfechter einer heroischen Lebensführung waren sie indes unfähig, Gefühlslagen zu notieren. Man ließ sie mit der Großzügigkeit überlegener Sieger gewähren, was nicht ausschloss, dass man ihnen zuweilen heftig auf die Finger klopfte, um sie an die Kleiderordnung zu erinnern.

Sie standen in kleinen Gruppen am Rand und schauten erschüttert auf den großen Mahlstrom, der gemächlich, aber unwiederbringlich ihre Vergangenheit und deren Zubehör verschlang. Was sich vor ihren Augen abspielte, war mehr als der übliche Unfriede zwischen den Generationen. Es war ein Kulturbruch von ungeheuerem Ausmaß, der nebenbei manches zerstörte, was bewahrenswert gewesen wäre, wie etwa jenes Gefühl der Verantwortung für die Zukunft der Gemeinschaft, in der man sein Leben verbringt.

Gibt es ein Leitmotiv, das die Vierziger in ihrem Inneren zusammenhält und das in der Lage ist, diese seltsam widersprüchliche Generation auszudeuten?

Tiefe Gemeinsamkeiten haben ihre Tücken. Sie können in der Regel mühelos durch eine beliebige Anzahl weiterer ersetzt werden und haben sich damit auch schon erledigt. Trotzdem! Was die Vierziger vor allem von ihren harten, illusionslosen Vorfahren unterscheidet, ist ein naiver, aber ehrlicher Glaube an das Gute im Menschen.

Wie sie auf diese Idee gekommen sind, bleibt rätselhaft, denn die jüngste Geschichte hatte eher das Gegenteil gelehrt. Vermutlich war es eine Reaktion auf den nüchternen, unsentimentalen Realismus der Eltern.

Der Glaube an das Gute im Menschen ist der Nährboden für Utopien und Scheinwelten. Von hier aus ist es gedanklich nicht mehr weit zur Überzeugung, dass die Gesellschaft dringend generalüberholt werden muss, um dem unterdrückten Guten eine

Chance zu geben. Warum dazu dann ausgerechnet der Marxismus dienen sollte, bleibt ebenfalls rätselhaft.

Mag sein, dass sich hinter dem Bekenntnis zum Marxismus die Sehnsucht nach einem »Leben aus einem Guss« verbarg. Das aber würde auch im Korsett der sozialistischen Utopie nicht zu haben sein, die sich deshalb auch nicht lange in den Köpfen der Vierziger halten konnte.

Wie flüchtig der Seitensprung mit dem Sozialismus gewesen war, zeigt sich an der Abwesenheit »verlorener Illusionen«, mit denen die Vierziger auf die Trennung reagierten. Sie hatten sich offensichtlich nie ehrliche, tief empfundene Hoffnungen gemacht, die nun schmerzhaft aufzuarbeiten waren. Die Träume, die jede Utopie träumt, sind deshalb selten authentisch gewesen. Die Vierziger hatten »keine Ketten zu verlieren«, um eine »Welt zu gewinnen«, denn sie waren bereits frei, und die Welt lag ihnen zu Füßen.

Bevor die Vierziger sich an die Arbeit machten, die Gegenwart zu entrümpeln, benötigten sie noch Gerät, um das Althergebrachte zu entlarven und das Fortschrittliche zu erkennen. Dazu diente ihnen das »kritische Bewusstsein«, das damals, ebenso wie dessen Gegenteil, das »falsche«, sehr in Mode war. Über kritisches Bewusstsein verfügten vor allem die Vierziger, während der Rest der Bevölkerung sich mit dem falschen zufriedengeben musste.

Aber um welchen Stoff handelt es sich bei dieser so ungleich verteilten Eigenschaft, und welchen Nutzen bringt sie?

Kritisches Bewusstsein ist zuvorderst nicht bereit, die Dinge so zu nehmen, wie sie auf den ersten Blick erscheinen mögen, sondern hinterfragt diese, um sie anschließend zu durchschauen. Hinterfragen und Durchschauen sind die Werkzeuge, derer sich das kritische Bewusstsein bei der täglichen Arbeit bedient. Wer durchschaut, entdeckt meist Unschönes. Ein auf den ersten Blick nützlicher Jugendklub zum Beispiel erweist sich bei sorgfältiger Kritik als Instrument der Anpassung. Eine schmucke Arbeitersiedlung wiederum soll bei näherem Hinsehen ihre Bewohner die Ungerechtigkeiten des Kapitalismus vergessen lassen.

Der kritisch Bewusste lebt gleichsam in zwei Welten: der vordergründigen, die jedem zugänglich ist, und der hintergründigen, verborgenen, zu der nur er Zutritt hat – und jene Dunkelmänner selbstredend, die dort ihren häufig üblen Geschäften nachgehen. Die lassen sich nur ungern in die Karten schauen. Der Kritiker lebt mithin gefährlich. Die Gefahren und der ständige Blick auf die abstoßenden Seiten unserer Gesellschaft sind auf Dauer nur schwer zu ertragen. In den Worten von Elmar Altvater, der auch lange nach der Pensionierung vom kritischen Bewusstsein nicht lassen mag: »Immer kritisch zu sein, ist unheimlich anstrengend. Und es ist auch nicht so angenehm, wenn man einen Polizeiknüppel abbekommt.« Wer möchte ihm da widersprechen? Deswegen haben viele Vierziger ihr kritisches Bewusstsein später wieder still zur Seite gelegt. Heute ist es fast ganz verschwunden.

Wenn das kritische Bewusstsein mittels Hinterfragen und Durchschauen seine Arbeit getan hatte, kam Kritik dabei heraus. Diese wurde zur vorherrschenden Geisteshaltung jener Tage. Politik und Wirtschaft, deutscher Schlager und Kultur, Ausbildung und Heimatfilme, eigentlich alles wurde kritisch durchleuchtet, meist mit dem Ergebnis, es »sei wert, dass es zugrunde geht«. Theoretisch zumindest blieb, nach den Maßstäben der Kritik, damals kein Stein auf dem anderen.

Kritik wurde zum Lebensinhalt der Vierziger und eine weitere Sollbruchstelle im Verhältnis zu den Eltern. Die hatten noch die Macht des Schicksals in ihren persönlichen Biografien kennenlernen müssen. Das Leben hatte sie Hinnahme und Fatalismus gelehrt und die Vergeblichkeit von Kritik an Verhältnissen, die sie ohnedies nicht ändern konnten.

Den Vierzigern gegenüber zog sich das Schicksal jedoch vorläufig zurück. Alles erschien plötzlich plan- und machbar, vorausgesetzt, man hatte die Mängel am Bestehenden erkannt.

Ein neu entwickeltes Instrument der Kritik war die »Betroffenheit«. An und für sich keine Vokabel aus dem Wörterbuch des Heldentums, aber in den Händen der Vierziger wurde Betroffenheit zur wirksamen Waffe. Wer betroffen war, hatte unbesehen recht. Er warf sein Herz in die Waagschalen der Debatte, und das zählte allemal mehr als gute Argumente und korrekte Zahlen. Die Betroffenheit bot auch denjenigen unverhofft eine Chance, Gehör zu finden, denen das gute Argument schwer von der Hand ging. Das machte die Attraktivität des Gefühls aus. Später, als das Schicksal und die Kontingenz sich wieder zurückgemeldet hatten und die Gangart rauer geworden war, verschwand die Betroffenheit als Waffe der Kritik wieder.

Vorläufig aber diente die Kritik dazu, das Gerümpel zu identifizieren, das die Vierziger nun zügig zur Seite räumten. Darunter befanden sich, neben anderem, eine lustfeindliche, verklemmte Sexualmoral, das Kuppeleiverbot, der Paragraf 175, der Homosexualität unter Strafe stellte, das große Latinum für bestimmte Fächer, die Unmündigkeit von Auszubildenden, zahlreiche Abhängigkeiten der Frauen von der Zustimmung ihrer Ehemänner, sowie Denkverbote und Kleidervorschriften aller Art.

Es gab zwar einiges zu tun, gleichwohl dauerte es nicht lange, und die Gesellschaft war blank geputzt von rückständigen, unzeitgemäßen Vorstellungen und Vorschriften, die dem Fortschritt im Wege gewesen wären, hätten die Vierziger sich ihrer nicht kritisch und entschlossen angenommen.

Damit waren die Voraussetzungen geschaffen für die langfristigen Arbeitsaufträge der Vierziger: befreit vom Gestrüpp lästiger Vorgaben, gut ausgebildet, sorgenfrei und tatendurstig den Traum von Frieden, Gleichheit und Gerechtigkeit weltweit in die Tat umzusetzen.

Ein starker Staat sollte den Kapitalismus zähmen, die Märkte sollten dem Allgemeinwohl dienen und die Ausbeutung des Menschen durch den Menschen ein Ende finden. Die Aufgabe des Bildungssystems war es fortan, die Schüler zur Versöhnung von individuellen Karrieren und sozialem Engagement zu erziehen. Das Gebot der Nachhaltigkeit verpflichtete die Vierziger zu sorgfältigem Umgang mit Natur, Ressourcen und Finanzen. Eine selbstlose Verbundenheit mit den Bewohnern der Dritten Welt diente der Überwindung der wirtschaftlichen und sozialen Folgen des Kolonialismus. Die Globalisierung schließlich, die sich in Umrissen abzuzeichnen begann, würde nicht zu Konkurrenzkämpfen, sondern zu weltweiter Solidarität führen.

Die Utopie mit ihrem verführerischen Glanz hatte in die Köpfe der Vierziger Einzug gehalten. Ihre Vorhaben waren zumindest theoretisch gut begründet. Kinder und Enkel würden in einer besseren Welt leben dürfen als jene, die sie, die Vierziger, einst vorgefunden hatten.

Volles Programm zwar, aber Wille, Zeit und finanzielle Mittel standen zur Verfügung, um manches erfolgreich in die Tat umzusetzen.

Wie aber sieht die Welt aus, die schließlich zustande gekommen ist? Dürfen die Vierziger stolz auf sich sein? Führen die Schneisen, die geschlagen wurden, in eine bessere Zukunft oder in deren Gegenteil? Haben wir die »utopischen Energien«, die uns befeuerten, spurlos vertilgt? Wurden aus »Objekten der Geschichte« endlich deren »Subjekte«? Wurde die Welt aus der »Einsicht in die Notwendigkeit« befreit, oder entstanden neue, ungeahnte Abhängigkeiten?

Die Fragen bereits weisen auf die Schwierigkeiten hin, denen sich die Vierziger ahnungslos gegenübersahen, als sie aufbrachen, um die Verhältnisse »vom Kopf auf die Füße zu stellen«.

TESTAMENTSERÖFFNUNG

Verwaiste Krippen

»Kinderlärm ist Zukunftsmusik!«

Gerhard Strobel

Die höchste Form der Nachhaltigkeit, jener edlen Verpflichtung, die man uns Vierzigern einst auferlegt hatte, ist eine hinreichende Geburtenrate. Sie ist die Grundvoraussetzung für den Zusammenhalt der Gesellschaft in der Zukunft und der einzige Zweck, den die Natur für uns Menschen und für alle anderen Lebensformen vorgesehen hat. Nachkommen sind, unsentimental betrachtet, die Brücke, die seit jeher die Gegenwart mit der Zukunft verbindet, und das Material, aus dem diese beschaffen ist. Der Stolz menschlichen Wirkens – Mozart, Fast Food, Bundesliga – ist aus Sicht der Natur nur wertloses Beiwerk.

Der Nachhaltigkeit ist dann Genüge getan, wenn die durchschnittliche Zahl der Nachkommen pro Familie 2,2 Kinder beträgt: ein Kind, um die Mutter, ein weiteres, um den Vater zu ersetzen, und die restlichen 0,2, um für diejenigen aufzukommen, die aus gesundheitlichen Gründen, Schwäche der Lenden oder ihrer sexuellen Orientierung wegen keine Kinder bekommen können oder mögen. Fällt die Geburtenrate niedriger aus als 2,2 Kinder, droht sie zur ruinösen Hinterlassenschaft für spätere Generationen zu werden.

Die Generation der Vierziger hat durchschnittlich 1,4 Kinder in die Welt gesetzt.

Über die Ursachen der niedrigen Geburtenrate ist viel nachgedacht worden, die Anzahl der gefundenen Gründe ist fast so groß wie die Zahl der ungeborenen Kinder: Antibabypille, Emanzipation und Berufstätigkeit der Frauen, fehlende Betreuungseinrichtungen, falsche Familienpolitik, neue Werte, die Entdeckung des Ichs, Individualisierung, Vielfalt der Lebensentwürfe, Ausdifferenzierung, Materialismus und viele andere mehr.

Von allen Faktoren gilt die Antibabypille bis heute als wichtigste Ursache für die dramatische Entwicklung. Nach deren Markteinführung Anfang der Sechzigerjahre verringerte sich die Zahl der Neugeborenen in weiten Teilen Westeuropas innerhalb eines knappen Jahrzehnts tatsächlich um fast die Hälfte.

Ein statistischer Zusammenhang wie der zwischen Geburtenrate und Antibabypille ist zwar ein gewichtiger Hinweis auf eine denkbare Ursache, indes noch kein hinreichender Beweis. Mit der Pille auf Rezept wurde der Geschlechtsverkehr ein Zerstreuungsmedium neben anderen, und der Mensch aus der Gefangenschaft der christlichen Sexualmoral befreit. Das ist sicherlich ein schöner Erfolg. Aber die Pille verhindert nur die Geburt unerwünschter Kinder, nicht jedoch die von erwünschtem Nachwuchs. Kinderlosigkeit bleibt deshalb stets die Folge einer bewussten Entscheidung und hat ihre Ursachen nicht in Verhütungsmitteln. Es sei denn, man hält ungewollte Schwangerschaften, wie einst in dem kleinen badischen Dorf, in dem ich aufgewachsen bin, für ein taugliches Instrument der Bevölkerungsentwicklung. Dort wurde jede zweite Ehe in anderen Umständen geschlossen, was die Geburtenrate in der Tat vorläufig auf hohem Niveau hielt.

Eine andere Theorie erklärt die Lendenschwäche in Begriffen der Marktwirtschaft. Demnach waren Kinder in vergangenen Agrarwirtschaften als Heranwachsende billige Arbeitskräfte im Stall und auf den Feldern und wurden später Träger der Altersvorsorge im Rahmen der Großfamilie. Die Verhältnisse haben sich grundlegend verändert. Die Landwirte haben mechanisiert, und Sozialversicherungen ersetzen die individuelle Daseinsvorsorge. Es bedarf zur Altersabsicherung keiner Kinder mehr, die so gesehen als teures Luxusgut eine wirtschaftliche Fehlinvestition darstellen.

Diese Beweisführung wäre der Sieg der Marktwirtschaft über die Natur des Menschen und würde, konsequent zu Ende gedacht, auf lange Sicht das Aussterben der Menschheit zur Folge haben. Schwer vorstellbar jedoch, dass die Menschen ihr Leben auf Heller und Pfennig bis ins hohe Alter planen und durchrechnen. Abgesehen davon ist das Bedürfnis nach Luxus einer der dynamischsten Kräfte der Marktwirtschaft und müsste deswegen in dessen Logik zu einer hohen Kinderzahl führen.

Sicherlich hängt jeder der anderen oben erwähnten Faktoren ebenfalls statistisch bedeutsam mit der Geburtenquote zusammen. Aber gelegentlich treffen Menschen ihre Entscheidungen aus einem Überschuss an ungebundener Handlungsfreiheit. Die Fähigkeit zu bedingungslosen Entscheidungen ist die Voraussetzung eines jeden Fortschritts. Wir sollten uns zu ihnen und damit verbunden unserer persönlichen Verantwortung bekennen, statt uns bequem auf die äußeren Umstände zu berufen.

Viele Vierziger hatten schlicht keine Lust auf Nachwuchs. Diese Lustlosigkeit war weniger Reflex und Folge sozialer Faktoren, sondern entstand autonom in jedem Einzelnen von ihnen. Die Gründung einer Familie war von jeher mit Opfern und Verzicht verbunden, das war den Vierzigern nicht verborgen geblieben. Eine Familie löst das Leben aus dem Augenblick und verlangt nach Planung und Weitsicht. Man ist gezwungen, sich ständig abzugeben und sein Ich in den Hintergrund zu stellen. Dem Recht auf unmittelbare Befriedigung von Bedürfnissen, auf tägliche Freiheit und den flinken Fuß der Unbeschwertheit legt eine Familie Fesseln an. Anstelle von Hedonismus und Leichtigkeit treten Verantwortung und Verzicht: Statt durchzechter Nächte gibt es von nun an den Abend im Familienkreis, statt langem Schlaf liegen die Kinder frühmorgens im Elternbett, statt sorgfältiger Pflege der eigenen Befindlichkeit bestimmt Windelwechseln den

Alltag, und statt erotischer Abenteuer lockt der Ehepartner. Die Liste ist endlos!

Auf all das hatte ein Gutteil der Vierziger keinen Bock, denn sie sahen die Chance, ein Leben zu führen, wie es einst nur den wenigen Betuchten aus den höheren Ständen vorbehalten gewesen war.

Unter den Lebenszielen rangiere der Job bei Männern und Frauen »inzwischen klar vor der Familie«, heißt es in einer breit angelegten Studie zum Thema, denn »eine Familie verschafft keine Anerkennung, das tut nur der gute Job«.

»Es hat sich halt nicht ergeben«, erklärte eine Bekannte ebenso lapidar wie resigniert, als wir in einem der zahlreichen Berliner Straßencafés jungen Müttern nachschauten.

»Ich hatte die Befürchtung, Kinder würden meine Beziehung kaputt machen«, vertraute mir ein Hagestolz an, der alle Jahre eine Neue in Angriff nimmt.

»Auf die Idee bin ich mein Leben lang nicht gekommen«, gestand ein Hochschullehrer in Pension, der mit seiner Frau eine Liste von hundert Kulturdenkmälern weltweit abarbeitet. »Ich kann deswegen nicht sagen, dass mir etwas gefehlt hätte.«

Ich lebe in Berlin in einer Straße, auf der junge und ältere Mütter, seltener schon Väter, bei schönem Wetter mit ihren Kindern – unter ihnen erstaunlich viele Zwillinge – in Scharen in einen nahe gelegenen Park ziehen.

»Sag mal, wie erträgst du all diese Kinder und Familien?«, werde ich hin und wieder und allen Ernstes von Freunden oder Bekannten gefragt, »mir würde das tierisch auf den Geist gehen!«

Auf meine Gegenfrage, was denn so nervig sei an Kindern, Müttern und Familien, heißt es hilflos: »Weiß auch nicht … Das Geschrei, diese Frauen … Es ist wie eine Kinderwagendemo, ich ertrage es einfach nicht!«

»Du kommst ins Grübeln?«

»Das leider auch!«

Beruf, Familie, Kinder und die spätere Pflege der Eltern waren einst Wegmarken einer sinnvollen Lebensführung gewesen. In meiner weitläufigen Verwandtschaft gab es einige altledige Tanten, die pudrig rochen und ihre blau geäderten Handrücken unter zarten Spitzen verbargen. Sie hatten Pech gehabt und unter den Heimkehrern aus zwei Weltkriegen keinen Mann gefunden. Ihnen gegenüber herrschte ein herablassender, gönnerhafter Tonfall, ähnlich dem gegenüber dem Gesinde. Sie hausten zwischen schweren Möbeln in dunklen Wohnungen und trugen respektlose, seltsame Namen wie »Tante Dada« oder »Tante Bämmerle«. Einmal im Jahr zogen sie die Hussen von den Möbeln und gaben bei Tee, süßem Wein und mürbem Gebäck einen kleinen Empfang. Nach eigenem Verständnis hatten sie ihr Leben verwirkt und vergeblich gelebt.

Und dann natürlich der Junggeselle, Onkel Hans-Jörg aus Kiel, über den Geschichten, die nur halblaut erzählt wurden, im Umlauf waren. Der war lustig. Er konnte seinen Hut vom Entree aus zielsicher auf den Garderobenhaken pfeffern, erzählte starken Tobak, trank tüchtig und kniff das Mädchen in den Hintern. Wir Kinder liebten ihn. Aber unter den erwachsenen Männern zählte seine Stimme nichts. Der Schwerenöter aus dem Norden war trotz des gewichtigen Titels und seines bis ins hohe Alter dunklen Haarschopfs ein soziales Leichtgewicht ohne Bedeutung. Man fiel nicht ungestraft aus der Reihe. Nur einmal, als er bereits gestorben war, hat Onkel Hans-Jörg sich für die lebenslange soziale Missachtung zu rächen gewusst und sein Erbe, eine stattliche Summe Bargeld, der Klofrau hinterlassen, die in dem Bordell Dienst tat, das er regelmäßig besuchte. Man wird sich den entsetzten Aufschrei bei der Testamentseröffnung unschwer vorstellen können. Ich erbte, um es zu Ende zu führen, im Rahmen und hinter Glas, die Fahne des 9. Infanterieregiments Standort Potsdam, in dem er während des ersten Krieges gedient und gekämpft hatte.

Traditionen, die sich bewährt und uns aus guten Gründen über lange Zeit begleitet haben, und dazu gehören unzweifelhaft Kinder, Familie und alles, was damit zusammenhängt, werden in der Regel nicht einfach abgelegt. Sie weichen anfänglich nur zögerlich, werden wiederentdeckt, verlieren weiter an Gewicht und ziehen sich schließlich zwischen die Seiten der Bücher über Sozialgeschichte zurück. Eine stattliche Minderheit unter den Vierzigern hat indes das Thema Kinder wie ein Paar ausgetretener Hausschuhe bedenkenlos und unsentimental beiseitegelegt.

»Das ist halt so gekommen, ich habe nichts bewusst entschieden«, gestand ein Bekannter nach einigem Nachdenken ratlos ein. Man konnte sich eben lange treiben lassen. Die Entscheidung für eine Familie hätte den Bruch mit einer Gegenwart bedeutet, in der sich viele Vierziger behaglich und bequem niedergelassen hatten. Sie durften sich frei fühlen in einem Ausmaß, das als Massenschicksal einmalig in der abendländischen Geschichte gewesen ist. Irgendwann sind im Laufe der großen Ungebundenheit die Bereitschaft zur Verbindlichkeit, die Fähigkeit zur Verantwortung und die Begabung zum Verzicht verloren gegangen. Eigenschaften, die Voraussetzung sind für die Gründung und den Erhalt einer Familie. Deren später Ertrag – verlässlicher Umgang, selbstlose Pflege und Zugehörigkeit – lag in so weiter Ferne, dass er den Vierzigern nur selten in den Sinn kam.

Während die Jahre lustvoll ins Land gingen, näherte sich unauffällig jener *point of no return*, nach dem eine Entwicklung nicht mehr rückgängig zu machen ist. Das eine oder andere späte Einzelkind ist dann noch zustande gekommen, doch die Geburtenrate hat es nicht mehr beeinflusst.

Selten sind bedeutsame gesellschaftliche Veränderungen so leidenschaftslos dahergekommen wie der Wechsel vom traditionellen Lebensentwurf unserer Vorfahren hin zum bindungslosen Leben vieler Vierziger. Die auf den ersten Blick sehr private Entscheidung gegen Kinder verschiebt indes die gesamte Tektonik der Gesellschaft – mit weitreichenden Folgen, wie noch zu zeigen sein wird.

Nachdem die Kinderfrage für viele Vierziger entschieden war, hatten sie wenig Verwendung mehr für die Familie, die ehrwürdigste und älteste aller sozialen Einrichtungen. Gesellschaften quer über den Globus mögen so vielfältig sein wie die Sterne am Himmel. Eines aber hatten sie bis in unser Jahrhundert hinein alle und, trotz sonstiger tiefgreifender Unterschiede, in geringer Variationsbreite gemeinsam: Familie. Über die gesamte Menschheitsgeschichte gehörte die Familie zu dem kleinen Bestand an Einrichtungen, die Kulturen aus dem Lauf der Zeit herausheben und zur »andauernden Gegenwart« erklären. Kein anderes soziales Gebilde ist so kostengünstig, verbindlich und opferbereit wie die Familie.

Sie hat durch die Jahrtausende stürmische Zeiten erlebt und sich stets anzupassen gewusst und überdauert. Der große Umbruch begann im 19. Jahrhundert. Damals fiel die einstige Großfamilie, unter deren Dach drei und mehr Generationen wohnten, der Industrialisierung und der Notwendigkeit flexibler Arbeitsverhältnisse zum Opfer. Sie wurde durch die Kleinfamilie aus Eltern und deren Kindern ersetzt, bei denen die Großeltern nur noch gelegentlich vorbeischauten. Einige Generationen später kam auch die Kleinfamilie in Turbulenzen, denn sie stieß auf einen Gegner, dem sie fast hilflos ausgeliefert war: die Gleichgültigkeit und das Desinteresse der Vierziger ihr gegenüber. Mit der illusionslosen Feststellung, dass »die Ehen an ihrer Dauer zugrunde gehen«, wurden die Beteiligten zudem aus der Verantwortung entlassen.

Auf die Kleinfamilie folgte die Lebensabschnittspartnerschaft, ein Begriff und ein Zustand mit geringer sozialer Kohäsionskraft, in dem das Vergängliche, Flüchtige und Zufällige bereits mitgedacht ist. Beide Seiten verpflichten sich von Beginn an zu nichts, außer zur angenehmen Gestaltung des Augenblicks. Ist diese nicht mehr garantiert, erlischt die Beziehung, die zudem das Leben im Vergleich zur Familie ungeheuer vereinfacht: Innerhalb einer Familie ist jeder Teil eines vielfältigen Geflechts von Rechten und

Pflichten, Sitten und Überlieferungen. Die Lebenspartnerschaft hingegen gehorcht zwei, drei flüchtigen Regeln. Aus dem »verpfändeten Schicksal« der vor Gott und dem Gesetz geschlossenen Ehe ist ein jederzeit kündbarer Vertrag geworden, in dem sich deutlich die Grundsätze der Marktwirtschaft spiegeln. Die »Kultur der Aufopferung« ist am Ende, wir fühlen uns niemand anderem mehr verpflichtet außer uns selbst.

Gewöhnlich unterfütterten die Vierziger ihre Taten ebenso wie ihre Unterlassungen mit anspruchsvollen Theorien. So auch in diesem Fall. Das theoretische Rüstzeug für ihren Angriff auf die Familie, tatsächlich aber auf die bewährten, aber lästigen Tugenden wie Verbindlichkeit, Verlässlichkeit und Treue, fanden sie bei Wilhelm Reich, einem Fantasten aus dem Freud-Umfeld des Wiens der Zwanzigerjahre. Reich hatte den halsbrecherischen Versuch unternommen, Anthropologie, Marxismus und Psychoanalyse zu vereinen, und war damit, wie viele nach ihm, gescheitert. Seine neuerliche Rezeption in den Sechzigerjahren hat unter seinen oft unbedarften, damals zahlreichen Anhängern einige Verheerung angerichtet. In seinem populärsten Buch *Die Funktion des Orgasmus* von 1927 heißt es: »Die Zentralstelle der autoritären Strukturierung der Menschenmassen ist nicht die natürliche Elternliebe, sondern die autoritäre Familie.« Dort würden die Menschen von Kindheit an »zur falschen Bescheidenheit, Selbstlosigkeit, mechanischem Gehorsam und zur Unterdrückung ihrer natürlichen Triebenergien erzogen«. Stattdessen gelte es, dem Urzustand wieder zu seinem Recht zu verhelfen, der »lockeren Paarungsehe«, die in der Praxis freilich vor allem ein lockeres Paarungsverhalten nach sich zog.

Damit war die kleinbürgerliche Familie als Quelle allen Unglücks entdeckt, als ein raffiniertes Instrument zur Verhinderung der »allseits entwickelten Persönlichkeit«. Dem befreit erzogenen Menschen wäre indes ein Maß an Widerborstigkeit eigen, das keinen Zwang duldet und zur Bedrohung für jede Form der Herrschaft und Unterdrückung werden könnte. Aus diesen

Überlegungen folgte schlüssig die Notwendigkeit, die bürgerliche Kleinfamilie abzuschaffen.

Tatsächlich aber ist die Familie die bedeutsamste Nahtstelle zwischen Natur und Gesellschaft. Der Natur dient sie dem einzigen Interesse, das sie an ihren Lebewesen hat: dem Erhalt der Spezies. Der Gesellschaft ist die Familie Vermittlerin derjenigen Normen und Werte, die für eine Gesellschaft spezifisch und lebensnotwendig sind. Wer sie beiseiteschaffen möchte, muss sich mithin sehr genau überlegen, was an ihre Stelle treten soll.

In der kleinen Universitätsstadt im Süden des Landes versuchte damals der antiautoritäre Kindergarten im Klubhaus an der Friedrichstraße, die Erziehung der Kinder in Reich'sche Bahnen zu lenken. Ein Dutzend nachlässig gekleideter Drei- und Vierjähriger wurde unter großem Geschrei und in völliger Freiheit zu einer autonomen Lebensführung erzogen. Angeführt wurde die wilde Truppe von Thomas R., der es als Wehrdienstleistender, seiner langen Haare wegen, bis in den *SPIEGEL* gebracht hatte. Thomas, der als Erbe eines Mietshauses schon früh zum Rentier geworden war und aus Abfällen allerlei seltsame Dinge herzustellen verstand, vertrat einen Kunstbegriff, der darauf hinauslief, dass »jeder, der seine Fingernägel rundzufeilen versteht, auch Künstler sein kann«. Diesen weit gefassten Begriff von schöpferischer Tätigkeit versuchte er im Kindergarten an der Friedrichstraße in die Tat umzusetzen. Die Grundlage seiner erzieherischen Arbeit am Kind war ein grenzenloses Vertrauen in das Gute und Schöpferische im Menschen und ein ebenso starkes Misstrauen den leiblichen Eltern gegenüber, die sich strengen Umerziehungsmaßnahmen in Form endloser Diskussionen zu unterwerfen hatten, um jene Fixierungen, die eine kleinbürgerliche Erziehung notwendig mit sich gebracht hatte, abzubauen.

Bevor die Kinder jedoch zu einer ernsthaften Bedrohung für die Herrschenden werden konnten, trennten sich die Beteiligten im Streit wegen unüberbrückbarer Differenzen zum Problem der

Analfixierung. Zudem gab es hässliche Gerüchte über verschwundene Gelder und erschlichenen Beischlaf.

Nun wissen die Verantwortlichen in Politik, Verwaltung und Wissenschaft seit Langem um die Probleme einer niedrigen Geburtenrate und haben wenig unversucht gelassen, sie zu erhöhen. Politiker aller Parteien haben unverdrossen immer neue Unterstützungsprogramme ins Leben gerufen, obgleich weit über achtzig Prozent der Deutschen in familienpolitischen Leistungen keinen Anreiz sehen, Kinder zu bekommen. 1964, dem Jahr des Pillenknicks, gab der Staat eine halbe Milliarde DM für familiennahe Leistungen aus. Seither stiegen die Ausgaben kontinuierlich an, während die Zahl der Kinder ebenso kontinuierlich abnahm. Alle Leistungen addiert ergeben heute die jährliche Summe von weit über zweihundert Milliarden Euro, verteilt über 156 Einzelmaßnahmen. Genützt jedoch hat alles nichts, denn Mentalitätswandel lässt sich nicht erkaufen. Er richtet sich nach Erziehung, Überzeugung und Vorbildern. Vor allem Letztere geben ein erschütterndes Bild ab und sind vom Sportler über Schauspieler bis hin zur politischen Elite kaum geeignet, für das Modell Familie zu werben.

Der private Verzicht auf Kinder geht an der Gesellschaft jedoch nicht spurlos vorüber. Er hat »das Sozialgefüge von der Gesundheitsfürsorge bis zur Rentenversicherung zerrüttet, soweit es immer noch mit der privaten Solidargemeinschaft Ehe und Familie rechnet«, heißt es illusionslos in einer Bestandsaufnahme zur Geburtenrate.

1957 verabschiedete sich der Deutsche Bundestag von der Rentenform aus der Bismarckzeit und führte an ihrer Stelle die umlagefinanzierte Rente ein. Hätten die Abgeordneten geahnt, dass Professor Gregory Pincus an der Clark-Universität in Worcester, Massachusetts gerade dabei war, letzte Hand an den Entwurf einer Antibabypille zu legen, hätten sie sich ihr Vorhaben vielleicht noch einmal überlegt. So aber wischte Konrad Adenauer alle Befürchtungen über zukünftige Geburtenraten und die Rolle kinderloser Eltern im neuen System mit der Bemerkung »Kinder kriegen die Leute immer« erfolgreich beiseite. In der Tradition der augustinischen Sexualethik hatte der betagte rheinische Katholik »Geschlechtsverkehr« mit »Zeugung« gleichgesetzt. Das sollte sich jedoch sehr bald als Fehlurteil herausstellen. Denn das gefahrvolle und in katholischen Augen erbsündhafte Geschäft der Fortpflanzung wurde binnen Kurzem zu einem Genussmittel wie die Zuckerwatte auf der Kirchweih. Der Kinderwunsch spielte dabei nur noch in seltener Ausnahme eine Rolle.

Die umlagefinanzierte Rente aus der Adenauer-Ära basiert auf einem Drei-Generationen-Vertrag und soll das Schicksal zukünftiger Rentner vor den verheerenden Einflüssen von Kriegswirren und Inflationen bewahren. Die Idee ist einfach und bestechend: Die Renten werden durch die Beiträge der arbeitenden Generation bezahlt, die ihrerseits eines fernen Tages durch die eigenen Kinder und Enkel alimentiert werden. Der entscheidende Beitrag zur Rente ist mithin die Geburtenrate, denn die Rentenbeiträge selbst sind spurlos in den Geldbeuteln der aktuellen Rentnergeneration verschwunden. Die Generation der Ungeborenen muss sich also darauf verlassen können, dass die Lebenden ihre Pflichten erfüllen.

Wer keine Kinder in die Welt setzt, kündigt demzufolge den Generationenvertrag. Im Fall der Vierziger hat sich eine ganze Generation teilweise von ihm verabschiedet. Damit wäre folgerichtig deren Anrecht auf Rente erloschen. Die Vierziger dürfen sich jedoch glücklich schätzen, dass Adenauer, befangen in dem Glauben an den Fortpflanzungswillen seiner und der nachfolgenden Generationen, das Gesetz ohne Einschränkungen hatte passieren lassen, denn es gab schon damals durchaus Stimmen, die eine Sonderregelung für kinderlose Paare forderten. Diese zwingen nach herrschender Gesetzeslage die Kinder anderer Leute, sie im Alter zu versorgen. Sie verzehren eine Rente, zu der sie, in Form künftiger Rentenzahler, nichts beigetragen haben, und schmälern den Anteil der eigentlichen Beitragszahler, nämlich den der Väter und Mütter.

Natürlich werden die gut situierten, kinderlosen Doppelverdiener an dieser Stelle einwenden, auch sie hätten in die Rentenkasse einbezahlt. Wohl wahr, aber dieses Geld ist, wie es der Generationenvertrag vorsieht, an die eigenen Eltern und Großeltern gegangen und längst verzehrt.

Nun ist es im Grunde, wie ein ehemaliger Innenminister vor einiger Zeit im Rahmen einer Podiumsdiskussion erklärte, »völlig bedeutungslos«, wie viele Millionen Deutsche zwischen Rhein und Oder ansässig sein werden, nachdem der Moderator alarmiert festgestellt hatte, dass Mitte des 21. Jahrhunderts statt zweiundachtzig nur noch siebzig Millionen Menschen in der Bundesrepublik leben würden.

Recht hatte er, nur vergessen hinzuzufügen, dass die langsam abnehmende Anzahl Einheimischer vor schweren Jahrzehnten stehen wird. Im Jahr 1950 kamen neun Personen im erwerbsfähigen Alter auf einen über fünfundsechzigjährigen Menschen. Heute beträgt die Relation 4,4 zu 1. Mitte des Jahrhunderts wird sie 1,8 zu 1 sein. Da die Rede von Erwerbsfähigen ist, wird jeder Berufstätige in spätestens vierzig Jahren einen alten Menschen finanziell ernähren, behausen, medizinisch versorgen und pflegen müssen.

Zurzeit sorgen in der Mehrzahl die Kinder und Enkel noch für den Lebensunterhalt der Alten, für deren Pflege und soziales Umfeld. Fallen die Kinder und Enkel teilweise aus – und das wird in naher Zukunft zwangsläufig der Fall sein –, muss der Staat professionellen Ersatz bereitstellen. Der kostet und muss aus den Taschen der Berufstätigen bezahlt werden, die wiederum nur in ungenügender Zahl zur Verfügung stehen. Es entsteht jene missliche Lage zukünftiger Ausweglosigkeit, vor der die Verantwortlichen in der Gegenwart gerne die Augen verschließen.

Die Vierziger dürfen mit einem hohen Durchschnittsalter

rechnen, entsprechend wird die Zahl der Demenzkranken in den nächsten beiden Dekaden auf vermutlich drei Millionen zunehmen. Viele dieser Kranken werden keine Angehörigen haben. Um sie werden sich staatliche Einrichtungen kümmern müssen. Selbst wenn genügend Geld in den Kassen wäre – es wird Pflegepersonal fehlen. Zum einen sinkt aufgrund der niedrigen Geburtenrate die Zahl der Erwerbstätigen und damit auch die der Pflegekräfte, zum andern werden Pflegekräfte schlecht bezahlt, und schließlich haben wir es zugelassen, dass der Pflegeberuf, die menschlichste aller Tätigkeiten, auf die untersten Ränge der sozialen Statusskala abgestürzt ist. Zwei junge Altenpflegerinnen aus der fernen Verwandtschaft erzählten mir kürzlich bekümmert, dass sie bei Discobesuchen ihren Beruf verschweigen müssten, um männliche Bekanntschaften nicht abzuschrecken. »Wenn wir denen erzählen würden, was wir machen, nämlich ›Körperfunktionen unterstützende Leistungen‹, wie das in den Formularen heißt, dann hätten wir null Chance.«

Um dem zukünftigen Mangel zu begegnen, soll Pflegepersonal aus der Ferne in unser Land herangeschafft werden, das seit den ersten »Gastarbeitern« vor über einem halben Jahrhundert keinen rechten Frieden mit ihnen zu machen verstand. Auch der polnische Markt sei nicht unerschöpflich, heißt es. Deshalb greift man zunehmend bis weit in den fernen Osten aus, um Personal anzuwerben.

Doch was bedeutet es eigentlich für die soziale und menschliche Kultur eines Landes, wenn es die Pflege seiner alten Menschen Mietvölkern überlässt oder Hochbetagte einfach an ferne Gestade exportiert? »Die Menschen dort sind wahnsinnig freundlich und echt gut im Umgang mit Alten«, versicherte mir eine ehemalige Kollegin, die »Omi« gerade nach Thailand exportiert hatte. »Und dann das Klima und das leichte Essen!«

Soll das heißen, zwischen Flensburg und Passau sind wir weder freundlich noch gut im Umgang, und zudem unfähig, leichte Kost aufzutragen? »Auch am Umgang mit ihren alten Menschen zeigt sich die Kultur einer Nation«, heißt es. Die Vierziger sind dabei, dieser Kultur den Boden zu entziehen.

Den allmählichen Beginn dramatischer Veränderungen im Verhältnis von Beitragszahlern und -empfängern erwarten Bevölkerungswissenschaftler in allernächster Zukunft. Dann erreichen die geburtenstarken Jahrgänge das Rentenalter, während die schwachen Jahrgänge nach dem Pillenknick beginnen, die Hauptlast der Beitragszahlungen zu tragen. Über die Jahre wird eine schwer beherrschbare Gemengelage aus einer niedrigen Zahl von Erwerbstätigen, daraus folgend geringen staatlichen Einnahmen, einer großen Zahl von Rentnern und Pflegebedürftigen, die hohe Ausgaben erfordern, und einem ausgetrockneten Arbeitsmarkt entstehen. Dieses unschöne Gebräu ist ohne Opfer aller Beteiligten nicht mehr in den Griff zu bekommen. Mit denen müsste allerdings heute begonnen werden, wenn sie noch etwas bewirken sollen.

Die aktuelle Selbstlosigkeit ist jedoch eher gering, wie die ersten rentenpolitischen Maßnahmen der seit 2013 amtierenden Großen Koalition eindrucksvoll bezeugt haben. Die hat ohne schlechtes Gewissen und ohne jeden Druck seitens rebellischer Rentner erst einmal Wohltaten beschlossen, deren Rechnung, vermutlich hundertsechzig Milliarden Euro, dereinst die Enkel werden begleichen müssen – also genau das Gegenteil von dem, was die Zukunft gebrauchen kann. Aber der Gegenwart tut es gut, und in der leben wir.

In diesem Zusammenhang führen Finanz- und Sozialpolitiker eine engagierte, wiewohl absurde Diskussion, ob die zukünftigen Wohltaten aus der Rentenkasse oder den Steuereinnahmen beglichen werden sollen, während doch die Rentenbeitragszahler und Steuerpflichtigen identisch sind und das Geld aus ein und derselben Quelle kommt: nämlich den Einkünften der geburtenschwachen Jahrgänge.

Mit ihren rentenpolitischen Beschlüssen hat die Große Koalition Maßnahmen zurückgenommen, die eingangs des neuen Jahrtausends gegen heftigen Widerstand, unter großen Verlusten an Wählerstimmen und entgegen den kurzfristigen Interessen der damaligen rot-grünen Regierung durchgesetzt worden waren. Die jüngsten Entscheidungen indes werden nicht von Dauer sein können. Der Zurücknahme wird deren Zurücknahme unter erschwerten Bedingungen und noch größeren Opfern folgen müssen.

In dieser unnötigen Belastung zukünftiger politischer Entscheidungen liegt der eigentliche Skandal der jüngsten Rentenreformen. Zudem gehen die Maßnahmen der Großkoalitionäre davon aus, dass die ungewöhnlich gute wirtschaftliche Entwicklung anhält, während doch die Krise zum Kapitalismus gehört wie die Ebbe zur Flut.

Ungewohnt entschlossen und opferbereit sind die verantwortlichen Politiker jedoch, wenn es um das Rentenniveau zukünftiger Generationen geht. Mitte des Jahrhunderts soll es bei etwa zweiundvierzig Prozent liegen, während die Lebensleistungen der überlebenden Vierziger weiterhin mit über sechzig Prozent honoriert werden.

In diesem Zusammenhang habe ich mich vor Kurzem fragen lassen müssen, ob ich den Verstand verloren hätte. Im Verlauf einer Einladung in kleinem Kreis, um eine Weinlieferung aus dem Elsass zu begrüßen, war anlässlich eines Fernsehfilms das Schicksal bengalischer Tiger, die vom Aussterben bedroht sind, besorgter Gesprächsstoff gewesen. Auf meine lockere, gedankenlose Bemerkung, ich sei bislang ganz gut ohne bengalische Tiger durchs Leben gekommen, folgte dem ungläubigen, kurzen Schweigen der strenge Verweis der Hausherrin, dass diese »zynische Bemerkung« nicht witzig, sondern völlig daneben gewesen sei. Was ich mit zerknirschtem Kopfnicken eingestand. Ich wollte bengalischer Tiger wegen keinen Streit am Abendbrottisch am Prenzlauer Berg.

Wir vagabundierten weiter ziellos durch die Themen und kamen schließlich unverhofft und ohne rechten Anlass auf unsere Renten zu sprechen. Mit Arbeitgeberzuzahlungen lagen wir ausnahmslos bei etwa achtzig Prozent des letzten Einkommens. Einkünfte aus anderen Quellen und Erbschaften nicht mit eingerechnet. Damit kamen wir gut über die Runden. Die kinderlosen Gastgeber, die beide durchgängig gearbeitet hatten, wussten sogar nicht recht, »wohin mit dem Geld«.

»Stell dir vor, die Inhaber der alten Verträge beziehen hundertzehn Prozent!«

»Mehr als sie netto verdient hatten.«

»Ganz recht.«

»Die haben als Rentner ja auch reichlich Zeit zum Geldausgeben.«

»Und das kostet.«

Gelächter.

Für die Nachkommen indes, waren wir uns einig, würde es nicht ganz so gut, vielmehr »beschissen« aussehen.

Plötzlich, aus heiterem Himmel, einer Eingebung folgend, schlug ich vor, die gesamten Einkünfte von Rentnern auf, sagen wir, stattliche 3500 Euro zu begrenzen und den Rest in einen Fonds einzuzahlen, aus dem später die »beschissenen« Renten unser Kinder und Enkel erhöht werden könnten.

Es folgten zwei, drei prüfende Blicke, ob es mir ernst sei.

»Sag mal, wie bist du denn heute drauf? Erst die Tiger, und jetzt das.«

Es folgte ein kleines, aufgeregtes Stimmengewirr, in dem auch mein Geisteszustand zur Sprache kam, bis Peter eingriff:

»Lasst doch mal! Sven hängt wieder seine roten Socken raus. Klingt nett und vernünftig, ist aber falsch. Du entziehst das gesparte Geld der Nachfrage, und das ist das Letzte, was wir gebrauchen können. Von einer Wirtschaftskrise hat keiner was, weder heute noch morgen.«

Gegen so viel Durchblick war ich machtlos und gab klein bei. »War ja nur so 'ne Idee!«

Nachdem erkennbar geworden war, dass der Generationenvertrag nicht mehr in der Lage sein würde, seine Aufgaben zu erfüllen, besann man sich auf eine alte deutsche Tugend, das Sparen. Das kann, seit der Erfindung des Sparbuchs Ende des 18. Jahrhunderts, auf eine lange Geschichte zurückblicken. Für seine Pflege und Verbreitung waren einst die Kreissparkassen zuständig gewesen, indem sie Sparschweine an ihre jungen Kunden verschenkten. Die friedfertigen Borstentiere mussten allerdings zerschlagen, also getötet werden, wenn ihre Besitzer an Pfennige und Groschen gelangen wollten. Das zeigte dem Sparnachwuchs frühzeitig, was für ein barbarischer Akt der Verzehr des Ersparten war, und lehrte ihn Ehrfurcht vor dem Notgroschen.

Nachdem die Vierziger die Hoheit über die wesentlichen Lebensbereiche übernommen hatten, geriet das Sparen als eindeutiger »Ausdruck von Analfixierung« gemeinsam mit dem Sparschwein schnell unter die Räder eines Lebensstils, bei dem Konsum und nicht Verzicht zugunsten der Zukunft auf der Tagesordnung standen. Seit jedoch die kollektive Altersvorsorge zu versagen droht, ist das Sparen unverhofft wieder zu Ansehen gekommen. Es soll die ursprünglich gemeinschaftlichen Verpflichtungen zum Teil durch private Vorkehrungen ersetzen. Das vertraute Sparschwein, das seit Langem tausendfach in Trümmern liegt, ist durch eine moderne Form des Sparens, die Riesterrente, ersetzt worden. Die ist zwar überaus komplex und verschafft ungezählten Beratern, Versicherungsagenten und Bankangestellten zusätzliche Einnahmen, aber im Kern handelt es sich immer noch um das gute alte Sparen. Man legt einen Teil seiner Einkünfte zu einem bestimmten Zinssatz beiseite, und der Staat gibt noch ein Geringes dazu. Der Rest ist einfach: Ist der Zins höher als die Teuerung, vermehrt sich das Geld. Ist er niedriger, wird das Geld weniger. »Null Zinsen und drei Prozent Inflation, da ist nach zehn Jahren ein Großteil des Vermögens weg«, stellte ein Banker ebenso schonungslos wie zutreffend fest.

Sparen ist für den Privatmann also sinnlos und vernichtet verdientes Geld, wenn die Inflation über dem Zinssatz liegt. Der aber ist seit Jahren aufgrund der Banken-, Euro- und Wirtschaftskrisen im freien Fall.

Das Geldvermögen in deutscher Hand wird auf etwa 1,5 Billionen Euro geschätzt. Bei einer negativen Differenz zwischen Zins und Inflation von einem Prozent verlieren dessen Besitzer im Zuge der Eurorettung jährlich fünfzehn Milliarden Euro, höhere Prozentsätze verursachen höhere Verluste. Das ist, obgleich ihm die Ökonomen wenig Sachverstand zutrauen, auch dem deutschen Sparer nicht verborgen geblieben, und er reagiert vernünftig. Der Notgroschen kommt wieder aus der Mode, die Hälfte der Erwerbstätigen wollen kein Bares mehr zur Seite legen – zwanzig Prozent mehr als noch vor wenigen Jahren. Auch die Zahl der Riesterrentenverträge geht zurück. Gerade einmal fünf Prozent wollen noch die einst beliebte Lebensversicherung abschließen. Stattdessen schaut man sich auf Reisen in der Fremde um oder entdeckt den Schlendrian. Besser das Geld im warmen Süden verbumfiedelt als im kalten Norden verloren.

Es scheint indes, als könnten sich die Vierziger über die Zeit retten und kämen ungeschoren aus den Schwierigkeiten, die sie hinterlassen. Mit einer Ausnahme: Wer unverheiratet und kinderlos geblieben ist, dem fehlen neben der eigenen Familie Schwäger und Schwägerinnen, Nichten und Neffen sowie die unübersehbaren Verbindungen zu angeheirateten Familien. Aus der einst dichten Beziehungstanne, auf deren Spitze jeder wie ein Weihnachtsengel thronte, ist ein dürres Reisig geworden, mit dramatischen Folgen für den Einzelnen. Fast jeder ältere Menschen wird irgendwann auf die eine oder andere Art hilflos zur Last. Bislang wurden solche Lasten, oft auf verschiedene Mitglieder verteilt, von der Familie getragen. Das brüchige Reisig vermag jedoch keine schwere Lasten mehr zu schultern. Es wird stürmisch und einsam hoch droben. Dem geselligen Leben vor der Rente droht mangels Familienbanden die Einsamkeit im Ruhestand zu folgen, neben der stets gefährdeten Gesundheit die schlimmste Geißel des Alters. Freundschaften helfen zwar zur Not, aber nicht auf Dauer.

Jetzt wird die Rechnung für ein Leben jenseits der Verantwortung fällig. Die Vierziger werden tun müssen, wovor vielen graut: Sie müssen mit ihresgleichen alt werden. Denn wer kinderlos geblieben ist, hat im Alter keinen Anspruch auf die Jugend. Sie werden in betreutem Wohnen, Altersheimen und Pflegeeinrichtungen Unterschlupf suchen. Sie, denen kein Winkel der Erde fremd geblieben ist, werden sich in der Fremde wiederfinden. Sie werden neue, ungewohnte Erfahrungen wie Abhängigkeit, Ohnmacht und Hilflosigkeit machen, aus dem einst selbstbestimmten Leben wird eine Existenz in Fremdbestimmung.

Die Krippen sind zwar leer geblieben, dafür füllen die Vierziger am andere Ende des Lebens die Altenheime und verlängern jedes Jahr ihr irdisches Dasein um durchschnittlich drei Monate. Eine effektive Rettungstechnik bekämpft zumindest hierzulande erfolgreich Schlaganfälle und Herzinfarkte. Krebs kann in seinen vielfältigen Formen zwar nur selten geheilt werden, aber der medizinische Fortschritt verlängert unaufhörlich die Lebenserwartung der Betroffenen, und schließlich wird Demenz, einst das Los der wenigen Hochbetagten, zum Massenschicksal. Der plötzliche, gnädige Tod ist die Ausnahme geworden, an seine Stelle tritt häufig der lange, zähe und oft elende Kampf der letzten Jahre.

Mit der Zunahme der Lebenszeit verlängert sich die Leidenszeit. An Leid indes sind die Vierziger, im Gegensatz zu ihren Eltern und Großeltern, nicht gewöhnt. Die hatten, wenn sie überhaupt in die Jahre gekommen waren, reichlich Leid in Form von Hunger, Not, Krieg und gefallenen Angehörigen und Freunden erfahren müssen. Den Vierzigern sind solche Erfahrungen erspart geblieben. Wohlstand und Frieden sind, von individuellen Ausnahmen abgesehen, keine Leidenszeiten. Unser Tribut an das

Leben – Liebesleid und unerfüllte Träume – bereitet nur unzureichend auf jene Monate und Jahre vor, wenn der eigene Körper zum unbarmherzigen Feind wird.

So gesellt sich der Furcht vor der Einsamkeit eine weitere hinzu: die vor der Leidenszeit. In bedrohlichem Tonfall wird sie nach und nach zum Thema in den Gesprächen meiner Generation.

»Ich werde für Fahrplanturbulenzen auf der Bahnstrecke Berlin–Hannover sorgen, wenn es so weit sein sollte«, unterbrach ein älterer Freund meinen Bericht über das trostlose Sterben von Henrik, einem gemeinsamen Bekannten.

Es war ein sonniger Samstagnachmittag im Herbst. Wir saßen in einem der Straßencafés am Kollwitzplatz in Berlin und beobachteten die Generation unserer Enkel, die mit vollen Leinentaschen vom nahe gelegenen Markt kamen, spazieren gingen oder Kinderwagen vor sich herschoben.

»Du wirst …? Ach so!«

»Du weißt, ich habe gut und gern gelebt. Aber ich möchte nicht in den letzten Monaten verfluchen müssen, dass ich überhaupt geboren wurde. Wenn die Angst vor dem Leben größer wird als die vor dem Tod, dann wird es höchste Zeit zu gehen.«

»Ja, ich weiß nicht, wer mehr gelitten hat – Henrik oder wir, die wir ihn besucht haben.«

»Ihr seid mir ziemlich egal«, wies mein Freund mich grob zurecht.

Ich schwieg.

»Schmerz ist nicht mein Ding«, fuhr er fort, »haben wir nicht studiert. Stand auf keinem Lehrplan.«

»Wer schon?«

Er zog bedauernd die Schultern hoch.

»Wir dürfen zu nichts Lust haben außer dem Leben. Wie findest du das?«

»Verdächtige Grammatik.«

»Wir haben alles kritisiert, bis auf die Natürlichkeit. Das rächt sich jetzt.«

Er hatte nichts gegen den Tod, aber gegen dessen Voraussetzung, das Sterben in seiner natürlichen Form, und war offensichtlich entschlossen, der Leidenszeit der letzten Jahre aus dem Weg zu gehen.

»Ich hör ja gelegentlich«, nahm er das Thema zu meinem Leidwesen wieder auf, denn ich war noch in der Lage, die unerquickliche Angelegenheit erfolgreich zu verdrängen, »das Sterben gehöre zum Leben. Heißt was? Hätte ich die vergangenen Jahre nicht gelebt, wenn ich mich vorzeitig aus dem Staub mache? Das ist doch Quatsch. Ich überspringe einfach eine kurze Phase, auf die ich keinen Bock habe. Und dann ist sowieso Schluss. Was sagst du dazu?«

»Dein Leben, deine Entscheidung.«

Wir bestellten noch zwei Kir.

Viele Vierziger haben ein reichhaltiges Leben leben dürfen und Jahrzehnte hinter sich, die ihren Vorfahren höchstens in seltener Ausnahme vergönnt gewesen waren. Nur wenige von ihnen wurden schon früh »aus der Mitte des Lebens gerissen«, wie es früher häufig hieß. Jetzt, im Alter, bleibt ihnen nicht mehr viel zu tun. Die fernen Winkel dieser Welt sind ausgeleuchtet. Bliebe die Nähe, aber die Kinderlosen haben keine Enkel, denen sie sich nähern könnten. Wein und Kultur, Restaurants und Geselligkeit sind ebenfalls reichlich genossen. In der unvermeidbaren Wiederkehr der Tage befeuert Mangel den Elan, Überfluss hingegen führt zur Langeweile, der Todfeindin der Lebenslust und der Freundin des Überdrusses.

Auf meinen Lesereisen durch die Provinz, von denen eingangs die Rede war, habe ich regelmäßig aus einem Kapitel mit der Überschrift »Das letzte Gefecht« vorgelesen. Es fordert die Vierziger auf, sich an die Erfahrungen der turbulenten Jahre zu erinnern und sich noch einmal zu engagieren, mit dem Ziel, das Recht auf Freitod zu erkämpfen.

Danach kam es stets zu zahlreichen Wortmeldungen, aber nur in Ausnahmefällen zu Kontroversen. Bis auf Vertreter der großen Kirchen, die für ihre Sache häufig nur halbherzig einstanden, waren die Zuhörer einhellig der Meinung, dass zumindest ein Diskurs über das Thema dringend notwendig sei. Wobei sie keinen Zweifel daran ließen, was an dessen Ende stehen sollte.

Im vorpolitischen Raum hat die Debatte über Sterbehilfe bereits begonnen. Mal lauter, mal leiser tastet sie sich vorwärts, fasst Fuß, verstummt, um sich wie ein unterirdischer Flächenbrand an unerwarteter Stelle wieder zu äußeren. Es mehren sich Leserzuschriften, Zeitschriftenaufmacher, gewichtige Wortmeldungen und Erfahrungsberichte aus dem Ausland. Vorläufig klingen die Argumente noch defensiv und moralisch, was verständlich ist, denn schließlich soll der letzte Eintrag des Christentums im abendländischen Wertekatalog getilgt werden. Deswegen gibt es, aus Furcht vor den beiden großen Konfessionen, kaum Politiker und schon gar keine Partei, die sich ernsthaft des Themas annehmen. Abgeordnete, die ich darauf ansprach, winkten durchweg ab: »Kein Thema, mit dem du Wahlen gewinnen kannst.« Ihnen war die Karriere wichtiger als das Sterben von Menschen, die keine Wähler mehr sein würden.

Die Vorsicht der Politiker und der verbreitete Wunsch nach einer ernsthaften Auseinandersetzung mit dem Thema Freitod ist jedoch eine gute Gelegenheit für die Vierziger, auf ihre alten Tage den revolutionären Handwerkskoffer vom Staub zu befreien und sich entschlossen zu Wort zu melden. Sie haben nichts zu verlieren, aber einen gnädigen Tod zu gewinnen.

Ein neuer Gott

»Verwirrende Lehre zu verwirrtem Handel waltet über die Welt.«

JOHANN WOLFGANG VON GOETHE

Zu den erstaunlichsten und folgenreichsten Hinterlassenschaften der Vierziger gehört die Dominanz der Märkte. Sie wird mit der Globalisierung begründet, wonach der von Vorschriften entfesselte Markt die einzige Form ist, in der sich eine nationale Wirtschaft in einer eng vernetzten Welt behaupten kann.

Nachdem die Aufklärung, und in deren Gefolge die Moderne, das Christentum entsorgt hatte und die verlustreichen Zwischenspiele von Kommunismus und Faschismus beendet waren, haben die Vierziger den Markt als neuen, autonomen Gebieter über unser ökonomisches und soziales Schicksal zugelassen. Aufgewachsen sind sie indes im sicheren Schoß der Freiburger Schule, von der bereits die Rede war. Die Freiburger vertraten einen umhegten Begriff von der Freiheit des Marktes und versuchten, die Erfahrungen der vergangenen wirtschaftlichen und politischen Krisen in ein anspruchsvolles, übergreifendes Konzept einzuarbeiten. Bezugspunkt war die Freiheit des Einzelnen unter der Voraussetzung des Zusammenlebens in einer »differenzierten« Gesellschaft. Entstanden war eine vielschichtige Theorie, die versuchte, Freiheit, soziale und persönliche Verantwortung, staatliche Eingriffsrechte und -pflichten sowie den Wettbewerb in ein – stets bedrohtes – Gleichgewicht zu bringen.

Dieser Theorie lag eine politische Ethik zugrunde, die den freien Markt in Dienst nahm, um das größte Glück der größten

Zahl zu erreichen. »Das Maß der Wirtschaft ist der Mensch«, hieß es damals in einer altväterlichen Sprache, die uns, zum Nachteil, fremd geworden ist. Nebenbei hatten die Freiburger noch den Ladenhüter vom »Sinn und Ziel der Geschichte« beiseitegeräumt, der im 19. und vor allem in der ersten Hälfte des 20. Jahrhunderts so viel Elend über die Menschen gebracht hatte und jenseits des Eisernen Vorhangs weiterhin brachte.

Die Einführung der »sozialen Marktwirtschaft« durch den späteren Wirtschaftsminister Ludwig Erhard im Juni 1948 hatte damals zu einem der berühmtesten Wortwechsel der noch jungen Republik geführt. General Lucius D. Clay, der Chef der amerikanischen Militärverwaltung, warf Erhard vor, er habe seine Kompetenzen überschritten, als er ohne Rücksprache mit den Alliierten die Wirtschaftsvorschriften geändert habe. Worauf ihm Erhard entschieden entgegnete: »Ich habe sie nicht geändert, ich habe sie abgeschafft!« Und als Clay irritiert insistierte: »Alle meine Berater lehnen Ihre Pläne ab«, reagierte Erhard knapp: »Meine auch.«

Für einen deutschen Politiker, der wenig mehr als einen verlorenen Krieg vorzuweisen hatte, waren das bemerkenswert beherzte Töne gegenüber dem Sieger, vor allem aus dem Mund des friedfertigen Ludwig Erhard.

Zum Erstaunen der Kriegsgeneration funktionierte die Theorie der sozialen Marktwirtschaft, unter der Voraussetzung allerdings, dass die Beteiligten ständig bemüht waren, durch zähe Arbeit am Detail das empfindsame Gleichgewicht zwischen der Freiheit des Marktes und staatlichen Eingriffen zu bewahren.

Zu jener Zeit entstand an verschiedenen Orten und vorläufig kaum wahrgenommen eine Wirtschaftstheorie, die ihren Ursprung im Liberalismus des 19. Jahrhunderts hatte und schließlich eine geistige Heimat an der Universität von Chicago fand. Dieses Konzept begriff den Markt als Prozess, der dann die besten Ergebnisse erzielt, wenn man ihn seine Arbeit machen lässt, während der Staat sich auf den Schutz des Privateigentums, auf innere und äußere Sicherheit und auf die Unterstützung der Armen beschränkt.

Es ging den Neoliberalen in erster Linie um den effizienten Einsatz des Kapitals, das natürlich nur diejenigen einsetzen konnten, die es bereits hatten. Insofern war der Neoliberalismus eine Theorie für die Gutbetuchten, die häufig identisch sind mit den politisch Maßgebenden.

Nebenbei und der Vollständigkeit wegen: Soziale Marktwirtschaft und der amerikanische Neoliberalismus haben zwar denselben Ursprung, den Mont Pèlerin am Genfer See, sind aber früh eigene Wege gegangen. Walter Eucken, der einflussreichste Berater von Ludwig Erhard, sprach von einem »dritten Weg« zwischen Laisser-faire und Planwirtschaft. Ein anderer enger Weggefährte Erhards, Alfred Müller-Armack, dem wir den Begriff »soziale Marktwirtschaft« verdanken, sprach in ähnlichem Sinn von einer »dritten Form«, in der das »Prinzip der Freiheit auf dem Markt mit dem sozialen Ausgleich« verbunden werden sollte.

Bevor der Neoliberalismus jedoch seinen Einfluss hierzulande geltend machen konnte, meldeten sich die Vierziger, die in der Zwischenzeit ins Alter selbstbestimmten Denkens und Handelns gekommen waren, zu Wort. Zur Bestürzung der Älteren setzte ein kleiner, aber lautstarker Teil der Studentenschaft überraschend den Marxismus auf die Tagesordnung der Geschichte. Weil dieses abenteuerliche Unterfangen geschickt mit antiautoritärem Aufbegehren, dem Krieg in Vietnam und den üblichen Generationskonflikten verknüpft war, wurden gewichtige Teile der westdeutschen Studentenschaft kurzfristig zu ahnungslosen, aber überzeugten Marxisten. Als »außerparlamentarische Opposition«, kurz APO, ergriffen sie Besitz von den Straßen westdeutscher Groß- und Kleinstädte, trugen die Porträts von Lenin, Marx und Engels durch die Häuserschluchten – gelegentlich wurde auch Stalin gesichtet –, skandierten die Namen fremdländischer Revolutionsführer und prügelten sich mit der Polizei.

Demonstrationen wurden über Nacht zum deutschen Kulturgut wie einst der Sonntagsspaziergang. Als ihren tragischen Helden, den jede Bewegung braucht, hatten sie sich einen gescheiterten Revolutionär aus der Karibik ausgeschaut und die Schutzmacht der westlichen Freiheit und in Sonderheit der von Westberlin zur Quelle allen Übels erklärt. Unbeeindruckt vom realen Sozialismus, dessen graue, schäbige Realität jenseits der Mauer in Sichtweite lag, forderte man dessen Einführung, und zwar hurtig.

Wer sich als außerparlamentarische Opposition versteht, hat offensichtlich kein Vertrauen mehr in jene Opposition, die das Grundgesetz ursprünglich vorgesehen hatte, und macht sich anheischig, diese zu ersetzen. Tatsächlich wurde damals in einer breiten Öffentlichkeit eine scharfe und feindselige Debatte um die Einführung der Notstandsgesetze geführt. Die Kritiker dieser Gesetze befürchteten in düsteren Tönen die Rückkehr des Faschismus durch die Vordertür der Legalität. Bislang unpolitische Zeitgenossen begannen sich voller Sorgen zu engagieren und schritten plötzlich Seit' an Seit' mit jungen Leuten, die rote Fahnen zu einem ganz anderen Zweck schwangen. Das Land befand sich in erregter Wallung. Nur das Parlament in Bonn zeigte sich völlig unbeeindruckt und zog die Verabschiedung der umstrittenen Gesetze in einer Koalition der beiden großen Volksparteien im Mai 1968 kühl durch – womit die Notwendigkeit einer außerparlamentarischen Opposition, die seither das Geschick der Republik in den unterschiedlichsten Formen begleitete, sinnfällig bewiesen war.

Warum die Vierziger indes ausgerechnet den Marxismus als Wissenschaft von der Geschichte, Pfad in die Zukunft und taugliches Instrument zur Realitätsanalyse wiederentdeckt haben, wird trotzdem ein Rätsel bleiben. Die Vierziger wurden weltweit seine letzten Liebhaber. Selbst in den sozialistischen Ländern war er nur noch eine leere Hülle, die man mit spitzen Fingern anfasste – eine spröde, unfruchtbare Geheimwissenschaft, die sich aus gutem

Grund und mit großem Aufwand jeder Beweisführung entzog und deswegen schwer zu widerlegen war.

Warum wir uns damals an diesem sperrigen Sujet mit den Ausdünstungen alter Unterwäsche abarbeiten mussten, haben selbst die Beteiligten auch nachträglich nie recht begriffen. Wer tatsächlich wissen wollte, was die Welt in ihrem Inneren zusammenhält, hätte kein untauglicheres Stück Papier aus dem trüben Sumpf der Vergangenheit herausfischen können. Wobei immer noch zu klären wäre, inwieweit die untergegangene DDR erfolgreich ihre Finger bei der wundersamen Auferstehung des Sozialismus in Westberlin im Spiel gehabt hat.

Der vorherrschende Hang zur Mitte könnte zum Teil die Faszination erklären, welche die radikalen, aber verstaubten Theorien auf eine Generation ausübten, die eigentlich den Mehltau der Vergangenheit abschütteln wollte. Aus den Erfahrungen der Weimarer Republik, die nach allgemeiner Lesart an den linken und rechten Extremen zugrunde gegangen war, hatte sich die junge Republik ein Grundgesetz gegeben, das bemüht war, die radikalen Ränder aus dem politischen Leben fernzuhalten.

Jene Mitte, in der sich alsbald alle Parteien einfanden, ist der Ort, an dem Berufspolitiker ihrem Geschäft der politischen Kleinarbeit und mühsamen Kompromisse nachgehen. Für junge Leute, die nach großen Entwürfen und entschlossenen Taten verlangen, ist die Mitte jedoch eine triste Gegend. Dort toben keine Stürme des Aufbruchs, sondern weht das laue Lüftchen des Fortschritts in kleinsten Schritten. Die Mitte ist ordentlich wie ein Konfirmand und frei von Grundsätzen. Statt ihrer herrscht ein Regelwerk, das Auseinandersetzungen in der Sache in übersichtliche Bahnen lenkt.

Die Vierziger verlangten in jener Zeit jedoch nach »einer höheren Interpretation des kruden Geschehens«. Da kam die Aussicht auf ein befreites Leben für alle in einer zukünftigen Gesellschaft gerade recht. Und wenn es dazu einer ganzen Revolution bedurfte, nur zu! Da die Wege dorthin verschlungen und vielfältig waren, boten sie zudem trefflichen Stoff für unendliche, häufig erbitterte Debatten auf hohem intellektuellem Niveau, was allemal reizvoller war als etwa die Einzelheiten einer Rentenreform. Zudem forderte der Marxismus die Tat, und nach der war plötzlich allen zumute. Aufgewachsen in der betulichen Stein-auf-Stein-Mentalität der Nachkriegszeit, sehnte man sich nach großen Entwürfen und tiefen Spuren.

Im Dezember 1967 unterhalten sich im deutschen Fernsehen zwei typische Repräsentanten der deutschen Zwietracht: Günter Gaus, ein kritischer Vertreter der herrschenden Verhältnisse, und Rudi Dutschke, der droht, diese vom Kopf auf die Füße zu stellen. Der eine ist überzeugt, dass ein revolutionärer weltweiter Flächenbrand unmittelbar bevorsteht. Der andere mag kaum glauben, was er da hören muss, und ist trotzdem fasziniert von der völlig substanzlosen, fremdartigen Radikalität seines Gegenübers.

»Ich halte das bestehende parlamentarische System für unbrauchbar«, stellt Rudi eingangs schon mal klar, denn »wir haben in unserem Parlament keine Repräsentanten, die die wirklichen Interessen unserer Bevölkerung ausdrücken«, stattdessen ein »in Unmündigkeit gehaltenes Volk«. Was dessen »wirkliche Interessen« genau sind, weiß indes nur Rudi. Die Bevölkerung selbst hat, manipuliert durch die Medien, keine Ahnung. Aus der Einsicht, nebenbei, in den verhängnisvollen Zusammenhang zwischen Massenmedien und falschen Bedürfnissen, entstand folgerichtig die Forderung: »Enteignet Springer!«

Günter Gaus nimmt diesen Unfug kommentarlos für bare Münze und will ganz genau wissen, unter welchen Umständen die Revolution, die seinem besorgten Tonfall zufolge demnächst ansteht, durch Rudi und seine Berliner Genossen in die Tat umgesetzt werden soll. Das freilich weiß der noch nicht so genau, denn »die Gesellschaft, die wir anstreben, ist ein sehr langfristiges Prozessresultat, das heißt, wir können jetzt kein großartiges Gemälde der Zukunft entwerfen«, und er droht: »Wenn 1969 der NATO-Austritt nicht vollzogen wird, wenn wir reinkommen in den Prozess der internationalen Auseinandersetzung, ist es sicher, dass wir dann Waffen benutzen werden, wenn bundesrepublikanische Truppen in Vietnam oder Bolivien oder anderswo kämpfen, dass wir dann im eigenen Lande auch kämpfen werden.« Mit Waffen, versteht sich.

Wie viele Kombattanten er denn auf die Straße kriegen würde, will Gaus von Rudi wissen.

»Von heut' auf morgen viertausend«, antwortet Rudi.

Gaus schaudert's schwer beeindruckt. Man ruft kundig das Schicksal verratener Revolutionen ab und sorgt sich gemeinsam, ob es Rudi und seinen Mannen ebenso ergehen muss. Muss es nicht!

All dies wird mit ungeheurer Ernsthaftigkeit und völlig humorlos abgefragt, so, als ob es um zukünftige Realität ginge, während es doch nur ein selbst gezimmertes Weltbild war, ohne jede empirische Basis, vorgetragen im eindringlichen Singsang mittelalterlicher Gottesdienste.

Gerechterweise muss man sagen, dass die Humorlosigkeit der beiden die seltene Ausnahme war. Unter den Bewegten ging es sonst zumeist heiter, leicht und unbeschwert zu. Das Leben wurde zur Lebenskunst, und über Nacht wurden Fantasie und Argumente, Geist und Spontaneität, Sorglosigkeit und Träumerei zu begehrten persönlichen Eigenschaften. Die Vierziger pflegten damals untereinander eine unkomplizierte Art der Geselligkeit, indem sie deren traditionelle Formen durch Liebenswürdigkeit, Neugierde und Offenheit ersetzten. Schließlich machten die Beteiligten die hinreißende Erfahrung, nicht allein zu sein, was zusammen genommen die Attraktivität der Revolte auch für diejenigen erklärt, die sich nicht nach Sozialismus oder Kaderparteien sehnten – und das war die Mehrheit.

Ich erinnere mich noch sehr genau an mein persönliches Coming-out als Kommunist. Die Bühne war eine Soiree am späten Nachmittag, die meine Mutter damals für eine Handvoll Familienfreunde gegeben hatte. Die Stumms waren da und die Roeders, Harry Tischowitz und Tante Louise sowie ein Arbeitskollege aus der Botschaft.

Onkel Harry hatte wie stets einen Strauß stark riechender Lilien mitgebracht, die meine Mutter unmittelbar nach seiner Verabschiedung wegen des unbezähmbaren Blütenstaubanfalls wieder entsorgen würde. Wir saßen bequem verstreut auf Sofa und Sesseln. Nur der Arbeitskollege zog es vor, wegen eines Rückenleidens zu stehen. Es gab Tee, Champagner und deftig belegte Brote. Von münzgroßen Canapés hielt meine Mutter, die überzeugt war: »Von guten Dingen muss der Mund voll sein«, nichts.

Die kultivierte, ziellose Konversation, die sich wie ein kostbarer Schleier über die Anwesenden gelegt hatte, dauerte bereits eine gute Stunde, als das Gespräch auf die vor uns liegende Wahl kam.

»Was wählt denn die akademische Jugend?«, wandte sich Tante Louise freundlich und ohne rechtes Interesse an mich.

»Auf jeden Fall links!«

»Ach, und du?«

»Die Kommunisten!«

Onkel Harry, der gerade einen kräftigen Bissen zum Munde führte, erstarrte der Arm mitten in der Bewegung. Die anderen schauten mich an wie ein Wesen, das aus fernen Welten und heiterem Himmel unerwartet zwischen ihnen gelandet war.

Onkel Harry, der inzwischen die Gabel wieder zurückgelegt hatte, fand als Erster seine Sprache wieder: »Was soll der Unfug, mein Junge?«

Die Roeder maß dem Ganzen vor dem Hintergrund ihres in jeder Hinsicht freizügigen Lebens wenig Bedeutung bei.

»Reg dich nicht auf, Urselchen, so sind die jungen Leute heute.

Die Tochter von Peterson, du erinnerst dich, wählt SPD! Stell dir vor!«

Meine Mutter, die als Gastgeberin schnell ihre Contenance wiederhergestellt hatte, winkte beruhigend ab. »Es war ein Scherz, ein Scherz, nicht wahr?«

Ich blieb stumm.

»Seht ihr, ein Scherz!«

»Das möchte ich auch hoffen«, knurrte der alte Stumm kalt und kaum vernehmbar. »Wenn du das tust, gehörst du nicht mehr zu uns. Überleg dir's!«

Dann verlief das Gespräch in heiter schwebender Sorglosigkeit weiter. Meine unerhörte Stimmabgabe bei der Wahl, die kurz danach stattfand, wurde nie wieder thematisiert. So geht Vertrauen in die Beständigkeit der eigenen Sache. Es gab, nebenbei, auf dem Stimmzettel noch keine Kommunisten, die man hätte wählen können.

Wie konnte es so weit mit mir kommen? Hätte mich der Sozialismus aus materieller Not befreit? Eher im Gegenteil, denn ich lebte bereits in kommoden Umständen. Gab es in der Familie eindrucksvolle Vorbilder? Schon, aber denen folgend, hätte ich in die Junge Union eintreten müssen. War ich gegen den Vietnamkrieg, die Notstandsgesetze, die Bildungskatastrophe und den dicken Erhard? Ja, sicher, aber was hatte das mit Sozialismus zu tun? Verschaffte das Studium der Klassiker Durchblick? Nur dann, wenn man die Augen schloss. Fühlte ich mich dem Schicksal der Proleten verbunden? Ich kannte gar keine. Der einzige Ort, an dem ich mit ihnen in Kontakt kam, war das Stadion an der Kreuzeiche in Reutlingen. Dort verkaufte ich jedes zweite Wochenende bei den Spielen des SSV Limonaden. Die Zuschauer auf den Stehplätzen, Arbeiter und Lehrlinge aus den umliegenden Betrieben, waren mir rau, laut und meinen bürgerlichen Sozialkompetenzen schwer zugänglich. Sie flößten mir eher Furcht als das Gefühl der Verbundenheit ein.

Wann und wie war ich zum ersten Mal mit dem Sozialismus in Berührung gekommen? In der zweite Hälfte der Fünfzigerjahre. Damals war ich einige Tage bei meinem Internatsfreund Bernd P. in Berlin zu Gast gewesen. Seine Mutter, eine Bauunternehmerin, lebte, wenn ich mich recht erinnere, in einer prächtigen Dahlemer Villa im Falkenried. Der Vater war »im Krieg geblieben«, wie man damals sagte.

Sonntagvormittag, der Kampf der Systeme war in vollem Gang, schlug sie uns, als eine Form praktischer Staatsbürgerkunde, einen Ausflug in die Zone vor.

»Benehmt euch dort bitte! Ihr wisst, sie können nichts dafür. Es ist der Russe.«

Wir nickten folgsam und ließen uns in den Fond ihres braunbeigen Mercedes Cabrio fallen, während der Chauffeur am Volant Platz nahm.

Es war ein herrlicher Tag im frühen Mai. Das Verdeck war im Kofferraum verschwunden. Der warme Frühlingswind wehte uns durch die Haare, während wir den Ku'damm runterfuhren, um wenig später die Demarkationslinie zu überqueren.

Übergangslos fanden wir uns in einer anderen Welt wieder: zerschossene Fassaden, leere Schaufenster und dunkle, verschmauchte Mauern. Die Hickelkästchen auf den zerborstenen Trottoirs waren nicht mit bunter Kreide, sondern mit dem blassen Rot zerbrochener Ziegelsteine aufgemalt.

Auf den verlassenen Straßen kamen uns gelegentlich kleine, seltsame Autos entgegen, die lärmten wie daheim der Rasenmäher. Sonst war es stille und machte den Eindruck, als ob es für ewig so bleiben würde. Zudem fehlte alles, was zum Straßenbild Westberlins gehörte: Reklame, Neonröhren, Vitrinen und Farben. Es schien, als hätte man sie bis auf wenige mürbe Spuren aus der Umgebung gesogen. Selbst die Chausseebäume, das schönste Geschenk des alten Preußens an seine Berliner Bürger, waren bis auf erbarmungswürdige Reste heruntergewirtschaftet.

»Einschusslöcher, vom Krieg«, kommentierte Bernd meine irritierten Blicke.

»Ja, sind die denn nicht …«

»Nein, sind sie nicht. Kriegen die nicht hin. Die kriegen nix hin.«

Wir ließen das Brandenburger Tor hinter uns.

Als wir eines der seltenen heimischen Automobile überholten, schlug Bernd aus seiner erhöhten Position im Vorbeifahren kurz mit der geballten Faust auf dessen Dach. Das war lustig.

Wir schauten neugierig zurück. Unser Opfer war ein ganzes Stück zurückgefallen und folgte uns mit den schlingernden Bewegungen eines Nachen bei Wellengang. Die schmalen, kleinen Reifen gaben die tiefen Schlaglöcher und Unebenheiten auf der Straße direkt an die Karosserie weiter. Ein älterer Mann drohte wütend hinter einer engen Windschutzscheibe. Schade, dass wir nichts verstehen konnten.

»Das war ein Kommi«, begründete Bernd sein couragiertes Auftreten.

»Ach, woran erkennt man das?«

»Am Auto. Hier haben nur Kommis eigene Autos.«

Wir erreichten die Stalinallee.

»Scheißarchitektur«, befand Bernd knapp.

Mir gefielen die prächtigen Gebäude eigentlich ganz gut, aber ich wagte kein Widerwort, schließlich war Bernd der Sohn einer Bauunternehmerin und wusste, wovon er sprach.

Rechts und links auf den tiefen Bürgersteigen herrschte das rege Treiben einer dörflichen Nachkriegskirchweih, auf der es neben einer Schiffschaukel, der Schießbude und dem Bierstand nur die Menschenmenge zu bestaunen gab.

Die Ostberliner gingen spazieren, saßen auf Bänken in der Sonne oder standen in langen Schlangen für eine Eiskugel an. In der Luft lag jene heitere Stimmung, die entsteht, wenn besitzlose Menschen sich vergnügen und kurze, sehnsüchtige Blicke,

Lächeln und Gelächter, übermütige Gesten, schnelle Worte, die hungrige Ausschau nach dem kleinen Abenteuer und das Leben selbst den Besitz ersetzen.

Diese Feinheiten waren uns beiden im Fond des braun-beigen Mercedes-Cabrio natürlich nicht zugänglich. Wir sahen nur jungen Frauen mit Kinderwagen von der Mittelstandshilfe und Menschen, die sich aus Beständen der Altkleidersammlung bedient hatten.

»Ich glaube, die armen Schweine stehen die Hälfte ihres Lebens irgendwo an.«

»Und?«

»Gibt doch nix, und wenn doch, ist Volkssturm.«

Bernd winkte wie später Heinrich Lübke aus steifem Unterarm den Passanten zu.

Durch den Fahrtwind drangen undeutlich Zurufe zu uns durch. »Arschlöcher! Haut ab! Nehmt uns mit!«, glaubte ich zu verstehen.

»Wenn's eng wird, gibste Gas.«

Der Chauffeur nickte.

Wir folgten der Allee gen Osten, drehten, als die Fassaden wieder grau wurden, um und fuhren gemächlich zurück. Dabei bestaunten wir das Schuhwerk der Einheimischen und machten echt witzige Bemerkungen: »Kann man auf denen laufen? Haste die selbst gebastelt? Sind das Schnürsenkel, oder ist das Kordel?« Zwischendurch streckte Bernd seine Beine in die Luft, »damit die mal sehen, was 'ne anständige Jeans ist«. Außerdem rief er, der ein Jahr älter und drei Jahre reifer war als ich und von seinen filterlosen Lucky Strikes bereits gelbe Kuppen an Zeige- und Mittelfinger der rechten Hand hatte, den Mädchen anzügliche Aufforderungen zu, auf die sie ebenso frech, aber in der Vorbeifahrt schwer verständlich reagierten.

»Kannste alle haben«, erklärte mir Bernd großspurig. Mir jedoch war es ganz lieb, sie blieben, wo wie waren: am Straßenrand.

Die männlichen Ostzonalen schienen weniger begeistert, und als schließlich eine leere Flasche im Wagen landete, kehrten wir nach Westberlin zurück.

Trotzdem glaubte ich Jahre später, Marxist werden zu müssen. Vermutlich, weil es viele taten. Die Erwachsenen waren ratlos angesichts einer Jugend, die es, trotz der leeren Schaufenster im Osten, in der satten, wohlhabenden, zukunftsfreudigen Bundesrepublik nach Kommunismus verlangte. Die Jugend begann sich für eine Welt, wie sie sein *könnte*, und nicht, wie sie war, zu interessieren, ergriffen von der Gewissheit, dass alles auch »ganz anders« möglich war, und dass man sich der Macht der Dinge nicht beugen musste. Das war der »Zauber des großen Augenblicks«, von dem später, in der euphorischen Nachbearbeitung der Ereignisse, noch häufig die Rede sein sollte.

Nicht zu unterschätzen war der Schrecken, den ein Bekenntnis zum Kommunismus damals am heimischen Herd hervorrief. Als der Schauspieler Franz Xaver Kroetz gefragt wurde, was ihn einst zum Eintritt in die Deutsche Kommunistische Partei veranlasst habe, antwortete er, dies sei das sicherste Mittel gewesen, seinem Vater wirkungsvoll zuzusetzen. Wer in der Verwandtschaft Panik und Bestürzung hervorrufen wollte, verbunden mit verzweifeltem Händeringen und der inständigen Bitte, zurückzukehren, der musste zum Abendbrottisch mit einer dunklen Baskenmütze, die ein roter Stern aus kulturrevolutionärer Handarbeit zierte, erscheinen. Schon war der Teufel los. Den Eltern stand der Angstschweiß auf der Stirn, denn durch eine einzige Geste waren zwei Jahrzehnte aufopferungsvoller, bürgerlicher Erziehung hinfällig geworden.

Ein Teil der Vierziger wurde so zu Verrätern an den wichtigsten Vorhaben der Eltern: der Verdrängung der Vergangenheit, dem Wirtschaftswunder und einem ruhigen Leben im geschichtlichen Niemandsland. Wer diese Projekte infrage stellte, gar aktiv bekämpfte und mitten im Kalten Krieg zum Feind überlief, der beging den größten anzunehmenden Tabubruch. Auf den allerdings hat jeder Mensch in seiner Jugend ein Anrecht. Jede heranwachsende Generation kommt irgendwann an den Punkt, an dem sie das alte, ausgelaugte, düstere Leben nicht mehr reformieren, sondern ein für alle Mal entsorgen will. Das gehört zu einer gesunden Entwicklung wie Pubertätspickel und Knutschflecken.

Den schwermütigen Grundakkord für das neue Bewusstsein schlug die Frankfurter Schule an, die wie eine bedrohliche Wolke über den Häuptern der Vierziger hing. Sie vertrat in eigener Sprache ein graues, trübsinniges Unbehagen an jeder Form von Gegenwart. Es sei »gefährlich«, warf der Philosoph Arnold Gehlen dem Haupt der Frankfurter Schule, Theodor W. Adorno, vor, »den Menschen mit dem bisschen unzufrieden zu machen, was (…) ihm noch in den Händen geblieben ist«.

Bei Licht besehen hatten die freudlose Redseligkeit der Frankfurter und die neue Leichtigkeit der Vierziger wenig gemeinsam. Trotzdem übte die hoffnungslose begriffliche Arbeit am täglichen Detail eine eigentümliche Faszination aus. Zudem wurde sie rasch zum Jargon in den Feuilletons der Medien. Genau das Richtige für eine Generation, die vom Umsturz redete, während man nebenbei die Scheine erwarb und Examen ablegte, die eine bürgerliche Karriere zur Voraussetzung hat.

Im Wintersemester 1969/70 veranstaltete das soziologische Institut der Universität, an der ich studierte, neben Einführungsvorlesungen, Lektürekursen soziologischer Klassiker und anderem mehr ein Seminar zum Thema »Funktionen der Werbung in westlichen Industriegesellschaften«. Ich weiß nicht, ob bei der Wahl dieses Themas Mut oder Naivität Pate gestanden hatten, vermutlich beides.

Am Tag der ersten Doppelstunde, einem Dienstag, wenn ich mich recht entsinne, war der Seminarraum von interessierten jungen Studenten und Studentinnen voll besetzt. Viele standen und lehnten an den Wänden, einige hatten sich auf dem Boden niedergelassen. Die meisten von ihnen sah ich zum ersten Mal am Institut, unter ihnen waren auch Mitglieder der »Roten Zelle Germanistik«, die für ihre rabiate Vorgehensweise bekannt waren. Es herrschte, ganz untypisch für einen Seminarbeginn, eine erwartungsvolle Stimmung, wie vor einem großen Ereignis.

Der für das Seminar verantwortliche Dozent und ein Hilfsassistent betraten den Raum, bahnten sich, ohne dass man vorerst von ihnen Notiz nahm, langsam ihren Weg durch die Anwesenden, bis sie schließlich hinter den beiden Stühlen standen, die dem Lehrpersonal vorbehalten waren. Die waren besetzt.

Höflich forderten sie die beiden Studenten auf, Platz zu machen.

»Nö!«, bekamen sie zu hören. Es wurde schlagartig still. »Seh ich gar nicht ein, dass ich stehen soll, nur weil der Raum hier zu klein ist.«

Ole Schäfer, um den handelte es sich nämlich, ein erfahrener Vorlesungs- und Seminarstörer, blickte gelassen auf der Suche nach Beifall und Unterstützung um sich.

Der Dozent bat ein weiteres Mal um die Stühle.

»Nö, heute stehst du!«

Dozent und Hilfsassistent zuckten ob der vertraulichen und ungewohnten Anrede merklich zusammen.

»Wir werden auf keinen Fall stehen, eher fällt das Seminar aus.«

Es wurde unruhig.

»Lass mal, Ole!« Ein untersetzter Student, der mit verschränkten Armen an der Wand stand, griff ein. »Das ist nicht das Thema.«

Das Lehrpersonal durfte sich setzen. Es verteilte hastig Listen mit Literaturangaben und Referatsthemen und skizzierte den inhaltlichen Ablauf der Veranstaltung. In deren Mittelpunkt sollte die These stehen, die Werbung sei das wichtigste Kommunikationsmedium zwischen Produzent und Konsument, sozusagen ein Bindeglied zwischen zwei Menschengruppen, die vorläufig nichts voneinander wüssten. Das Seminar sollte erörtern, unter welchen Umständen beide erfolgreich zueinanderfinden konnten. Zu diesem Zweck lagen einige Thesen vor, die man anhand der vorliegenden Literatur überprüfen wollte.

Weit kamen die beiden damit nicht.

Ein Kommilitone, dem das elterliche Erbgut schon einen Großteil seiner blonden Haare geraubt hatte, meldete sich zu Wort. Das sei »Wissenschaft im Dienste des Kapitals«, informierte er die Lehrkräfte. Ausgangspunkt jeder Auseinandersetzung mit der Werbung müsse der kritische Begriff des »Konsumterrors« sein, der konstitutiv für den Kapitalismus sei. Die Werbung sei in diesem Zusammenhang das Mittel, den Konsumterror in den Köpfen der Konsumenten zu verankern, und deshalb zu bekämpfen. Ein Seminar über Werbung müsse deshalb deren »tendenzielle Abschaffung« zum Gegenstand haben.

Dozent und Hilfsassistent versuchten mit einer opportunistischen Anpassungsstrategie, der misslichen Lage zu entkommen. Bevor man etwas bekämpfe, müsse man doch wissen, wie es funktioniert, gaben sie zu bedenken.

»Das interessiert hier keinen.«

Es folgte ein ergebnisloses Hin und Her, bis eine Studentin der »Roten Zelle Germanistik«, die viele Jahre später das Literaturhaus Hamburg leiten würde, vorschlug, darüber abzustimmen, welche Richtung das Seminar nehmen sollte.

Der Dozent erklärte sich damit einverstanden, wollte aber nur die Stimmen derjenigen gelten lassen, die im Fach Soziologie eingeschrieben waren. Das freilich war eine ganz schlechte Idee und ein Beweis für das Fachidiotentum, das am soziologischen Seminar um sich zu greifen drohte und unverzüglich überwunden werden musste.

Die Studenten begannen im Gleichklang und unter rhythmischem Klatschen »Wir sind alle Soziologen, wir sind alle Soziologen …!« zu skandieren.

Der Dozent und sein Hilfsassistent packten umgehend und schweigend ihre Sachen zusammen und verließen den Raum. Das Seminar war beendet, bevor es recht begonnen hatte, und der bürgerlichen Wissenschaft eine empfindliche Niederlage beigebracht worden.

Am nächsten Tag wurde vor den Toren der Mensa in der Marktgasse ein Flugblatt mit der Überschrift »Gegen eine Wissenschaft im Dienst des Kapitals« verteilt, in dem es unter anderem hieß: »Die Studenten des Fachbereichs Soziologie haben keine Lust mehr auf die reaktionären Lehrinhalte einer positivistischen Wissenschaft, die ihrer zukünftigen gesellschaftlichen und politischen Praxis zuwiderlaufen. Wir werden in Zukunft das Produktionsmittel soziologisches Seminar selbstbestimmt für unsere Ziele übernehmen.« Gezeichnet: RozSoz, Rote Zelle Soziologie.

Kurze Zeit danach musste auch der Seminarraum aus dem Verkehr gezogen werden. Subversive Kräfte sollen der Legende nach unter einer Parkettdiele einen Hering verstaut haben, dessen strenger Verwesungsgeruch die Studenten auf Monate vertrieb. Bei der Suche nach den Ursachen des Gestanks wurde nach und nach das halbe Institut abgerissen. Später behaupteten »Revolutionäre Heimwerker«, sie hätten das soziologische Seminar von »seinen reaktionären Umtrieben befreit«.

Im Rückblick wirkt der Begriff des Konsumterrors nebst seinem Knecht, der Werbung, wie ein abschreckendes Echo aus längst vergangenen Zeiten. Das raue und unschöne Wort erweckt kein Vertrauen und stößt eher ab. Tatsächlich aber war »Konsumterror« damals ein Kernbegriff der zwanzigjährigen Vierziger. Veredelt wurde er durch eine der schönsten Zeilen der Popmusik: *Freedom's just another word for nothing left to lose.* Darin verbarg sich ein ganzes Universum kritischer Bedeutungen: die Diktatur der Mode, der Terror des makellosen Äußeren, verbunden mit diffusen Vorstellungen von inneren Werten, die gedankenlose Verschwendung der natürlichen Ressourcen, die industriell geplante

Vergänglichkeit der Güter, der obszöne westliche Luxus angesichts des Elends in der Dritten Welt sowie eine frühe Ahnung von den Gefahren, die Umwelt und Natur bedrohten.

Dahinter standen die Theorie von den natürlichen Bedürfnissen des Menschen und die Forderung nach einem Leben im Einklang mit Natur, Umwelt und zwangloser Geselligkeit. Der Markt im Kapitalismus, so die Überzeugung, war hingegen auf ständige Expansion angewiesen und somit auf eine künstliche, manipulierte Ausweitung der menschlichen Bedürfnisse. Er schuf aus seiner inneren Logik heraus ständig neue Begehrlichkeiten, nicht jedoch, um den Menschen glücklich und zufrieden zu machen. Im Gegenteil: Eine zufriedene Bevölkerung hätte ihn in höchste Gefahr gebracht. Der Markt verabscheute Familienväter, die preisbewusst in den Regalen der Supermärkte nach Sonderangeboten suchten, und verlangte nach Konsumenten, die dürre Bedürfnisse durch pralle Wünsche ersetzt hatten und den Kaufakt selbst als befreienden Akt erlebten, »durch den sich ihnen die Welt ihrer Sehnsüchte erschloss«.

Neben dem robusten Begriff des Konsumterrors gab es noch ein ganzes Arsenal anspruchsvoller Begriffe und Theoreme, mit denen man der Dominanz des Marktes, zumindest theoretisch, auf den Leib rücken konnte. Die gängigsten unter ihnen waren »Entfremdung«, »tendenzieller Fall der Profitrate« und »Warenfetischismus«. Freilich, ihr Gebrauch setzte abstraktes Denken und das Studium schwieriger Texte voraus, was den meisten der neu getauften Rebellen nicht leichtfiel. Für ein Leben im Widerstand, das in der Hauptsache aus radikalen, folgenlosen Gesten bestand, war es auch nicht unbedingt nötig.

Der wirkungsmächtigste Begriff, weil einfach zu begreifen und umstandslos in die Praxis umzusetzen, blieb deswegen der des Konsumterrors. Sein Gegenteil, die Bedürfnislosigkeit, war für die Mehrzahl der Studenten, die häufig knapp bei Kasse waren, ohnehin Bestandteil des täglichen Lebens.

Die Konsumkritik blieb nicht nur auf links Bewegte beschränkt. Die *ZEIT* etwa referierte in den Siebzigerjahren zum selben Thema ausführlich aus den *Freibeuterschriften* des italienischen Autors, Regisseurs und Lyrikers Pier Paolo Pasolini. Für ihn war der »Konsumismus« die »neue Form des Totalitarismus«, und er fuhr hellsichtig fort, dass die »Herrschaft des Konsums formal eine absolute Flexibilität der Sitten erfordert, damit der Einzelne ein guter Konsument wird«. Die Kunst des Konsums bestand demnach nicht in der Anschaffung, sondern in der Trennung von jüngst erworbenen Gütern, damit neue Platz finden konnten. Pasolini befürchtete, dass »überflüssige Güter das Leben überflüssig machen« würden. Er forderte deswegen eine Kultur der Armut und der Unschuld, in der nur die lebensnotwendigen Dinge Bedeutung hatten. Diese Überlegungen fielen damals, wenn auch für begrenzte Zeit, bei den zwanzigjährigen Vierzigern auf fruchtbaren Boden.

Die Zukunft der Vierziger war mithin gut gefüllt mit Projekten: Sozialismus, Konsumverzicht, Kulturrevolution und ein befreites Leben, um nur die Wichtigsten zu nennen. In dieser eindrucksvollen Liste war der Sozialismus von Beginn an zum Scheitern verurteilt. Die Vierziger erkannten bald, dass sie sich wieder von ihm und seinem Beiwerk verabschieden mussten. Er war chancenlos und gefährdete die persönlichen Karrieren. Zudem begann der Dauerspagat zwischen der Lust am Augenblick und der öden Pflicht zur sozialistischen Zukunft Schmerzen zu bereiten.

So einfach war die Sache indes nicht, denn in die Beschäftigung mit der jüngst belebten Braut waren Zeit und Hoffnungen investiert worden. Die mochte man ungern aufgeben. Was würden die Genossinnen und Genossen sagen, die noch an den Idealen einer von allem befreiten Gesellschaft festhielten? Durfte man sich als Renegat in der Mensa noch an den Tisch der fortschrittlichen Kräfte setzen? Was war mit dem Arbeitskreis »Lohn, Preis, Profit«? Würde einen das Fußballkollektiv »Traktor Weilheim«, das immerhin die Landesmeisterschaft der Freizeitspieler gewonnen hatte, ausschließen? Es gab einiges zu bedenken!

Mit dem Verlust der sozialistischen Utopie drohte den Vierzigern das Selbstverständnis, erworben auf vielen Straßenkilometern militanter Demonstrationen, abhandenzukommen. Da erschien pünktlich 1973 ein schmales, braves Buch mit dem Titel *Lenz*. Dessen Protagonist, ein Berliner Genosse, entdeckt jenseits der Alpen überrascht, dass ein Leben aus mehr besteht als aus trockenen politischen Diskussionen und Flugblätterverteilen, dass es im Gegenteil bunt, emotional und sinnlich sein kann.

Die »neue Innerlichkeit«, der sich bald eine ebenso neue Sensibilität hinzugesellte, war damit geboren. Unverzüglich wurde sie »politisiert« und zur letzten, vom System uneinnehmbaren Rückzugsbasis im Kampf gegen die »antimenschlichen« Zustände erklärt. Die Konzentration auf das eigene Ich »bündelt mehr revolutionäre Energien« als alle Aktionen und Aufrufe.

Jetzt durfte jeder zurück ins bürgerliche Nest schlüpfen und sich trotzdem als Rebell fühlen, während er doch nur zum Kleinbürger im Sinne von Hannah Arendt wurde, der »um der Pension, der Lebensversicherung, der gesicherten Existenz von Frau und Kind willen Gesinnung und Ehre« preisgibt. Aus dem einst heroischen Freiheitsbegriff wurde unmerklich die Freiheit, das zu erwerben, wonach es einen verlangte.

Viele Vierziger hatten infolgedessen mit Ende zwanzig ihr Sach bereits zweimal verraten. In den Worten eines ehemaligen Frankfurter Maoisten: »Ich habe ausgeteilt und eingesteckt und dann Biologie studiert.« Das machte biegsam für die Jahre, die vor ihm lagen. Wer später seinesgleichen traf, bewältigte die gemeinsame Vergangenheit in ironischer Form, was häufig zu Wehmut und gelegentlich zu herzlichem Lachen führte. Auch eine Hinterlassenschaft!

Als ich Anfang der Achtzigerjahre für die ARD in das Hauptstadtstudio nach Bonn ging, stellte ich mich in den ersten Tagen den Pressesprechern der Ministerien vor, für die ich in Zukunft verantwortlich sein würde. Der des Innenministeriums hatte sich auf das Stelldichein mit mir gut vorbereitet.

»Frisch aus der Kaderpartei zum Fernsehen«, empfing er mich. »Sie haben ja 'ne dicke Akte. Schwamm drüber, hier ist noch jeder zur Vernunft gekommen. Auf gute Zusammenarbeit!«

»Du wirst dich noch wundern«, war ich mir sicher.

Erst aber wunderte *ich* mich, denn sein Minister, Friedrich Zimmermann, führte gegen heftigen Widerstand aller Führerscheinbesitzer, und die sind zahlreich, den Katalysator ein und ließ zur Rettung der Wälder Kohlekraftwerke mit Filtern nachrüsten.

Gegen beide Vorhaben war nichts einzuwenden. Dann aber ordnete Zimmermann eine Volkszählung an. Im Handumdrehen waren alle auf den Barrikaden. Die Volksaufklärungszubehörindustrie kam unter der Parole »Auf uns könnt ihr nicht zählen« mit Aufklebern und Stickern in Schwung. Für den »Bericht aus Bonn« falteten wir die Fragebogen zu Schiffchen und ließen sie symbolträchtig den Rhein hinuntertreiben. Es dauerte nicht lange, und der Minister musste sich Fragen nach seinem Rücktritt gefallen lassen.

In jenen aufregenden Tagen fuhr ich regelmäßig übers Wochenende in eine süddeutsche Kleinstadt und ging dort ebenso regelmäßig sonntags in ein Hallenbad. Eines Vormittags sah ich mich in der Sammelumkleidekabine plötzlich von einer Handvoll nackter, älterer Schwaben umringt, die tief betroffen und höchst erregt waren.

»Sie, Herr Kuntze, was macht die ARD eigentlich gegen den Datenfaschismus?«

Sie kannten mich aus dem Fernsehen. Das musste man ihnen zugutehalten.

»Was? Was für Faschismus?«

»Ja, ist Ihnen das nicht klar« – alles in schwerem Schwäbisch –, »die Volkszählung! Der neue Faschismus. Da braucht's keine SS mehr. Das macht heut der Computer.«

Sie waren durchweg einen Kopf kleiner. Ich kam mir vor wie Schneewittchen unter nackten Zwergen.

»Ich denke schon, wir berichten kritisch.«

»Das tun Sie nicht. Sie lassen alberne Schiffchen auf dem Rhein treiben. Damit aber ist es nicht getan.«

Sie redeten aufgeregt auf mich ein.

»Der Faschismus ist heutzutage raffinierter. Den merken Sie gar nimmer. Der gläserne Mensch droht. Wir dachten, Sie wären besser informiert. Sagen Sie das dem Nowottny. Der macht doch einen ganz vernünftigen Eindruck.«

Ich wurde ungnädig. Sie, die mir früher Verbündete gewesen wären, wurden mir lästig. Ich konnte mich nicht mehr empören. Der Kollege aus dem Innenministerium hatte recht behalten. Aber dass es so schnell gehen würde?

Während sich die Vierziger allmählich zurückzogen und behaglich in bürgerlichen Karrieren einrichteten, begann der Neoliberalismus nach und nach und ohne jede öffentliche Diskussion die Schaltstellen der Macht zu übernehmen. Dem setzten die Vierziger nichts mehr entgegen. Sie lehnten sich, in dem Bewusstsein, genügend getan und riskiert zu haben, zurück und ließen die Sache treiben. Man entdeckte das eigene Ich und den Weltuntergang. Derweil fand vor ihren Augen statt, wovon sie eine Zeit lang geträumt hatten: eine Revolution, die des Neoliberalismus.

Man kann rückblickend den Eindruck haben, dass die bunte Maskerade, die Ende der Sechzigerjahre begonnen hatte, ein vordergründiges Spiel gewesen war, um im Hintergrund den großen Paradigmenwechsel in die Tat umzusetzen. Als die Vierziger damals ihre Schuld getan, sich von der Bühne verabschiedet und die bunten Kostüme in den Fundus zurückgebracht hatten, stand überraschend ein neuer, prächtiger Gott auf den Brettern und übernahm fortan die Herrschaft: der Markt.

»Der moderne Kapitalismus ist eine säkularisierte Heilslehre. Anstelle der Verheißung jenseitiger Erlösung, wie sie das Christentum anbietet, tritt die Verheißung diesseitiger Erlösung durch Reichtum«, beschreibt Heribert Prantl die neue Realität.

Es ist dies jedoch eine schlichte, vulgäre und mitleidlose Lehre. Im Gegensatz zum alten Gott, der Reue, Gnade und Vergebung kannte, vergibt der Markt nie und zeigt sich völlig unbeeindruckt vom Schicksal seiner Anhänger. Er ist der grausamste Gott, der je erfunden wurde, und die Konkurrenz ist ansehnlich, wenn man etwa an die Götter Mittelamerikas denkt. Selbst der Gott des Alten Testaments, mit dem gelegentlich nicht gut Kirschen essen war, wirkt im Vergleich zum Markt wie ein freundlicher älterer Herr.

Im Gegensatz zum vielschichtigen Christentum mit seinen Ritualen und Geheimnissen ist der neue Glaube nackt. Er verlangt nach einem von tradierten Werten und Begrenzungen freigeräumten Terrain. Wo die katholische Kirche mit ihrer Vorstellung vom gemächlichen, auf das Jenseits gerichteten Leben noch eine Rolle spielt, hat er Probleme, wie die Länder südlich der Alpen bezeugen. Wer sich gewiss ist, dass die eigentliche Existenz erst im Jenseits beginnt, der wird wenig Grund haben, sich auf Erden über das Notwendige hinaus zu verausgaben. Er wird stattdessen zuwarten und dafür Sorge tragen, nichts zu tun, was der zukünftigen Seligkeit im Wege stehen könnte.

Solch ein passiver, müßiger Lebenswandel ist der widerborstige Feind des neuen Gottes. Wenn wir diesseits der Alpen von »Strukturreformen« reden, welche die Italiener und Spanier, Griechen und Portugiesen dringend in Angriff nehmen sollen, meinen wir im Kern einen Mentalitätswandel hin zur protestantischen Ethik, jener Vorstellung, der zufolge die Arbeit und nicht der Müßiggang, die Fabrikhalle und nicht das Straßencafé, das tätige Leben und nicht die Hoffnung auf ein Jenseits die eigentliche Bestimmung des Menschen seien.

Der neue Gott verlangt nicht weniger als die Aufgabe eines Lebensstils, in dem die Menschen dort sich seit langen Zeiten heimisch und wohlgefühlt haben. Er fordert die »Entwertung aller Werte«, entbindet den Menschen von Ethik und Moral und ersetzt diese durch »Täuschung, Eigennutz und Begierde«. Befeuert wird der Markt durch eine der sieben Todsünden, die Gier, in ihrer unendlichen Mannigfaltigkeit.

Es ist dies die rätselhafteste Hinterlassenschaft einer Generation, die einst von der Selbstbestimmung des Menschen und der Machbarkeit der Geschichte ausgegangen war.

Der Markt kam indes nicht allein daher, sondern in Begleitung des Finanzkapitals, das in der Vergangenheit eine wichtige, aber keine überragende Rolle gespielt hatte. In der Zwischenzeit vagabundieren jedoch unvorstellbare Summen durch die Welt, auf der Suche nach Renditen durch finanzielle Transaktionen, denen keine Wertschöpfung mehr zugrunde liegt. »Das Finanzwesen steuert die moderne Gesellschaft. Das mag sich für manche Menschen seltsam anhören, aber es ist absolut wahr«, erklärte knapp der Nobelpreisträger im Fach, Robert Shiller.

An die Stelle der klassischen Elemente erfolgreichen Wirtschaftens – Erfindergeist, Fleiß und Verzicht zugunsten langfristiger Planung – traten hohes Risiko, verwegene Spekulationen, schnelles Geld und undurchsichtige Geschäfte. Ohne der Hände Arbeit wollte man abenteuerliche Prozentsätze auf das eingesetzte Kapital erzielen.

Damit wäre das Perpetuum mobile des Wirtschaftens erfunden und der alte Traum der Menschheit vom ewigen Grießbrei im Schlaraffenland in die Tat umgesetzt worden. Tatsächlich aber entstand eine Traumwelt, in welcher der Gewinn des einen stets den Verlust des anderen zur Voraussetzung hat. Zurück bleiben notwendig ruinierte Existenzen, deren Verluste wir den wehrlosen Nachkommen aufbürden.

Die einzige Eigenschaft, die der Markt mit den Göttern der Vergangenheit teilt, ist seine Undurchschaubarkeit. »Wie unerforschlich sind seine Ratschlüsse, wie unergründlich seine Wege!«, schrieb Paulus vom Schöpfer an die römische Gemeinde.

Dasselbe gilt zweitausend Jahre später für den Markt. Dieser bewegt demnach durch geheimnisvolle Mechanismen Kapitalströme in der notwendigen Geschwindigkeit dorthin, wo sie hingehören.

Selbst wenn diese Bewegungen Armut und Elend nach sich ziehen, hat es seine Richtigkeit, wie das göttlicher Ratschluss so an sich hat. Regierungen sind hoffnungslos überfordert und gut beraten, ihre Finger von den nebulösen Abläufen zu lassen. Versuchen sie es trotzdem, haben sie nur eine Chance: die, zu scheitern.

Nach der griechischen Götterkommune, dem christlichen Schöpfer und der marxistischen Geschichtsautomatik hat also jüngst der Markt deren Stelle übernommen. Trotz der modernen Erdverbundenheit und eines schonungslosen Realitätssinns kommen die Menschen ohne ein höheres Wesen anscheinend nicht aus. Die Undurchschaubarkeit des Marktes, dem wir bedenkenlos unser Schicksal anvertraut haben, ist die wichtigste Voraussetzung dafür, dass er überhaupt funktioniert, wie die geheimnisvollen Vorgänge an der Börse bezeugen.

Jedem gewonnenen Euro durch den Handel mit Aktien steht notwendig ein verlorener gegenüber, denn an der Börse werden keine Produkte hergestellt und angeboten. Die Aktien gehen lediglich von einer Hand zur anderen, verbunden mit der Hoffnung, dass sich der Kurs nach oben entwickeln möge. Den Unternehmen ist es, von den seltenen Ausnahmen einer Übernahme abgesehen, gleichgültig, wer im Besitz ihrer Aktien ist.

Wenn man verbindlich erlernen könnte, wie man Gewinne erzielt und Verluste vermeidet, würde kein vernünftiger Mensch mehr Verluste erleiden. Da diese aber die notwendige Kehrseite von Gewinnen sind, würde der Aktienmarkt ohne sie umgehend zum Stillstand kommen.

Den ersten Versuch, die Entwicklung auf dem Aktienparkett vorherzusagen, unternahm in den Siebzigerjahren des 19. Jahrhunderts der Brite William Stanley Jevons. Er behauptete, die Sonnenflecken seien für die periodischen Entwicklungen an den Märkten verantwortlich. Nachdem er die Börsenturbulenzen von 1879 korrekt prognostiziert hatte, gewann seine Theorie kurzfristig an Anhängern. Allerdings versagte er bei den folgenden Kurseinbrüchen und geriet bald wieder in Vergessenheit.

Der Nächste, der es unternahm, den ungebärdigen Gesellen, diesmal mittels mathematischer Formeln, zu bändigen, war der amerikanische Wirtschaftswissenschaftler Irving Fisher. 1906 veröffentlichte er sein epochales Werk *The Nature of Capital and Income*, in dem er versuchte, die Entwicklung der Aktienkurse mit Mitteln der Wahrscheinlichkeitsrechnung in den Griff zu bekommen. Das Ungeheuer könne zwar nicht vollständig gezähmt werden, gestand Fisher ein, aber es sei mit genügend Informationen und den entsprechenden Formeln handzahm zu halten. Ein weitverbreiteter Irrtum, denn je mehr Informationen zur Verfügung stehen, desto unübersichtlicher wird die Lage, wie Fisher selbst erfahren sollte. Er war nicht nur Theoretiker, sondern auch ein Mann der Tat. Überzeugt von der Richtigkeit seiner Theorien, verlor er später sein ganzes nicht unbeträchtliches Vermögen an der Wall Street.

Fisher verdanken wir, nebenbei, eine der berüchtigtsten Börsenweisheiten des vergangenen Jahrhunderts: »Die Aktienkurse haben ein permanentes Hoch erreicht«, behauptete er allen Ernstes zwei Wochen vor dem Schwarzen Montag im Oktober 1929. Wer damals dem Sachverstand des berühmtesten amerikanischen Ökonomen seiner Zeit vertraute und sein Geld in Aktien investierte, war vierzehn Tage später ruiniert.

Das Gleiche gilt dem Ökonomen und Mathematiker Benoit

B. Mandelbrot zufolge für die Finanzmärkte generell. Auch auf ihnen herrschen Chaos, plötzliche, unerklärliche Kursgewinne und deren Gegenteil, Verluste, außerdem hohe Unsicherheit und ständige Überraschungen. Keine Wissenschaft sei in der Lage, das Durcheinander begrifflich zu bändigen und in verbindliche Theorien zu fassen.

John Maynard Keynes stellte resigniert fest, dass »nicht einer unter Millionen (…) die geheimen Kräfte der Wirtschaftsgesetze (…) richtig zu erkennen imstande ist«. Da wir vermuten dürfen, dass er sich einzig unter seinesgleichen umgeschaut hat, sind die Chancen, hierzulande auch nur einen einzigen Kundigen zu finden, mehr als gering.

Anfang Januar 2013 fand in San Diego an der Pazifikküste die jährliche Tagung der US-Ökonomen statt, eine Versammlung der besten Köpfe, die das Fach im Augenblick vertreten. »Sie waren ratlos«, berichtete anschließend ein Teilnehmer, »sie wussten nicht, wie es weitergehen könnte. Ihre Modelle blieben stumm.« Alles schien nur von »Zufall und der Willkür und keinem regelnden Geiste« hervorgebracht zu sein.

Die Vierziger haben mithin Gegenwart und Zukunft einer neuen Religion, einem rätselhaften Räderwerk anvertraut, das sich unserem planenden Zugriff grundsätzlich entzieht. Die Zahl seiner Priester allerdings übertrifft die der christlichen Kirchen um ein Vielfaches. Es ist die Heerschar von Wirtschaftswissenschaftlern und Journalisten, die allerdings selten eine Entwicklung korrekt vorausgesagt haben – eigentlich die vornehmste Aufgabe jeder Wissenschaft –, sondern stets den Ereignissen atem- und ratlos hinterherlaufen. Statt kritischer Auseinandersetzung mit den Krisen, deren Ursachen und dem damit verbundenen Elend herrscht eine nahezu völlige mediale und wissenschaftliche Akzeptanz des Marktfundamentalismus, »das Abgleiten der Ökonomie in eine neue Scholastik, die ihre Aufgabe nur noch darin zu sehen scheint, eine marktgöttliche Weltordnung auszudeuten«.

Die neue Religion hat, um sich zu begründen und der edlen Herkunft wegen, mit der Vorstellung vom »rationalen« Markt eine der kostbarsten begrifflichen Ikonen der Moderne an sich gerissen. Die Rationalität ist der Werkzeugkasten, mittels dessen die Vernunft ihre Vorhaben in die Tat umsetzt. Wer sich der Rationalität versichert, bezeugt zudem, dass es bei ihm mit rechten Dingen zugeht. Wer sie für sich in Anspruch nimmt, greift zugleich nach der Vernunft, der wichtigsten Entdeckung und dem höchsten Gut der Aufklärung.

Hinter der ursprünglichen Vernunft stand jedoch die Vorstellung vom selbstbestimmten Leben nach der Vorgabe des kategorischen Imperativs, so miserabel die Praxis im Einzelnen auch sein mochte. Der rationale Markt indes ist ein seelenloser Mechanismus, dessen einziges Ziel die Rendite, berechnet auf das eingesetzte Kapital, ist. Damit betreibt er im Namen der Rationalität die völlige Umkehrung aller Ziele, welche die Aufklärung des 18. Jahrhunderts einst zu erreichen hoffte. Jene verstand sich als Aufbruch aus der »selbst verschuldeten Unmündigkeit« und forderte die Menschen auf, sich aus den Fesseln religiöser Vorschriften und politischer Traditionen zu befreien. Der rationale Markt hingegen, so wie er sich heute weltweit eingenistet hat, schafft eine neue Unmündigkeit, die deswegen so verführerisch ist, weil sie Wohlstand verspricht und die Lücke füllt, die ein geschwächtes Christentum hinterlassen hat. »Wohlstand für alle« wird es indes nicht geben, wie die zunehmende Kluft zwischen Arm und Reich auf allen Kontinenten bezeugt. Im Gegenteil: Die Armen werden ärmer und die Vermögenden reicher.

Ursprünglich, so scheint es, hat die Dominanz des Marktes nicht auf der Tagesordnung der Vierziger gestanden. Doch in den Tiefenschichten jener Zeit, über die meine Tochter so abfällig zu berichten wusste, spielte die »Entstaatlichung der Gesellschaft« die zentrale Rolle. Sie war die wirkungsvollste Antriebskraft der außerparlamentarischen Opposition. Deren Anhänger gingen im Kern nicht für die Unterdrückten und Beladenen auf die Straße, sondern für die eigene Befreiung von staatlicher Bevormundung. Sie riefen zwar »Ho Chi Minh«, meinten aber die Zwischenprüfung im Fach Germanistik oder das nächtliche Besuchsverbot auf ihren Studentenbuden.

Stil und Sitten sind indes von zäher Beschaffenheit, und ihre Beseitigung kann beschwerliches Tagwerk sein. Häufig haben die Kräfte der Beharrlichkeit zwar die schwächeren Legionen, aber den längeren Atem. Deswegen nahmen die Vierziger gedankenlos den Markt als mächtigen Verbündeten gegen das Althergebrachte mit ins Boot, denn der Markt verachtet das Brauchtum und lebt vom Vergänglichen. Unnachsichtig und wirkungsvoll räumten die ungleichen Verbündeten beiseite, was sich ihnen als Traditionen in den Weg stellte. In kürzester Zeit war das Gerümpel von Jahrhunderten entsorgt. Aber recht besehen, wurden lediglich »Traditionsschranken niedergerissen, die die Entfaltung des Kapitalismus und der Modernisierung noch behinderten«, vermerkte zwei Dekaden später ein damaliger Protagonist ernüchtert.

Zum Vorschein kamen vorerst lange Haare, das Du, lockere Sitten, Redseligkeit und ein warmes Gefühl von Gegenseitigkeit, getragen von der Überzeugung, bereits in jungen Jahren gesellschaftlich Bedeutsames geleistet zu haben. Erschöpft von so viel Tatkraft und überwältigt von den eigenen Erfolgen, legten die Vierziger schließlich die Hände in den Schoß und ließen ihrem Verbündeten, dem Markt, der noch sehr viel mehr vorhatte, freie Hand.

Tragischstes Opfer der neuen Ökonomie ist das große europäische Projekt einer wirtschaftlich starken Union, die der Armut und dem Krieg auf dem alten Kontinent für immer ein Ende bereiten würde.

Wer Gefallen daran findet, europäische Politiker zu beobachten, die der Markt vor sich hertreibt wie der Wolf eine verlorene Schafherde, hat bei der Eurorettung einen guten Logenplatz. Als die Gemeinschaftswährung eingeführt wurde, war an Aussichten auf paradiesische Zustände und erhabenen Worten zunächst kein Mangel. »Dieses Geld wird eine große Zukunft haben«, war sich Helmut Kohl sicher. Der spätere Finanzminister Hans Eichel sah im Euro das »größte Wohlstands- und Friedensprojekt« aller Zeiten, und für Angela Merkel stiftete die Währung gar »Identität«.

Die Politiker waren freilich nicht allein in ihrem Optimismus, die Kommentatoren in den Medien standen ihnen in nichts nach. Der »Beginn eines neuen Zeitalters« wurde dort verkündet, in dem »die Eurozone zu einem gleichberechtigten Global Player« würde. Ein »breiter, sicherer Weg, frei von Turbulenzen« führe von nun an in die Zukunft, und der »Wohlstand« würde sich wie ein warmer Landregen bis in die letzten Winkel der Eurozone ergießen.

Die Kritiker hatten in dieser Woge von Euphorie keine Chance, sich Gehör zu verschaffen. Man konnte den Eindruck gewinnen, als ob, bis auf wenige Ausnahmen, die gesamte Klasse der Wirtschaftswissenschaftler die Grundsätze ihrer Profession über Nacht vergessen hatte. Zudem, beruhigte man sich selbst, würden die Maastrichter Kriterien das Unvorstellbare verhindern.

Nun, genau das ist eingetreten. Man muss lange zurückdenken, um in Friedenszeiten eine größere Differenz zwischen Anspruch und Wirklichkeit ausfindig zu machen.

Das ursprüngliche Ziel und die Grundlage der Gemeinschaftswährung war die politische Union. Da diese vorhersehbar lange auf sich warten ließ, zog man den Schlussstein, die gemeinsame Währung, vor, in der irrigen Hoffnung, dass der Rest irgendwie schon nachkommen werde. Er kam aber nicht und wird so schnell auch nicht kommen. Stattdessen begann der Laden, den Politikern und Ökonomen um die Ohren zu fliegen.

Anstatt das missratene Experiment auf ein beherrschbares Maß zurückzuführen, traf man eine tollkühne politische Entscheidung – die nämlich, dass es keinen Austritt einzelner Nationen aus dem Euro geben dürfe, eine Festlegung indes, die der Markt nicht hergab. Wenn jedoch politische Entscheidungen in die Marktsphäre eingreifen, ohne auf deren Befindlichkeiten Rücksicht zu nehmen, kommt es unweigerlich zu Verwerfungen, bei denen die Politik in der Regel den Kürzeren zieht. So auch in diesem Fall. Seither tanzen die Politiker wie zerzauste Tanzbären nach der Musik von Rendite und Zinssatz.

Aus dem ursprünglichen Ziel (der europäischen Einigung) wurde der Not gehorchend ein Mittel zur Erhaltung des Euros, während wiederum aus dem Mittel (dem Euro) das Ziel (dessen Erhaltung nämlich) wurde. Wenn sich aber Ziel und Mittel im Laufe einer geschichtlichen Entwicklung austauschen, ist diese aus dem Ruder gelaufen. Wohin sie sich bewegt, liegt dann nicht mehr in den Händen der vordergründig Handelnden, sondern folgt eigenen, meist unbekannten Gesetzmäßigkeiten. Oder, in der Sprache der aktuellen Akteure: »Wir betreten Neuland und wissen nicht recht, wohin die Reise geht.«

Damit ist aus dem Entwurf einer kulturell vermittelten, gemeinschaftlichen Einigung des Kontinents ein gebeuteltes Anhängsel der chaotischen Eurorettung geworden. Die große europäische Erzählung ist zu einer Unzahl täglicher Meldungen über diese Schwierigkeiten herabgesunken. Jetzt diktieren der Markt und die Wirtschaftsteile der Zeitungen die Geschäftsbedingungen. Das Holz, aus dem die europäische Utopie seither geschnitzt wird, sind die Gesetze von Kreditwürdigkeit, Zinsen und Schuldenstand, und nicht der Wunsch freier und überzeugter Bürger nach einem vereinten Europa. Das wird stattdessen in Zukunft und für lange Zeit mit Arbeitslosigkeit, Wirtschaftskrisen, Durchgriffsrechten und Spardiktaten verbunden bleiben.

Rätselhaft, mit welcher Geduld die Wähler bislang das Versagen ihrer Eliten ertragen. Die Langmut seiner Bürger ist das wahre Kapital des alten Kontinents. Dabei hätte das Erbe von Jean Monnet, Robert Schuman und Alcide de Gasperi ein besseres Schicksal verdient gehabt, denn aus der hilflosen Politik ihrer Erben wird schwerlich jene europäische Identität entstehen können, die sie einst im Sinn hatten.

Für die Vierziger hierzulande hat sich die neuerliche Gefangenschaft in einer selbst verschuldeten Unmündigkeit indes gelohnt. Es ist ihnen besser ergangen als jeder Generation zuvor. Nun zeigt sich jedoch, dass der Markt keinesfalls von jener verlässlichen Rationalität gesteuert wird, die seine Einrichtung begründet hatte, im Gegenteil: Ihm ist eine destruktive Kraft eigen, die für unsere Nachkommen zur Bedrohung werden kann. Aber noch bleibt Zeit für weitere, heitere Jahre auf dem Vulkan. Die Rechnung wird zwar bereits geschrieben, aber erst in ferner Zukunft auf den reich gedeckten Tisch kommen.

Exkurs: Die Geburtsstunde der Grünen aus dem Geist des Kettenhofwegs – eine Grille

Der Kettenhofweg liegt im Frankfurter Westend, dort, wo seit Beginn des 19. Jahrhunderts die Wohlhabenden der Stadt gesiedelt haben. Es wird halbmondförmig umarmt von den weitläufigen Anlagen der I.G. Farben, denen zur Seite sich der Grüneburgpark erstreckt. Ihm schließt sich der Palmengarten an, mit dem sich die Betuchten einst eine kleine, ferne Welt fürs Wochenende eingerichtet hatten.

Unter betagten Genossen hat der Kettenhofweg einen guten Ruf, denn einerseits lebte Theodor W. Adorno bis zu seinem Tod in dem Gebäude mit der Nummer 123. Heute schaut er dort aus einer Gedenktafel hervor wie Marcel Aymés Mann, der durch die Wand gehen konnte. Andererseits kam es, ein Stück weit die Straße hinunter, Anfang der Siebzigerjahre zu heftigen Auseinandersetzungen zwischen Polizei und Abrissgegnern um das besetzte Haus Nummer 51, von denen bei Veteranentreffen auch heute noch wegen der beispiellosen Brutalität, dem »Frankfurter Militanzniveau«, gern erzählt wird.

Das Westend war seit Langem eine bevorzugte Wohngegend für fortschrittlich gesinnte Studenten der nahe gelegenen Goethe-Universität und von deren Mitläufern. Dort lebten sie behaglich inmitten eines aufgeräumten, bürgerlichen Umfelds, weitab von den Behausungen des Proletariats, dessen revolutionäre Mission ihnen so am Herzen lag.

Im dritten Stock eines der Häuser haben sich in der geräumigen Wohnküche vier Teilhaber der Frankfurter Szene eingefunden. Es ist Abend. Auf dem Tisch, unter einer tief hängenden, höhenverstellbaren Lampe, stehen eine Schüssel mit Nudeln in Tomatentunke, die überall in der Küche Spuren wie Windpocken hinterlassen hat, und ein vermutlich algerischer Rotwein ohne nähere Angaben namens »Chapeau Rouge« zum Literpreis einer knappen D-Mark.

Am Kopfende des Tisches sitzt ein Universitätsdozent mit grauem Haar, das ihm weit über die Schultern fällt. Gelegentlich neigt er seinen schmalen, gut erhaltenen Kopf nach hinten und fährt sich mit der rechten Hand in einer grazilen Bewegung durch die Mähne. Er wirkt dann für einen Augenblick wie ein in die Jahre gekommenes Model aus den Fünfzigerjahren und seltsam deplatziert, denn diese trieben sich nicht in Frankfurter Wohngemeinschaften herum, sondern wählten Adenauer, saßen in Rom auf der Via Veneto, tranken Champagner und hielten gut aussehende Italiener im Arm.

Ihm zur Rechten hat der Sohn eines Handwerkers beide Ellbogen auf den Tisch gestützt, den Kopf in die linke Hand gelegt. Er versucht, nicht ohne Erfolg, der Spaghetti auf seinem Teller Herr zu werden, indem er sie mittels der Gabel und eines ständigen Luftstroms, nicht unähnlich einem Staubsauger, in den Mund zieht, wobei ein durchgängig schlotzendes Geräusch entsteht. Gewiss keine gute Kinderstube, »aber wo soll es auch herkommen?«, würde meine Mutter gutmütig gesagt haben.

Die Natur hat dem Handwerkersohn einen bösen Streich gespielt und ihm eine Stimme mitgegeben, die wie das Geräusch einer schlecht geführten Feile auf rostigem Stahl klingt. Er ist Mitglied der »Proletarischen Union für Terror und Zerstörung«, der »PUTZ-Truppe«, einer Vereinigung von entschlossenen Genossen, denen es fad geworden ist, täglich zu adornieren. Bei ihren Aktionen auf offener Straße, die vielen Studenten wegen des intensiven und unerschrockenen Körpereinsatzes fremd sind, tragen sie graue Putztücher um den Hals, um sich von den gemeinen Rockern, deren Auftritte oft ähnlich verlaufen, zu unterscheiden. Nach vollendeter Praxis verstauen sie die Tücher rasch wieder in den Hosentaschen, einerseits, um nicht erkannt zu werden, andererseits, weil die grauen Lappen wirklich nicht kleidsam sind und unter keinen Umständen zur Szenemode der Frankfurter Linken gehören, die zu dem Zeitpunkt aus dunklen Lederblousons, Stiefeln und Jeans besteht. Vergangene Saison hingegen trug man dort, statt der Blousons, knöchellange Mäntel aus hellem Leder, so wie Woody Strode und Jack Elam in einem Western, den damals jeder Genosse gesehen hatte. So kommt doch, wenn auch auf unerwartete Art und Weise, Bewegung in die linke Bewegung. Lange konnten sich die Mäntel indes, trotz der fabelhaften Figur, die sie machten, nicht halten. Sie waren für den Straßenkampf, der einen flinken Fuß erforderte, einfach zu sperrig. Der Handwerkersohn hat einen solchen Mantel auch nie getragen, nie tragen können. Er hätte ausgesehen wie Dopey in Walt Disneys Schneewittchen-Verfilmung aus den Dreißigerjahren.

Dem Dozenten gegenüber sitzen ein angelernter Kindergärtner, von dem man vieles schon gehört hat und manches mehr noch hören wird, und schließlich ein betagter Doktorand, im Studentenjargon ein »bemoostes Haupt«, gewissermaßen ein ideeller Frankfurter Gesamtstudent. Er hat jüngst sein Stipendium um weitere zwölf Monate verlängern dürfen. Vorläufiges Thema seiner Arbeit, an der er schon viele Jahre werkelt: »Bausteine zu einer marxistischen Anthropologie«.

»Bausteine« zu allem Möglichen waren damals eine beliebte Form der Darstellung. Sie sollten Ausdruck einer intendierten Vorläufigkeit sein, während sie tatsächlich nur eine vorläufige Beherrschung des Stoffes verrieten. Er stehe »zwölf Stunden am Tag im Dienste der Weltrevolution«, da bleibe wenig Zeit für »bürgerliche Wissenschaftskacke«, begründet das bemooste Haupt die lange Studienzeit, und abgesehen davon würden nach dem Sieg seiner Sache, von dem er fest überzeugt ist, »Prüfungen und schriftliche Arbeiten ohnehin abgeschafft«. Er wird die Arbeit nie zu Ende bringen. Heute lebt er von Stütze und, trotz schwacher Knie, gelegentlichem Kellnern in einer süddeutschen Kleinstadt.

Die vier sind seit Jahren wichtige Vertreter der Frankfurter linken Szene und fast täglich bemüht, dem Kapitalismus auf die eine oder andere Weise Schaden zuzufügen. Bislang sind ihre Bemühungen ohne rechten Erfolg geblieben. Jahre später wird einer von ihnen »Gott sei Dank« sagen, ganz so, als ob je eine Erfolgschance bestanden hätte.

Schuld an der Vergeblichkeit ihrer Bemühungen sind die werktätigen Massen, die ihre bei Karl Marx eindeutig und klar beschriebene Pflicht zum Aufruhr gegen die herrschenden Verhältnisse vernachlässigen. Aus deren ziellosem Aufruhr soll in der Folge eine geordnete Revolution werden, unter der Anleitung einer revolutionären Partei und ihrer Kader, etwa der vier Männer, die wir gleich belauschen werden.

Zahlreiche Bücher zu den Ursachen der proletarischen Pflichtvergessenheit liegen bereits vor, weitere werden folgen, aber auch nichts ändern können: Die Proleten bleiben friedlich und erfreuen sich des Lebens. Die beruflichen Aussichten für die zukünftigen Kader sind also trübe bis hoffnungslos.

Der Dozent: »Ihr müsst euch einfach klar sein, die Uni ist voll, wir werden euch nicht unterbringen können.«

Der Straßenkämpfer: »Dann besetzen wir den Laden und eure Scheißstellen.«

»Die Zeiten sind vorbei.«

»Seit wann?«

»Seit gestern!«

»Dann machen wir aus vorgestern morgen.«

»Das ist Handwerkerdialektik.«

»Was soll das denn?«

Der Handwerkersohn ist kaum zu verstehen, der Nebengeräusche wegen, die notwendig entstehen müssen, wenn man versucht, Spaghetti aus größerer Höhe nur mit einer Gabel zu essen. Deswegen geht der aggressive Ton seiner Bemerkung unter, und die Runde bleibt friedlich.

»Habt ihr das gelesen?«

Der Kindergärtner ohne Ausbildung liegt mehr, als dass er sitzt, quer zum Tisch. Der linke Ellbogen ruht auf der Tischplatte, mit der rechten Hand stochert er gelegentlich lustlos in den Nudeln herum. Er hat einige Zeit jenseits des Rheins gelebt und sich dort gutes Essen angewöhnt.

»Schmeckt's dem Herrn nicht?«

»Doch, doch«, entgegnet der gleichmütig und friedfertig, wie das seine Art war und heute noch ist. Dann zeigt er auf die Zeitung, die aufgeschlagen neben ihm liegt: »Da entsteht was.«

»Wo?«

»Drunten im Badischen, bei Wyhl, unter den Bauern.«

»Wo liegt das?«

»In der Nähe von Freiburg.«

»Da fällt mir ein, die kommen übernächste Woche zur Eintracht. Kann jemand Karten organisieren?«

»Bauern?«

Die Winzer der kleinen Gemeinde Wyhl am Kaiserstuhl hatten unter der alemannischen Parole »Nai hämmer gsait« den Bauplatz für ein geplantes Atomkraftwerk besetzt und damit überraschend den Kampf gegen die Atomkraft auf die bundesrepublikanische Tagesordnung gesetzt. Die folgenden langen Auseinandersetzungen mit der Regierung in Stuttgart dienten später als Geburtshelfer für die Gründung einer neuen Partei: die der »Grünen«.

»Dir ist schon klar, was Marx zur Bauernfrage zu sagen hat?«

»Wir haben Heiminsassen, streunende Jugendliche und psychische Problemfälle. *Gens sans feu et sans aveu,* wie Karl sagt.«

»Kannste mal übersetzen, du Angeber?«

»Menschen ohne Herd und Heimat, Vagabunden eben, die wir in unsere Theorien zum revolutionären Subjekt aufgenommen haben. Warum, zum Teufel, keine Bauern, wenn sie, aus welchen Gründen auch immer, auf den Putz hauen? Auf jeden Fall ist ihr Putz sehr viel wirkungsvoller als alles, was wir in letzter Zeit veranstaltet haben.«

Die Kita-Hilfskraft redet gern und hört sich gern reden. Das nervt gelegentlich und stößt auf Widerstand: »Die sind gegen Atomkraft, da sind wir aber für!«

Das bemooste Haupt wird widerborstig, denn es spürt instinktiv, dass zehn Jahre Studium der Klassiker drohen, den Bach runterzugehen.

»Dann sind wir eben jetzt dagegen. Wir müssen Protestpotenzial zum Leben erwecken, wo immer wir es aufspüren. Wo es dann langgehen wird, liegt an uns.«

»Ich hab irgendwo gelesen, es gibt Pläne, eine Partei zu gründen.«

»Noch eine?«

»Eine mit Zukunft. Keine linke Kadertruppe, sondern ein Sammelbecken für alle, die aus allen Richtungen irgendwie dagegen sind. Es gibt zuhauf Bürgerinitiativen, die wir nie erreichen, die aber mit allem echt unzufrieden sind. An die müssen wir ran.«

»Um was zu erreichen?«

»Na was schon? Bundestag!«

»Spinnst du? In die befugnislose Quatschbude?«

»Wir lehnen den Parlamentarismus und zahnlose Tiger im Dienste des Kapitals ab.«

Die Runde ist erheitert.

»Dann sind wir eben ab sofort dafür.«

Die Runde nickt bedächtig, und der Dozent wird hellhörig: »Wenn die tatsächlich über fünf Prozent kommen, gibt's jede Menge gut bezahlter Stellen zu verteilen. Von den Freifahrten erster Klasse mit der Bundesbahn ganz zu schweigen. Und wer einmal im Parlament ist und sich nicht ganz dämlich anstellt, der kann sich dort viele Jahre halten. Schlecht verdient wird auch nicht. Auf jeden Fall kommt man reicher raus, als man reinging.«

Der Dozent ist jetzt nicht ganz ehrlich. Er sieht nämlich eine Chance, den Wunsch seiner Genossen nach auskömmlichen Stellen an der Universität elegant zu entsorgen. Seine Furcht ist nicht ganz unbegründet, die Genossen könnten, um ihren Forderungen Nachdruck zu verleihen, eines Tages sein Institut besetzen. Dann käme er in eine überaus unkommode Situation.

»Zehn Mille.«

»Kein Scheiß?«

»Plus Gelder für Sekretärin, Sachmittel und so weiter, über die keine Rechenschaft abgelegt werden muss.«

»Was fordern die Neuen denn so?«

»Umweltschutz, gesunde Nahrung, Ausstieg aus der Atomenergie, lange Bärte, verfilzte Haare, Pazifismus, ach, ich weiß auch nicht so genau.«

»Pazifismus – wie rührend!«

»Eine Parole gibt's auch schon: ›Raus aus der NATO, rein ins Vergnügen.‹«

»Das ist doch DKP-Kram!«

»Mag sein. Ist aber auf grünem Mist gewachsen.«

»Wird der jetzt auch grün?«

»Hö, hö, hö!«

»Was für Leute kommen da zusammen?«

»Aus allen Richtungen: Jugendbewegte mit Wurzeln in den Zwanzigerjahren, frustrierte Genossen, versprengte SDSler, linke Karrieristen, Volkstümler. Unterschätzt die nicht! Das ist keine linke, sondern im Kern eine konservative, fortschrittsfeindliche Truppe. Bauern eben, die ihren Besitzstand in Gefahr sehen. Hinzu kommen eine redselige EU-Angestellte und die Systemfeinde um Jutta.«

»Systemgegner sind wir auch!«

»Waren wir, bis vorhin.«

»Das weiß nicht recht, wohin, und braucht dringend eine ordnende Hand.«

Die vier lächeln, im Vorgriff auf die entscheidenden Geschäftsordnungsdebatten, die sie meisterlich beherrschen, vergnügt vor sich hin, denn wer »in der Szenekultur der Siebziger gelernt hatte, ist im Zweifelsfall mit allen Wassern gewaschen und durch nichts mehr zu erschüttern«, wie Cora Stephan, eine häufig Bekehrte, anmerkt.

»Treib ihnen den albernen Pazifismus aus und schau zu, dass sie nicht jedes Osterei grün anmalen. Und was haben wir dann?«

»Ja, was nur?«

»Eine koalitionsfähige Partei!«

»Mit einem Wort: Wir brauchen demnächst einen emphatischen Begriff von Natur.«

»Was hat es mit dem auf sich?«

»Ist von Adorno. Brauchste nur drüber reden und nie in die Tat umzusetzen.«

»Schicko bello!«

»Und praktisch im besten Sinne!«

Es wird ruhig in der matt erleuchteten Küche, denn die Herren kommen ins Träumen.

Das war die Geburtsstunde der Grünen, so wie wir sie heute kennen, aus dem Geist des Kettenhofwegs.

Vom Ende der Beredsamkeit

Einst war in der Republik unüberhörbar der kostbare Klang ständiger Debatten und Auseinandersetzungen zu vernehmen gewesen, denn Kriegsheimkehrer und andere Überlebende hatten begriffen, dass ein erloschener oder unterdrückter Diskurs den Aufbruch in die Katastrophe bedeuten kann. Ständig befand sich die Bundesrepublik deshalb in einem Zustand milder Ruhelosigkeit um Themen, die aus zeitlicher Distanz häufig verstaubt und rätselhaft wirken. Aber sie waren in jener Zeit Wegweiser in die Zukunft, als diese noch nicht dem Augenblick geopfert war.

Über alles wurde erregt und aufgeregt, erhitzt und ernsthaft, unnachgiebig und feindselig diskutiert und gestritten: Haarlänge, Rocklänge, Negermusik, Atom, moderne Kunst, moderne Musik, moderne Architektur, Wiedergutmachung, Wiedervereinigung, Wiederbewaffnung, Gruppe 47, Kollektivschuld, Koedukation, Konfessionsschule, Gottfried Benn, Thomas Mann, innere Emigration oder Flucht in die Fremde – es nahm kein Ende.

Jeder wusste es besser, und niemand hielt mit seiner Meinung hinter dem Berg. Selbst wenn alte Freundschaften auf dem Spiel standen – die Wahrheit musste raus. Da die Political Correctness mit ihren öden Einschränkungen, die so vieles unter den Teppich kehren, noch nicht erfunden war, konnte man so ziemlich alles von sich geben, wonach einem der Sinn stand. Was der Hitze der Gefechte nur gutgetan hat. »Ich würde gern mal wieder ›Mohrenkopf‹ sagen«, vertraute mir zur späten Stunde kürzlich ein Freund an, »oder besser noch ›Zigeunerschnitzel‹. Aber das geht ja nun nicht mehr. Wir ändern ständig Worte, belassen dabei die Sache beim Alten. Das bringt doch nichts!«

»Das ist der Aufstand der Sesshaften. Ist der Begriff erst mal erledigt, folgt der Rest von selbst.«

»Das ist doch Unfug«!

Ich riet ihm, es dabei bewenden zu lassen.

»Bei was? Was soll das heißen? Du bist auch so ein Feigling«, ließ er das Thema resigniert wieder fallen.

Ständig entstand aufs Neue die schönste Form der Feindschaft, nämlich die der geistigen Auseinandersetzung, die trotz ihrer luftigen Beschaffenheit robust und wetterbeständig wie eine mittelalterliche Trutzburg sein kann.

Befeuert wurden die Debatten durch eine besondere Sorte Mensch, den Nonkonformisten. Heutzutage ist selbstredend jeder Nonkonformist, also recht besehen keiner. Damals aber waren Nonkonformisten die schwarzen Schafe der Republik, gleichermaßen verhasst wie bewundert. Ludwig Erhard nannte sie später einmal »ganz kleine Pinscher« und sprach damit vielen Zeitgenossen aus dem Herzen. Aber sie mussten ertragen werden, wegen dieser Demokratie, die uns die Alliierten verordnet hatten, und irgendwann hatte man sich aneinander gewöhnt. Der englische Zwergpinscher, nebenbei, hatte im ausgehenden 19. Jahrhundert den deutschen Mops verdrängt. Theodor Fontane erwähnt ihn im *Stechlin* als eifrigen Ratten- und Mäusefänger.

Der Nonkonformist war thematisch *à grande utilité*, zur allgemeinen Verwendbarkeit, wie man früher an Provinzbühnen zu sagen pflegte. Er hatte Durchblick zu allem und den Drang, andere daran teilhaben zu lassen. Er war meinungsstark und unerschrocken und lag in Dauerfehde mit den Herrschenden und Dunkelmännern, von denen es damals im Hintergrund nur so wimmelte. Sie hielten sich dort wegen ihrer faschistischen Vergangenheit auf, bemüht, im Verborgenen weiterhin die Fäden zu spinnen. Ohne den beharrlichen Kampf der Nonkonformisten gegen sie und gegen das Verschweigen und Vergessen wäre das Dritte Reich vermutlich sehr bald aus dem öffentlichen Diskurs und kurze Zeit später wahrscheinlich auch von den Lehrplänen der gymnasialen Oberstufe verschwunden.

»Lasst die Roben runter, sind braune Höschen drunter!«, riefen wir damals vor dem Amtsgericht Doblerstraße in Tübingen, angestiftet durch nonkonformistische Artikel über die Rolle der Justiz im Faschismus. Unter den Betroffenen hießen die Autoren solcher Artikel »Nestbeschmutzer«. Heute sind sie bis auf kümmerliche Reste verschwunden.

Bei allen Unterschieden in Stil, Persönlichkeit und Überzeugungskraft hatten die nonkonformistischen Widerständler eines gemeinsam: Sie schauten gern in den Abgrund. Der tat sich zwar selten auf, war aber egal, denn das brachte Leben in die Bude. Demnach war das Abendland den Befürchtungen zufolge ständig in Gefahr, ohne indes real in Not zu sein. Heute ist es umgekehrt.

Der bekannteste unter den Widerständlern war Erich Kuby, der die junge Republik mit einer unfassbaren Anzahl von Reportagen und Sachbüchern überzog. Nicht zu vergessen seine Romane, von denen *Rosmarie – des deutschen Wunders liebstes Kind* der erfolgreichste war.

Eine seiner Reportagensammlungen, die im Sommer 1957 unter dem etwas schiefen Titel *Das ist des Deutschen Vaterland – 70 Millionen in zwei Wartesälen* erschienen war, beginnt entschlossen mit den Worten: »Wir sind auf einem schlimmen Weg. (…) Bei uns gewinnen Kräfte die Oberhand, die die Suppe ihrer revisionistischen und nationalistischen Politik am antikommunistischen Feuer kochen wollen.« So geht Nonkonformismus! Das ist die kräftige, klarsichtige Tonlage, die wir von ihm erwarten.

Abgesehen von diesen gelegentlich rauen Tönen war Kuby ein kultivierter, zurückhaltender Mensch. »Angenehm im Umgang«, hätte meine Mutter gesagt. Der Herrgott hatte es gut mit ihm gemeint. Er verstand es zu zeichnen, zu musizieren und zu schreiben. Ich habe ihn vor vielen Jahrzehnten als junger Autor in Hamburg besuchen dürfen. Von diesem Treffen sind mir nur wenige Bilder, zudem undeutlich, noch vor Augen. Ich glaube mich an einen langen Weg in Außenalsternähe durch einen verwunschenen Garten zu erinnern, an dessen Ende ein geducktes, gemütliches Haus stand. Den großen, dunkel beleuchteten Wohnraum, in dem Kuby mich empfing, dominierten zwei ausladende Flügel. Auf einem stand eine Lampe, deren Schirm aus graugrünen Glasstücken zusammengefügt war, die optisch wie die Äste einer Trauerweide herunterhingen.

»Hübsch«, bemerkte ich nebenher und ahnungslos.

»Tiffany«, erwiderte Kuby leichthin und fügte hinzu: »Da hinten steht noch eine.«

Er hatte offenbar Brechts Einsicht, dass ein zartes Stück Fleisch vom Rind und gut entwickelter Sozialismus unbedingt Hand in Hand gehen müssten, bereits im Kapitalismus in seine persönliche Tat umgesetzt.

Mitte der Sechzigerjahre, seine Zeit war fast schon vorbei, wurde Erich Kuby unerwartet noch geschichtsträchtig, indem er in Berlin half, die Studentenrevolte aus der Taufe zu heben. Der damalige Rektor der Freien Universität hatte sich entschlossen, deren Namen wenig Ehre zu machen, und weigerte sich, um Kubys Teilnahme zu verhindern, Räume für eine von Studenten organisierte Podiumsdiskussion zum zwanzigsten Jahrestag der Kapitulation bereitzustellen. Vorher schon hatte das Universitätsrektorat Karl Jaspers, den Freiburger Philosophen, zum selben Termin wieder ausgeladen. Der allerdings hatte ohnedies aus gesundheitlichen Gründen absagen müssen, sodass die skandalöse Peinlichkeit nicht recht ruchbar wurde.

Es kam zu Protesten und Demonstrationen gegen die Entscheidungen des Rektors. Der wiederum nannte das politische Engagement der Studenten ein »Krebsgeschwür«, was zu weiteren Protesten und damit verbunden tiefen Einsichten in die repressive Beschaffenheit »des Systems« führte. Diese überraschend entstandene, unübersichtliche Gemengelage verleibte sich noch den Krieg in Vietnam und die geplanten Notstandsgesetze ein, und schon war die kritische Masse für eine ganze Studentenrevolte erreicht.

Was sich damals mit atemberaubender Geschwindigkeit zu entwickeln begann, überraschte jeden, nicht zuletzt die Beteiligten selbst. Einer jedoch, Helmut Schelsky, ein konservative Soziologe und kluger, wenn auch etwas umständlicher Autor, bemerkte hellsichtig in einer überlesenen Passage am Ende seines Buches *Die skeptische Generation*: »Ich erwarte eine sezessionistische Jugendgeneration, gekennzeichnet durch eine Welle sinnloser Ausbruchsversuche aus der in die Watte manipulierter Humanität, überzeugter Sicherheit und allgemeiner Wohlfahrt gewickelten modernen Welt«, und fährt fort: »Ich bin überzeugt, dass die Phantasie der jugendlichen Ausbruchsversuche aus der Welt in Watte, die man der Jugend zumutet, alle praktischen Weisheiten der Pädagogen, Politiker, Psychologen und Soziologen der Anpassung überlegen sein wird.«

In kühnem Vorgriff, wenngleich unbemerkt, beschreibt Schelsky damit ziemlich genau das, was sich auf Deutschlands Straßen bald abspielen sollte.

Irgendwann fiel Erich Kuby dann trotz seiner kritischen Haltung zu praktisch allem aus der Zeit. Den neuen Radikalen war sein Nonkonformismus im Bestehenden zu wenig, sie wollten das Bestehende insgesamt beiseiteräumen. Kuby zog sich nach Venedig zurück. Dort ist er im September 2005 hochbetagt, gut betucht und jugendlich vermählt gestorben und hat vor den Toren der Stadt auf der Friedhofsinsel San Michele seine letzte Ruhestätte gefunden.

Wer die Ereignisse der damaligen Zeit aus der Distanz Revue passieren lässt, vermeint, eine ordnende Hand hinter den vordergründig chaotischen und spontanen Aktionen der revoltierenden Studenten zu erkennen. Gelegentlich kam der Verdacht auf, die DDR könnte ihre Finger im Spiel gehabt haben. Einiges deutet tatsächlich darauf hin, wenngleich Durchschlagskraft und Erfolge, wie sie die Studentenbewegung in kurzer Zeit erzielte, keine Eigenschaften der DDR-Praxis waren. Dort ging eigentlich alles ständig schief. Zudem widersprachen Theorie und Praxis der spontanen Aktionen dem festgebackenen Marxismus der Kader jenseits des Eisernen Vorhangs. Was sich da in der Folgezeit auf Westberlins Straßen abspielte, muss ihnen deswegen eher Angst als Hoffnung gemacht haben.

Die Vierziger haben indes Aufklärung über eine denkbare Rolle der DDR vor und während des Sommers der Tumulte zu unterdrücken gewusst. Wir lassen uns die Erinnerung an unsere heroischen Tage und Wochen nicht verleiden.

Für ständigen, intensiven Aufruhr sorgten in jenen Tagen zuverlässig auch die »Gruppe 47« und ihr erfolgreichster Protagonist Günter Grass, ebenfalls ein Vielbegabter. Die Gruppe, aus der sehr viel später zwei Nobelpreisträger, einige gute und in der Mehrzahl mittelmäßige, heute häufig vergessene Schriftsteller hervorgegangen sind, war eine Zweckgemeinschaft unter der Führung eines zweitrangigen Literaten, jedoch vorzüglichen Organisators. Vor dem Hintergrund der Moderne, die das Jahrhundert anderswo fest im Griff hatte, wirkte die »Gruppe 47« ein wenig aus der Zeit gefallen und anrührend biedermeierlich. Zweck des Bundes waren im Kern Kritik, Kontakt und Beistand. Da die Organisierten gegenüber dem Einzelnen stets im Vorteil sind, hatten sie sich bald im Kulturbetrieb breitgemacht und erfolgreich die Hoheit über dessen Etats erkämpft.

Politisch stand man in der Regel links, minus Sozialismus, also bequem im Irgendwo. Hans Magnus Enzensberger, einer der Geschäftigsten im Getümmel, mahnte deswegen besänftigend: »Im Übrigen ist die Gruppe, politisch gesehen, finde ich, von einer nahezu erschreckenden Harmlosigkeit – die nur diese zahlreichen Feinde der Gruppe offenbar noch nicht erkannt haben.« An anderer Stelle heißt es bei ihm: »Anständig, bescheiden und sentimental, immer darauf bedacht, das Schlimmste zu verhindern oder doch zu verzögern, haben diese Musterschüler des Reformismus zwanzig Jahre lang systemimmanente Verbesserungsvorschläge, aber keine radikalen Gegenentwürfe geliefert.«

Trotz dieser Harmlosigkeit meldeten sich die Gegner in hellen Scharen und scharfer Tonlage zu Wort. Der Jesuitenpater Hubert Becher entdeckte alarmiert »die Anfänge eines neuen Nihilismus. Einer seiner Mittelpunkte ist die Gruppe 47.« Das war, im Gegensatz zu heute, kein leichtgewichtiger Vorwurf, denn Nihilismus hatte man gerade als geistige Voraussetzung des Faschismus ausgemacht.

Auch der Schriftsteller Hans Habe, Mitbegründer der deutschen Nachkriegspresse und damals wegen einer atemberaubenden Vielzahl von Ehen im »Vermischten« gut vertreten, machte aus seinem Herzen keine Mördergrube. »Ich bin gegen die Gruppe 47, weil ich gegen den Meinungsterror bin.« Terror übte demnach die bedrohliche Truppe um Heinrich Böll, Walter Jens und Marcel Reich-Ranicki aus.

Der CDU-Bundestagsabgeordnete Josef Hermann Dufhues entdeckte in den biederen Literaten gar eine »geheime Reichsschrifttumskammer«, und besorgte Berliner Bürger verklagten die »Gruppe 47« wegen »Aufforderung zum Landesverrat«. Nachdem die Klage erfolglos blieb, wurde die Staatsanwaltschaft von sich aus tätig und ermittelte, ebenfalls ohne Erfolg, wegen des Verdachts der »Aufforderung zum Ungehorsam«.

Auch von »echt Links« gab es wenig Unterstützung, im Gegenteil: Robert Neumann, ausgestattet mit einer skurrilen Fähigkeit zur Nachahmung fremder Schreibweisen, entdeckte »zweitklassige Begabungen, im Zuge der Geschäfte emporgejubelt«, und befand kühl: »Derlei erledigt sich ja doch früher oder später von selbst.«

Hans Erich Nossack, dessen literarischer Nachlass in Marbach liegt, wo auch die zu finden sein werden, die sich seiner erinnern, sah »literarische Prostitution« am Werk und warf den Siebenundvierzigern vor, die »Reaktion« durch eine »synthetische, unverbindliche Literatur gefördert« zu haben.

Das lassen sich Kräfte des Fortschritts ungern unterstellen. Den Angriffen folgten umgehend Gegenattacken, sodass in deutschen Feuilletons ständig und lebhaft irgendwelche erbitterten Scharmützel stattfanden.

Dem oft polemischen Ton dieser Auseinandersetzungen lagen grundsätzliche Überlegungen und Vorstellungen zur Zukunft der jungen Republik zugrunde. Die einen beklagten, dass in »versteinerten Verhältnissen« eine »faschistoide Restauration« drohe, während konservative Kreise vor dem Verfall aller Werte und neuem Kollektivismus warnten. Das blieb unversöhnlich, bis die letzten ernsthaften Konservativen verstorben waren oder sich bis auf wenige Ausnahmen resigniert zurückgezogen hatten. Schade eigentlich.

Die Auseinandersetzungen um die »Gruppe 47« waren indes, wie sich bald herausstellen sollte, nur ein Vorspiel gewesen zu dem Getöse, das anhob, nachdem Günter Grass Ende Oktober 1958 im Landgasthof Adler in Großholzleute – wo sonst? – aus der *Blechtrommel* vorgelesen hatte. »Wie die Blechtrommel in den stickigen und dumpfen Mief der Adenauer-Ära hineindonnerte, wie sie die betuliche und innerliche Fünfziger-Jahre-Literatur mit einem Schlag hinwegfegte, das war durchaus ein säkulares Ereignis«, heißt es reichlich atemlos auch über fünf Jahrzehnte später noch in einer Geschichte zur »Gruppe 47«.

Die Opfer des überraschenden Donnerschlags hielten nicht lange still. Der Roman sei eine »tolldreiste Ausgeburt der neuen Literatur« und sein Protagonist, der zwergenhafte Oskar Matzerath, eine »Figur von schwer zu überbietender Scheußlichkeit«. Von »Nihilismus« ist erneut die Rede, von »Pornographie« und »Obszönitäten« – Tatbestände, die heute ein wenig aus der Mode gekommen sind.

Einem Kritiker ist »die Lektüre dieses Romans ein peinliches Vergnügen, sofern es überhaupt eines ist (…). Es hinterlässt das überfüllte Buch eine wahrhaft grässliche Leere.«

Am 9. Oktober 1965 erhielt Günter Grass trotz alledem in Darmstadt den Georg-Büchner-Preis. Vor der Veranstaltungshalle protestieren besorgte Zeitgenossen gegen die Preisvergabe. »Steuergelder für Pornographie?«, hieß es auf einem Transparent, das einer der Protestierenden, vermutlich ein Gymnasiallehrer für Sport und Gemeinschaftskunde, aus Sorge um das Wohlergehen seiner Schüler um den Hals trug. Was, nebenbei, einen bemerkenswerten Respekt vor der Macht der Literatur zum Ausdruck bringt. Das Überraschende an der kleinen Szene sind das Engagement und die Anteilnahme normaler Bürger am Diskurs zur literarischen und moralischen Qualität eines Buches.

Selbst in meiner Familie, die sich gewöhnlich über Dienstbotenprobleme, gestiegene Preise und altledige Tanten unterhielt, war *Die Blechtrommel* damals Thema. Meine Schwester, die Romane, wenn überhaupt, nur in *Reader's Digest* las, fand das Buch zu dick, wurde allerdings nicht ernst genommen. Onkel Hans-Jörg, aus Kiel zu Gast, schwor, dass *Die Blechtrommel* ihm »nicht über die Schwelle seiner Wohnung« kommen würde, was ebenfalls wenig Eindruck hinterließ, denn es wäre das erste Buch dort gewesen. Onkel Fietje, der es nach dem Krieg »nicht mehr geschafft hatte« und bei einer stattlichen Offizierswitwe untergekommen war, deutete düster an, dass es »so etwas damals« nicht gegeben habe und man schon sehen werde, »wohin das führt«. Außerdem sei das Machwerk keine Kunst. Dem stimmte Herr Schlimbach zu, ein möblierter Herr, der bei uns zur Untermiete mit Halbpension wohnte. Er hatte als Einziger durch das Buch geblättert und machte sich große Sorgen um Kultur, Kinder und Nation. Kurz, *Die Blechtrommel* bot, gelesen oder nicht, für jeden etwas.

Nur meine Mutter, der diese Gespräche verdächtig waren, bat

beschwichtigend und bedenkenswert: »Kinder, es ist doch nur ein Buch!«

Die Deutschen hatten offensichtlich aus der Geschichte gelernt und es verstanden, den kritischen Diskurs vorläufig auf Dauer zu stellen. Dazu gehörten allemal auch Empörung und Ausgrenzung, Missverstehen und Anklage, Verrat und Intrige, all jene Elemente, die Vielfalt notwendigerweise mit sich bringt.

Der literarische Skandal, die schönste Form des öffentlichen Ärgernisses, zählte in jenen Zeiten zum Alltag wie das tägliche Brot. Vordergründig ging es zwar nur um Prosa, aber von dort aus konnte man herrlich und besorgt in die Kunst allgemein und die elende Gegenwart nebst missratener Vergangenheit ausschweifen. Nicht zu vergessen die Werte, die stets vom Verfall bedroht waren. Themen, bei denen von alters her Standpunkt, Festigkeit und Kampfbereitschaft gefordert sind. Aus ihnen entwickelten sich im besten Fall lebenslange Feindschaften, die gepflegt wurden wie Budapester Schuhe.

Als die Vierziger begannen, Positionen in Kultur, Politik und Wirtschaft zu übernehmen, fanden sie mithin eine lebhafte Diskurskultur vor, die fraglos zum Inventar der jungen Republik gehörte, aber sie war noch immer zerbrechlich und längst nicht überall angekommen. Das freie Wort hatte sich zu lange im Verborgenen halten müssen, um sich in kurzer Zeit bei allen wieder kraftvoll Gehör zu verschaffen.

Als Erstes legten die Vierziger betagte Themen beiseite und führten neue in die Debatte ein. Zu den entsorgten gehörten neben vielen anderen die innere Emigration, Gottfried Benn und der Katholizismus, aber auch politische Streitpunkte, die sich erledigt hatten, wie Bundeswehr, Konfessionsschule oder die Verfügung über eigene Atomwaffen.

Statt ihrer standen plötzlich Fragen auf der Tagesordnung, die sich konkreter auf das Leben des Einzelnen bezogen: Sexualität,

Freiheit des Äußeren, Gleichgeschlechtlichkeit, Beziehungsprobleme oder persönliche Bedürfnisse. Die politischen Auseinandersetzungen indes entfernten sich weit in die Welt hinein und begannen, sich um die Natur, später das Klima oder um die »Dritte Welt«, wie es damals in gutem Glauben hieß, zu kümmern.

Außerdem stellten die Vierziger infrage, was in den Fünfziger- und Sechzigerjahren fraglos geworden war oder fraglos zu werden drohte: die Allmacht der Parteien, die Rückkehr verbrauchter Traditionen oder die Wirkungslosigkeit eingefügter Kritik. Man begann sich konfliktträchtig an den Gründervätern der Republik abzuarbeiten. Es kam zum *Aufstand des Eingemachten*, wie eine damals populäre Streitschrift aus der Feder von Jürgen Alberts geschmäcklerisch feststellte.

Kritisches Bewusstsein wurde zu einem Teil der Persönlichkeit all jener, die fortschrittlich sein wollten. Eine rasch um sich greifende Unzufriedenheit mit allem ersetzte den Diskurs als beschwerliche Arbeit am Detail. Der frivole Adorno-Satz: »Es gibt kein wahres Leben im falschen«, der uns Vierziger damals, nur flüchtig bedacht, schwer beeindruckt hatte, begann Wirkung zu entfalten.

Den Altvordern wurde die Sache unheimlich, wie sich einem Brief Hans Blumenbergs an Jacob Taubes entnehmen lässt: »Es bestätigt mir das Unbehagen, das sich in den letzten Jahren an dem Terminus ›Kritik‹ abgelagert hat. Eine Illusion all derer, die ›Kritik‹ zum ubiquitären Schlagwort erhoben haben – auch deshalb, weil sie selbst nie in die Lage gekommen sind, für eine eigene konsistente Lebensleistung ins Visier von Kritik zu geraten, sondern immer nur andere ins Visier genommen haben.«

Nachdem die Vierziger bei Marx die elfte These über Feuerbach entdeckt hatten – »Die Philosophen haben die Welt nur verschieden interpretiert, es kömmt aber darauf an, sie zu verändern« –, kam ein neuer, unduldsamer Ton in den Diskurs. Unduldsam war man zwar schon immer gewesen, nämlich der Ignoranz des Kontrahenten gegenüber, der den eigenen, stets richtigen Standpunkt einfach nicht begreifen wollte. Die neue Unduldsamkeit indes hatte eine andere Qualität. Aus Debatten wurden konkrete Forderungen, die danach drängten, in die Tat umgesetzt zu werden. »Die Zeit der Opposition ist vorbei, die Zeit des Widerstandes gekommen«, war sich der zarte Heinrich Böll sicher.

Das war nicht mehr der Gestus des Diskurses, wie ihn unser Hausphilosoph, der freundliche Herr Habermas, in unzähligen Veröffentlichungen gefordert hatte, sondern das gesicherte Wissen um die Notwendigkeit einer politischen Praxis, deren Berechtigung nicht weiter begründet werden musste. Damit geriet jene Beredsamkeit in Gefahr, die bis dahin das geistige Klima der Republik bestimmt hatte. An ihre Stelle traten Lehrsätze aus der Konkursmasse des Marxismus, die als eherne Wahrheiten eingeführt wurden.

Die Auseinandersetzungen um Details der gesellschaftlichen Realität kamen zum Stillstand, statt ihrer begann eine linke Auslegungsdebatte. Wer sich daran nicht beteiligen wollte, schied aus. Ausgrenzungen wurden real und Gegensätze persönlich. Aus Gegnern in der Sache wurden Feinde im Umgang. Die Diskurskultur, die den Vierzigern treuhänderisch überlassen worden war, begann Schaden zu nehmen, es wurde ungemütlich und zugig in ihrer Nähe. Man begann sie zu meiden und überließ sie denjenigen, denen es nur darauf ankam, recht zu behalten.

Auf studentischen Vollversammlungen, die vom Begriff her ein Forum für die ganze Vielfalt studentischer Standpunkte sein sollten, war jetzt nur noch ein enger, linker Meinungskorridor zugelassen. Wer anderer Ansicht war, wurde vom Mikrofon verjagt. »Wir haben keine Zeit, uns diesen Scheiß anzuhören!« Niemandem fiel damals auf, welchen Bärendienst die Vierziger damit der freien Rede, die hierzulande für viele immer noch fremdes Kulturgut war, erwiesen.

In den Achtzigerjahren erwuchs dem, was von der einstigen Beredsamkeit übrig geblieben war, weitere Gegnerschaft. Eine Mitstreiterin von Maggie Thatcher und entschiedene Gegnerin der freien Debatte wurde auch hierzulande heimisch: TINA, die Abkürzung für »There is no alternative«.

Dahinter verbirgt sich eine Politik, die für sich in Anspruch nimmt, den einzigen Ausweg aus der stets verworrenen und unübersichtlichen Gemengelage entdeckt zu haben. Da der Zweck des Weges sein Ziel ist, wissen die Freunde von TINA ebenfalls, wohin die Reise gehen soll. TINA erlöst die Menschen von Durchblick, Entscheidungsdruck und Verantwortung, also von der Geißel moderner Existenzen, dem Stress. Da TINA aber auch nicht alles wissen kann, kommt sie in Begleitung der Theorie vom entfesselten Markt, dem man nur freie Hand lassen muss, und alles wird gut.

Zu dritt fielen Maggie und ihre Spießgesellen nun über ihr Land her, um es von Grund auf instand zu setzen. Eines musste man ihnen lassen: Sie gingen dabei entschlossen zu Werk und mieden eisern jenes Lieblingswerkzeug demokratischer Schwächlinge, den Kompromiss. Wenn es nach dem Zweiten Weltkrieg eine Revolution in Westeuropa gegeben haben sollte, dann nicht auf dem Kurfürstendamm in Westberlin, sondern im Großbritannien von Maggie Thatcher.

Da die eindeutige Bestimmung von Weg und Ziel in der Politik nicht zu haben ist, erfanden die Menschen einst die Demokratie, in der es immer nur mit »Ach und Krach« zugeht. TINA dagegen ist ein Geschöpf der Gegenaufklärung, die den Politikern, denen es jenseits der »selbstverschuldeten Unmündigkeit« ungemütlich geworden war, das Geschäft erleichtert. Sie müssen im Gefolge von TINA ihre Vorhaben nicht mehr begründen, sondern nur noch erklären, was zu tun und zu lassen sei. Die Kontrolleure in den Parlamenten finden dadurch zusätzliche Zeit, um sich um ihre Karrieren zu kümmern, und ersparen sich das komplizierte

Für und Wider und die elende Vermittlungsarbeit zwischen den Projektzielen, den Interessen der Betroffenen und den Anforderungen des Vorhabens.

Nach TINA liegt die Vernunft in der Sache selbst. Vernünftig ist, was ist, und das Wirkliche ist das einzig Mögliche. Das freilich ist ein bis zur Banalität ausgedünnter Begriff von Vernunft, die man seit ihrer Entdeckung im 18. Jahrhundert als menschliches Vermögen begriffen hatte, sich die Welt, unter Einbeziehung der Rechte des Nachbarn, so zu gestalten, dass sie für alle ein lebens- und liebenswerter Platz sei. Wo TINA herrscht, hat der Diskurs sein Recht jedoch verloren. Ihre Stärke verdankt sie obendrein dem Bündnis mit den gewichtigsten menschlichen Eigenschaften: Bequemlichkeit und Mittelmaß.

Überraschende Unterstützung erhielt TINA bei ihrem Siegeszug durchs deutsche Land von einer Besonderheit in den überregionalen, seriösen Zeitungen. Dort kann man täglich Schlagzeilen wie »Streit in der Koalition« lesen, gelegentlich übertroffen durch »heftigen« oder gar »erbitterten Streit«. Auch über »hitzige Auseinandersetzungen im Regierungslager« oder wahlweise über »entzweite Koalitionsparteien« wird regelmäßig berichtet. Die Auswahl ist begrenzt und die tägliche Wiederkehr entsprechend stumpfsinnig. Die verantwortlichen Redakteure lassen die Schlagzeilen vermutlich aus gedankenloser Routine oder mangelnder Fantasie oder beidem durchgehen. Eine solche Form verdeckter Bewertung wird man in angelsächsischen Zeitungen nie finden.

Wenn man die Artikel zu den Schlagzeilen liest, wird man jedoch feststellen, dass die Koalition keineswegs entzweit ist, in erbittertem Streit liegt oder die Differenzen unüberbrückbar sind. Man erkennt stattdessen, dass es sich um das alltägliche politische Geschäft handelt, um die – oft beschwerliche – Suche nach Lösungen von Problemen, also um die eigentliche Substanz der Demokratie. Dazu gehört wesentlich die Meinungsvielfalt. Die, und damit der demokratische Prozess, werden durch die einfallslose

Auswahl solcher Schlagzeilen ständig mit Polemik und Händel in Zusammenhang gebracht.

Der mündige Bürger indes lehnt Zwietracht ab, so eine weitverbreitete Einsicht, und zieht die Eintracht vor. In dieser unkommoden Lage meiden die meisten Politiker in der Zwischenzeit das herzhafte Brot der Demokratie, die Auseinandersetzung, und bemerken nicht, dass sie damit die Demokratie selbst unauffällig zu den Akten legen. Die Verfehlung, der Skandal und die Suche nach Motiven beginnen, den Diskurs um Sachthemen zu ersetzen.

Der Diskurs bezieht sich notwendig auf die Zukunft, und die schaffen wir ab, indem wir den Diskurs beiseitetun. Den Vierzigern war die Zukunft einst als offener Raum in die Wiege gelegt worden, ihren Enkeln hinterlassen sie diese als Unabänderlichkeit. »Die Zukunft wird nun gedacht als eine Zeit, die uns nicht gehört«, heißt es bei Enzensberger wehmütig. Tatsächlich haben wir sie aus der Hand gegeben.

Der aktuelle Diskurs ist der Faden, aus dem die Zukunft gewebt wird. Ein untrügliches Zeichen für seine Reißfestigkeit sind die Begründungen für weitreichende politische Entscheidungen. Traut man dem Diskurs Einfluss und Gestaltungskraft zu, dann wird man sich Mühe geben müssen, politische Maßnahmen sorgfältig zu erläutern. Ist er zur wirkungslosen Pflichtübung geworden, wird man es bei Brosamen bewenden lassen. Die werden in der Zwischenzeit dem mündigen Bürger zugeworfen, so wie mein Onkel einst den Jagdhunden Fleischstücke von seinem Gulasch zuwarf. Meine Tante hasste das, blieb jedoch still. Es war wieder Wochenende, das Mädchen war aus, und meine Tante hatte selbst zum Kochlöffel greifen müssen.

Das – schließlich gescheiterte – militärische Engagement der Bundesrepublik in Afghanistan hat der damalige Verteidigungsminister Peter Struck mit der schlichten Behauptung begründet, die Sicherheit Deutschlands werde auch am Hindukusch verteidigt.

Ebenso gut hätten die Chinesen behaupten können, ihre Sicherheit sei im Spessart gefährdet.

Dieser Satz, auf dessen Konto ein erfolgloser Krieg, vierundfünfzig gefallene deutsche Soldaten, ungezählte tote Afghanen und Kosten in Milliardenhöhe gehen, ist nie ernsthaft auf seinen Wahrheitsgehalt hin überprüft, sondern gleichgültig akzeptiert worden – und in der Konsequenz die daraus folgende Politik.

Nun ziehen wir uns geschlagen aus Afghanistan zurück. »Was wird in Zukunft aus unserer Sicherheit am Hindukusch?«, möchte man besorgt fragen. Oder war Strucks Satz nur so ein Einfall, hingeworfen im Vertrauen auf eine gleichgültige Öffentlichkeit, um en passant einen unbegründbaren Krieg zu begründen? Auf jeden Fall durfte die kecke Bemerkung unbeanstandet ihre Wirkung entfalten.

Auch Bundeskanzlerin Angela Merkel vertraut auf die geistige Nachlässigkeit unserer Zeit. Die finanzpolitischen Maßnahmen zur Rettung des Euro rechtfertigte sie mit einer einzigen, anspruchslosen Bemerkung: »Scheitert der Euro, scheitert Europa.«

Dieses unscheinbare Sätzchen hat obendrein Dynamit im Gepäck, denn es verknüpft unerbittlich die Kritik an finanzpolitischen Maßnahmen zur Rettung der gemeinsamen Währung mit dem zukünftigen Schicksal des Kontinents. Wer demnach aus ökonomischen Gründen Zweifel an der Rettungspolitik äußert, wird unter der Hand zum politischen Gegner Europas. Er nimmt den Rückfall in die schlechte Geschichte des Kontinents in Kauf, redet dem Nationalismus das Wort und gefährdet Europas Wettbewerbsfähigkeit im Zeitalter der Globalisierung. Das sind gewaltige Brocken, die dem Euro-Rettungskritiker plötzlich um die Ohren fliegen. Manch einer von ihnen ist daraufhin vorsichtiger geworden und hat sich ins Unverbindliche zurückgezogen.

Immerhin aber haben wir mit diesem Satz eine empirisch überprüfbare Begründung für die Politik der Kanzlerin in der Hand. Aber ist diese politisch höchst folgenreiche Behauptung, so wie es ihre Gewichtigkeit erfordert hätte, in der Öffentlichkeit diskutiert und auf ihren Realitätsgehalt hin geprüft worden? Hängen die Zukunft Europas und die der Währung tatsächlich miteinander zusammen? Und wenn ja, sollte man nicht versuchen, beides zu entkoppeln? Gilt nicht das Gegenteil, dass nämlich der Euro dort Gräben aufreißt, wo vorher keine waren? Gefährdet er die Zukunft des Kontinents, oder lenkt er sie in sichere Bahnen? Haben Politiker und Medien Kritik überhaupt ernsthaft zur Kenntnis genommen? Eher nicht! Kritiker an der Euro-Rettungspolitik werden in der handlichen Kategorie »Populist« untergebracht und dort unschädlich gemacht.

Auch das größte und folgenreichste Projekt der zurückliegenden Jahrzehnte, nämlich die Liberalisierung der Märkte, ist weitgehend unbemerkt und gedankenlos über die Bühne gegangen. Im Gegenteil: »Die Achtundsechziger wurden zu den fanatischsten Vertretern des Neoliberalismus und seines Triumphs über die Politik«, wie Emmanuel Todd resigniert bemerkt. Gelegentlich war in Bezug auf die Marktliberalisierung von »Beschleunigung«, »Wettbewerb«, »Anpassungsdruck« und »Rationalisierung« die Rede, Prozesse, denen sich keiner entziehen könne – TINA eben. Aber eine intensive Debatte über die vorgeblichen Sachzwänge der Globalisierung und ihrer Folgen hat kaum stattgefunden.

Während diese Begründungsversuche für eine folgenreiche Politik unbesehen akzeptiert werden, droht ein wesentlicher Teil des ursprünglichen Erbes unbemerkt in Vergessenheit zu geraten, jene Begriffe nämlich, von denen oben bereits die Rede war: »Nachhaltigkeit« und »Emanzipation«, »Befreiung« und »Selbstbestimmung«. Diese kostbaren, anspruchsvollen Arbeitsaufträge der Eltern an die Vierziger hatten sich mit der Zeit verbraucht, denn hochfliegenden Plänen ist ohne die entsprechende Praxis selten lange Lebensdauer beschieden. Auch Sprache hat ein Verfallsdatum. Begriffe, die gestern noch in aller Munde waren, können heute bereits verstaubt und leer klingen.

»Emanzipation«, die zähe Arbeit an gesellschaftlichen Vorurteilen in ihrer unendlichen Vielfalt, ist zum Lebensstil geworden. Von »Nachhaltigkeit« mag man angesichts der Verschuldung und Klimaproblematik kaum mehr reden. Die »Selbstbestimmung« hat den Anforderungen des Marktes Platz gemacht und sich in die Mode zurückgezogen. Dort darf sie ohne Einschränkungen ausgelebt werden. Die »Befreiung«, die einst als kollektiver Aufbruch gedacht war, ist zur persönlichen Ellbogenfreiheit geworden.

Andere Begriffe, die einst hohen Stellenwert besaßen, ziehen sich samt ihrer Inhalte ganz zurück. Manche von ihnen waren Kollektivbesitz der Vierziger und wesentliche Bestandteile ihrer Identität und des Gefühls der Zusammengehörigkeit gewesen. Zu ihnen gehören »Unmittelbarkeit«, »Utopie«, die »herrschenden Verhältnisse« und »Dialektik«, »Betroffenheit«, »Rote Zellen«, »Basisgruppen«, »Ho Chi Minh«, »Hoch die internationale Solidarität«, »Repression« und »Orgasmusschwierigkeiten«. Wo sind die eigentlich abgeblieben? Einst waren sie im persönlichen Besitz von Dieter Kunzelmann vom Zentralrat umherschweifender Haschrebellen gewesen. Wäre es nicht an der Zeit, sie erneut allen zugänglich zu machen?

Lebensbereiche wiederum, die bislang abseits des großen Getümmels standen, werden mit neuer Bedeutung beladen und ins Gefecht um Anerkennung und Wirkung geschickt. Sie können willkommener oder lästiger Teil einer Hinterlassenschaft sein. Zu Letzterem zählen die modernen Erwartungen an »Glück« und »Liebe« und die damit verbundenen sozialpsychologischen Folgen für jeden Einzelnen.

Man muss sich nicht die schonungslose Bemerkung Schopenhauers zu eigen machen: »Es gibt nur einen angeborenen Irrtum, und es ist der, dass wir da sind, um glücklich zu sein«, damit wir erkennen, dass Glück eine ebenso flüchtige wie seltene Erscheinung im Leben jedes Einzelnen ist und wesentlich in der Abwesenheit von

Unglück besteht, wie Schopenhauer richtig fortfährt: »Das größte Glück ist eine schmerzlose Existenz. Um nicht sehr unglücklich zu werden, ist das sicherste Mittel, dass man nicht verlange, sehr glücklich zu sein.« So hielt man es mit dem Glück über die Jahrhunderte – wenn man es nicht gleich ganz im Jenseits untergebracht hatte.

Den ersten Anspruch, den unsere Eltern und Großeltern an das Leben gestellt hatten, war das eigene Überleben und das von Familie und Freunden gewesen. Wenn ihr Leben darüber hinaus gut verlaufen war, hatten sie sich erfolgreich um Gelassenheit, Geborgenheit und Auskommen bemüht und ihre Pflichten zur Zufriedenheit erfüllt. Sie wussten, Glück war nur in seltener Ausnahme vorgesehen, und die Geschichte, deren Teil sie waren, lieferte überzeugende Beweise für diese Einsicht. Glück blieb ein fernes Versprechen, das sich ihnen für kurze, kostbare Augenblicke zeigte. Sie hatten es aus diesem Grund klug am Horizont untergebracht, dort, wo keiner je hinkommt. Wer sein Glück herausforderte, der frevelte und hatte die Konsequenzen zu ertragen. In der Jugend durfte man noch die Hoffnung haben, eines Tages glücklich zu werden, eine Hoffnung freilich, die der Erwachsene später still zur Seite legte.

Die Vierziger hingegen hatten die wunderliche Idee, das Glück, diese seltene und zudem flüchtige Erscheinung, in den Mittelpunkt des Lebens zu verorten und als Dauerzustand einzufordern. Sie erklärten das Glück zum Grundrecht, zur »obersten Pflicht und zum Lebenszweck«. Die Erfahrung von Glück, die sich bislang erfolgreich dem planenden Zugriff entzogen hatte, sollte domestiziert und frei verfügbar wie ein beliebiges Konsumgut werden. Das war nichts weniger als ein radikal neuer Lebensentwurf. Er ersetzte das jenseitige Heilsversprechen durch ein diesseitiges Glücksversprechen und raubte dem Christentum seine schönste Illusion.

Zur Begründung des neuen Anspruchs zieht man gerne die

amerikanische Unabhängigkeitserklärung heran, in der es heißt, »The Pursuit of Happiness« sei ein Grundrecht des Menschen. »Happiness« wird im Deutschen gern als »Glück« übersetzt, obgleich schwer vorstellbar ist, dass die pragmatischen Amerikaner jenen Glücksbegriff im Sinn hatten, den wir heute pflegen. Zudem hat der Einzelne nur ein Recht auf »Pursuit«, also auf »Streben«, sodass der amerikanische Anspruch auf Glück bei genauer Lesart eher das »Recht auf freie Entfaltung« bedeutet.

Wie ernsthaft und unerbittlich die Suche nach dem flüchtigen Gut »Glück« betrieben wird, bezeugen in Buchhandlungen die Abteilungen zum Thema Glück und, was fast dasselbe ist, Lebenshilfe. Deren Vielfalt scheint keine Grenzen mehr zu kennen. Seit zum gelungenen Leben notwendig Glück gehört, ja geradezu ein »Zwang zum Streben nach Glück« herrscht und keiner vergeblich gelebt haben möchte, sehen wir uns einer Glückspflicht ausgesetzt, was wiederum zu Glücksstress führt, und damit haben wir das Glück auch schon wieder verloren.

Keines der vielen Bücher zum Thema kann einlösen, was es verspricht, im Gegenteil: Die Autoren bürden ihren Lesern eine Last auf, die auf Dauer zu tragen sie selten in der Lage sein werden. Mit dem maßlosen Anspruch im Tornister, glücklich zu werden, haben die Vierziger ihren Nachwuchs auf eine Reise geschickt, die nur im Unglück enden kann. »Wenn du das Wort Glück begreifen willst, musst du es als Lohn und nicht als Ziel verstehen, denn sonst hätte es keine Bedeutung«, warnte Antoine de Saint-Exupéry in seiner Parabel *Die Stadt in der Wüste* vergeblich.

Wer dennoch Glück hatte, dem ist es vermutlich wie dem Hans im Märchen ergangen, der, nachdem er alles, und damit auch die Chance auf Glück, verloren hatte, befreit ausrief: »So glücklich wie ich gibt es keinen Menschen unter der Sonne«, um, wie es bei den Brüdern Grimm weiter heißt, »mit leichtem Herzen und frei von aller Last« davonzugehen.

Eng verbunden mit dem Anspruch auf durchgehendes Glück ist der Einbruch der »Liebe« in das tägliche Geschäft der engeren Zusammengehörigkeit. Dieses wurde bislang durch Respekt, Verlässlichkeit und Zuneigung geregelt, die Liebe war den Ahnen viel zu ungebärdig und unberechenbar, um sie in ihren persönlichen Beziehungen längere Zeit zu dulden. Die unbändige Kraft, die der Liebe eigen sein kann, passte nicht in den engen Rahmen vergangener traditioneller und religiöser Vorstellung vom Zusammenleben. Wenn die Liebe trotzdem dorthin vordrang, waren die Folgen häufig dramatisch und stets guter Stoff für Bühne und Prosa.

Der Herrgott sollte sich deswegen um die ebenso gewaltige wie bedrohliche Energie kümmern und das wilde Geschöpf zähmen. Wer außerstande war, die Finger von der Liebe zu lassen, war aufgefordert, seine ganze Sehnsucht auf den Schöpfer zu richten. »Du sollst den Herrn, deinen Gott, lieben mit deinem ganzen Herzen und mit deiner ganzen Seele und mit deiner ganzen Kraft« (5. Mose 6,5). Praktisch denkende Frauen wie Teresa von Ávila oder Mechthild von Magdeburg nahmen sich Gott deshalb direkt als Geliebten. Mit dem Einsatz der »ganzen Seele und ganzen Kraft« für den Schöpfer blieb für den irdischen Gebrauch nur noch die Zuneigung übrig, und die war leichter beherrschbar als ihre fanatische Cousine. Die wurde stattdessen als Bindeglied zwischen den Menschen und dem Schöpfer eingesetzt, um dessen grundlose Geduld mit seinen sündigen Geschöpfen zu begründen, denn »Gott ist die Liebe; und wer in der Liebe bleibt, der bleibt in Gott und Gott in ihm« (1. Joh. 4,15).

Nachdem Gott abgewirtschaftet hatte, blieb die Liebe vorerst heimatlos zurück. In den gewaltigen Epochen der Industrialisierung und der großen Kriege hatte man wenig Verwendung für sie. Sie wandelte sich zur Hoffnung auf ein besseres Leben in einer besseren Welt oder zur Angst um den Verlobten an der Front. Erst in ruhigeren Zeiten wurde sie wiederentdeckt und schließlich von den Vierzigern zu einem Pflichtteil gelungener Lebensführung erklärt. Sie taten das arglos und naiv. Sie konnten sich vorläufig nicht vorstellen, welche Verheerungen die temperamentvolle Braut in Form von Scheidungen, Beziehungschaos und Kinderlosigkeit zwischen den eigenen vier Wänden anzurichten in der Lage war, denn Liebe lässt sich schwer domestizieren und überdauert nur in seltener Ausnahme lange Zeit.

Der umtriebige Markt entdeckte sie bald als Quelle unerschöpflicher Umsätze und durchtränkte das Leben bis in seine äußersten Fasern mit der rohen Form der Liebe, der Sexualität. Seither ist aus dem einst flüchtigen Stoff die Fußfessel unseres Lebens geworden. Ein Leben indes, das tägliches Glück und tiefe Liebe voraussetzt, um als gelungen zu gelten, steht vor stürmischen Zeiten und wird sein Ziel selten erreichen.

Wie aber konnte die vergiftete Wegzehrung diese Bedeutung erlangen? Vermutlich liegt es an der betörenden Anziehungskraft des Augenblicks, dem Ort von Glück und Liebe, angesichts einer unsicheren Zukunft.

Aus dem einst üppig wuchernden Dschungel der Beredsamkeit aus den ersten Jahrzehnten der Republik sind gepflegte Rabatten in hübscher Bepflanzung geworden. Deren Wurzelwerk reicht so kurz nur in die Tiefe, dass sie mühelos zu jäten sind. An Vielfalt ist zwar kein Mangel, aber statt der ernsthaften Auseinandersetzung beherrscht die flüchtige Meldung das Terrain, auf dem einst der Diskurs stattgefunden hatte.

Die Vierziger haben sich behaglich der Routine ergeben, Gewissheiten akzeptiert, wo Kritik angebracht, und Nähe gesucht, wo Distanz nötig gewesen wäre. Aus dem Disput wurde das Gerede, aus dem Sujet die Personalie und aus dem Umtrieb die Bequemlichkeit, die Feindin aller Einsicht, denn »man kann nie wissen, von welchem Punkt aus die Welt aus den Angeln gehoben wird«. Schließlich entwickelte sich aus der Kritik als Waffe die

Kritik als Dauergeräusch, und es entstand jene Kultur der Nörgelei, die Fremde oft ratlos bei uns entdecken.

Als ich vor Jahren für die ARD in New York arbeiten durfte, wurde die Studiomannschaft zu bedeutenden Anlässen bisweilen durch Kollegen aus der Heimat verstärkt.

Irgendwann nahm mich mein amerikanischer Kammermann zur Seite.

»Sag mal, seid ihr alle so? Ich meine, deine deutschen Kollegen? Sie haben feste Jobs, kommen in der Welt herum, dürfen in anständigen Hotels übernachten, kriegen später mal eine gute Rente, wie sie mir berichtet haben, und jammern trotzdem in einem fort.«

»Wie meinst du das?«

»Ständig klagen sie: das Hotel, der Arbeitsbeginn, unsere Pläne, das Essen, der Lärm, die Hitze. Und dein Sender scheint aus einer Ansammlung unfähiger Dummköpfe zu bestehen.«

Ich nickte, zögerlich zustimmend.

»Was ich sagen will: Das nervt, zieht dich runter und schafft schlechte Stimmung im Team.«

Ich erklärte, dass sie übermorgen wieder fort wären.

»That's the good news!«

Leben auf Pump

»Wer die Lösung weiß, ist ahnungslos!«

DER FILIALLEITER MEINER BANK

Auf dem offiziellen Bild nach der Übergabe der Ernennungsurkunden durch den Bundespräsidenten für das Kabinett 1953 sieht man Bundeskanzler Konrad Adenauer, Innenminister Gerhard Schröder und andere mit Theodor Heuss in heiterem Gespräch vertieft. Die Herrschaften sind sichtlich prächtiger Laune. Einer jedoch hält sich abseits, er steht eine Armlänge von der Gruppe entfernt am rechten Bildrand und beteiligt sich nicht am Plausch, im Gegenteil: Er schaut nach rechts aus dem Bild heraus, so, als ob er nur zufällig vor Ort sei und mit den anderen nichts zu tun habe. Auf seinen schmalen Schultern sitzt ein runder, kahler Kopf mit klugen Augen hinter einer dunklen Hornbrille. Die Natur hat ihn mit einem Gesichtsausdruck ständiger ironischer Distanz ausgestattet. Solch ein Geschenk macht nicht nur Freunde, denn sein Besitzer wird häufig für mokant gehalten. Trotz seiner fünfundsechzig Jahre wirkt er wie der Benjamin im Kreis stattlicher Deutscher, unter deren gestärkten Hemden sich unübersehbar der Preis des Wohlstands abzeichnet.

Dieser Mann, Fritz Schäffer, erblickte im Dreikaiserjahr 1888 in München als fünftes von neun Kindern und Sohn eines leitenden Postangestellten das Licht der Welt. Der Knabe, dem das Lernen leichtfiel, besuchte das Gymnasium und machte 1907 ein glänzendes Abitur. Anschließend studierte er Rechts- und Staatswissenschaften in München. »Er war blitzgescheit, völlig furchtlos und verfügte über jene Entschlossenheit, die kleinen Männern oft eigen sein kann«, erinnerte sich ein Studienkollege Jahrzehnte später.

Fritz Schäffer meldete sich bei Kriegsausbruch als Freiwilliger und diente an verschiedenen Fronten im Königlich Bayerischen Infanterie-Leib-Regiment, einer traditionsreichen Einheit, die hundert Jahre zuvor während der Napoleonischen Kriege gegründet worden war.

In den Zwanzigerjahren machte Schäffer Karriere in der bayerischen Verwaltung und wurde Landtagsabgeordneter für die Volkspartei. Nach der Machtübernahme durch die Nationalsozialisten wurde er kurz inhaftiert und anschließend aus allen Ämter entfernt. In der Folge arbeitete er als freier Rechtsanwalt in München.

Kurz nach Kriegsende ernannten ihn die Alliierten zum *Temporary Minister-Präsident for Bavaria.* Fünf Monate später wurde er wieder entlassen, weil er nach Ansicht der amerikanischen Militärregierung den öffentlichen Dienst nicht ausreichend von ehemaligen NSDAP-Parteimitgliedern gesäubert hatte. Er trat in die CSU ein und wurde Finanzminister im ersten Kabinett Adenauer.

»Das deutsche Volk steht mit seiner Finanzverwaltung vor einer Aufgabe, so schwer, wie sie vielleicht keiner Generation je gestellt worden ist«, erklärte er damals in einer Rede vor zukünftigen Finanzbeamten. »Wir haben einen und einen zweiten Weltkrieg hinter uns (…). Es ist eine Unsumme von Not im deutschen Volk entstanden, die (…) mithilfe des deutschen Staates überwunden werden muss. Und dabei hat dieser Staat die Aufgabe, ein Aufbauwerk zu leisten, wie sie keinem Staat bisher gestellt worden ist.«

Die Probleme, vor denen der deutsche Staat und damit der deutsche Steuerzahler nach Kriegsende standen, überstiegen tatsächlich jede Vorstellungskraft. Die Innenstädte des Landes, seine Schulen, die öffentlichen Einrichtungen, Verkehrswege, Bahnhöfe und Industrieanlagen waren zerstört. Millionen von Ausgebombten, Kriegsheimkehrern und Flüchtlingen aus dem Osten mussten untergebracht und versorgt werden. Die wenigen unbeschädigten Krankenhäuser waren mit Kriegsversehrten überfüllt, und schließlich wollten Lastenausgleich, Wiedergutmachung und Zahlungen an die alliierten Besatzungsmächte finanziert sein.

Für jeden modernen Finanzminister wären das tausend gute Gründe gewesen, Geld ohne Ende auszugeben. Aber Fritz Schäffer war kein moderner Finanzminister. Ihm war sehr wohl bewusst, dass jede aktuelle Kreditaufnahme zukünftige Generationen belasten würde. In ihm lebte noch jene heilige Scheu vor der Zukunft, die uns längst abhandengekommen ist, und er sah sich nicht berechtigt, über das Geld seiner Enkel und Urenkel zu verfügen. Er hatte in der Vergangenheit unter schwierigen Umständen ein anständiges Leben geführt und wollte sich auf seine späten Tage nicht an der Zukunft versündigen.

Seine angeborene Unerschrockenheit tat dem zierlichen Mann jetzt guten Dienst. Standfest und unbeugsam trat er seinen Kollegen gegenüber, deren Begehrlichkeiten er schneidig abfertigte: »Nur über meine Leiche!«

Auch sein Chef Konrad Adenauer holte sich bei seinem »eisernen Fritz« blaue Flecken. »Machen Sie doch mal eine Politik der offenen Hand, Herr Dr. Schäffer«, forderte der Alte ihn bei einer Kabinettssitzung gutmütig auf. Umgehend kam die Abfuhr. Dann müsse erst mal »was drin sein in der Hand«.

Zwei Legislaturperioden hielt Fritz Schäffer als Finanzminister durch, dann hatten seine Kollegen genug von dem Pfennigfuchser. Hinter seinem Rücken hatte sich in der Zwischenzeit der parlamentarische »Kuchenausschuss« gebildet, in dem parteiübergreifend eine finanzpolitisch lockere Atmosphäre herrschte und mehr verteilt wurde, als in der Kasse war. Fritz Schäffer störte. Seine Kabinettskollegen warfen ihm plötzlich vor, eine schädliche »Hortungspolitik« zu verfolgen.

Adenauer gab dem Druck schließlich nach und schob ihn auf

den Posten des Justizministers ab. Mit Beginn des neuen Jahrzehnts beendete Fritz Schäffer seine politische Karriere. Was sich in Zukunft finanzpolitisch in diesem Land abspielen sollte, wäre seine Welt ohnehin nicht mehr gewesen.

Trotz der gewaltigen Anforderungen, denen sich der junge Staat gegenübersah, hinterließ Fritz Schäffer ein Guthaben von sieben Milliarden DM, nach heutiger Währung etwa fünfunddreißig Milliarden Euro. Sie waren symbolisch im »Juliusturm« untergebracht, in dem ein knappes Jahrhundert zuvor die Beute aus dem siegreichen Feldzug gegen Frankreich eingelagert worden war.

Der »eiserne Fritz« sollte bis heute der einzige Finanzminister bleiben, der am Ende seiner Dienstzeit mehr eingenommen als ausgegeben hatte. Außerhalb Niederbayerns erinnern einige wenige Straßennamen in München, Bonn und Tuntenhausen an ihn, der aus einer Zeit kam, in der die Verantwortung für die Zukunft noch zum täglichen politischen Geschäft gehörte. Freilich – so einen tilgt man gerne aus dem kollektiven Gedächtnis, denn er erinnert daran, was auch unter schweren Bedingungen einst möglich gewesen war.

In der Zwischenzeit war das Land wieder instand gesetzt worden. Die Menschen hatten Arbeit und ein Dach über dem Kopf, die Innenstädte waren vom Schutt befreit und aufgebaut, die Industrie hatte sich erholt und genoss sogar, der neuen Maschinerie wegen, internationalen Wettbewerbsvorsprung. Autobahnen wurden gebaut, der neue Käfer erreichte eine Höchstgeschwindigkeit von knapp hundertzwanzig Sachen, D-Züge verbanden nun die Städte, und es gab neue Schwimmbäder, die von ihren Besuchern zwei Groschen Eintritt verlangten.

Unsere Eltern hatten den Vierzigern also trotz der Kriege, Zerstörungen und Opfer ein schuldenfreies Land, volle Kassen und eine intakte Infrastruktur hinterlassen und obendrein mit den

Theorien der Freiburger Schule um Walter Eucken eine Wirtschaftsordnung, die passend auf die Zeitumstände zugeschnitten war. Gute Gelegenheit, möchte man meinen, die Finanzpolitik des »eisernen Fritz« fortzuführen.

Doch es kam anders. Nach Schäffers erzwungenem Abschied als Finanzminister dauerte es nur eine kurze Zeit, bis seine Kabinettskollegen erkannten, dass sich auf Kosten der Enkel risikolos Wohltaten verteilen und Wahlen gewinnen ließen. Zudem waren großzügige Ausgaben in der Lage, schwierige politische Entscheidungen zu ersetzen. Erst zögerlich, dann langsam und ab Mitte der Siebzigerjahre hemmungslos, begann man das Geld der Nachfahren auszugeben.

Es sei »zur Gewohnheit geworden, Geld zu borgen, das man nicht hat« und sich »einen fröhlichen Tag zu machen auf Kosten von Kindern und Enkeln«, beobachtet der Historiker Michael Stürmer fassungslos.

In Zehn-Jahre-Sprüngen haben sich die Schulden der öffentlichen Gesamthaushalte in der BRD wie folgt entwickelt:

1960	29 Mrd. Euro
1970	64 Mrd. Euro
1980	239 Mrd. Euro
1990	538 Mrd. Euro
2000	1211 Mrd. Euro
2010	2012 Mrd. Euro
2012	2068 Mrd. Euro

Der aktuelle Schuldenstand entspricht einem Anteil von etwa achtzig Prozent am Bruttoinlandsprodukt. Daten des Internationalen Währungsfonds zufolge ist dies jedoch nur die Spitze des Eisbergs. Demnach gelten für die Summe aller privaten, kommunalen, staatlichen und anderen Schulden folgende Zahlen:

Japan	512 Prozent
Großbritannien	507 Prozent
Frankreich	346 Prozent
Italien	314 Prozent
Vereinigte Staaten	279 Prozent
Deutschland	278 Prozent.

Der emsige Professor Bernd Raffelhüschen, ein Vertreter der Freiburger Schule, deren Theorien die Grundlage des Wirtschaftswunders in den Fünfzigerjahren gewesen waren, hat zudem errechnet, dass hierzulande bis 2050 1,36 Billionen Euro an Beamtenpensionen fällig werden. Da Beamte keinen Rentenbeitrag leisten und für ihre Pensionen bislang keine Rücklagen gebildet worden sind, wirken die Verpflichtungen finanztechnisch wie Schulden, die aus den Steuergeldern der zu dieser Zeit Beschäftigten, also unserer Enkel, abgetragen werden müssen.

Da seit mehr als fünfzig Jahren die Verbindlichkeiten der öffentlichen Haushalte steigen, konnten seither auch keine Schulden getilgt werden. Hatte der Bund 1960 einen Kredit über eine Milliarde Euro mit einer Laufzeit von zehn Jahren aufgenommen, wurde dieser 1970 fällig und musste den Gläubigern zurückgezahlt werden. Da aber im Jahr 1970, wie in den Jahren zuvor auch, die staatlichen Einnahmen geringer waren als die Ausgaben, blieb dem Finanzminister kein Geld, um die Schulden zu bedienen. Er beglich sie deswegen, indem er sich bei anderen Gläubigern das Geld besorgte oder den Kredit bei dem ursprünglichen Gläubiger verlängerte. Er blieb also weiterhin über diese Summe Schuldner

Der Staat begleicht, seit Fritz Schäffer aus dem Amt schied, seine Schulden mit geborgtem Geld, vergleichbar einem Privatmann, der seine Verbindlichkeiten bei der Deutschen Bank mit einem Kredit der Kreissparkasse tilgt und sich daraufhin schuldenfrei fühlt. Einem Privatmann würde daraufhin die Entmündigung drohen. Politiker hingegen werden wiedergewählt.

Manche Schulden haben mithin viele Jahrzehnte auf dem Buckel und den wechselnden Gläubigern über die Zeit ein Mehrfaches der ursprünglichen Kredite in die Kassen gespült.

Was aber hinterlassen wir unseren Kindern und Enkeln als Gegenleistung? Hinterlassen wir ausreichend Kitaplätze, ein konkurrenzfähiges Bildungssystem, eine funktionierende Infrastruktur und volle Rentenkassen? Tun wir nicht! Während die Schulden gestiegen sind, »kroch in den Schulen und Kindergärten der Schimmel die Wände hoch. Bildung wurde zum Fremdwort, Integration blieb ein Fremdwort, und die dritte Ausländergeneration in Deutschland fand ihre Heimat nicht hier, sondern in einem Niemandsland«, wie ein Kollege nach näherem Hinschauen erschüttert notierte.

Deutschland lebt seit vielen Jahren von seiner Substanz. Jüngsten Berechnungen zufolge fehlen seit der Jahrtausendwende etwa eine Billion Euro an Investitionen in die Infrastruktur. »Seit mindestes zehn Jahren ist es ganz offensichtlich, dass die Verkehrsinfrastruktur unterfinanziert ist«, bestätigt der Präsident des deutschen Verkehrsforums. Vierzig Prozent der Straßenbrücken sind beschädigt, 2500 Kilometer Autobahn müssen saniert werden. Nach Zahlen aus dem Bundesverkehrsministerium fehlen seit einigen Jahren allein für die Verkehrswege jährlich 7,5 Milliarden Euro.

Der Durchschnitt der OECD-Staaten gibt 6,2 Prozent des Bruttoinlandsprodukts für Bildung aus. Deutschland, das als rohstoffarmes Land und bei einer Bevölkerungsentwicklung, die auf Einwanderer und damit in hohem Maße auf ein leistungsfähiges Bildungssystem angewiesen ist, hingegen nur 5,3 Prozent.

Zur Jahrtausendwende hatte das staatliche Nettovermögen etwa fünfhundert Milliarden Euro betragen. In der Zwischenzeit ist es durch systematische Vernachlässigung der Besitztümer in öffentlicher Hand auf dreizehn Milliarden zusammengeschmolzen.

Vieles, was vor langer Zeit über Schulden finanziert wurde, ist längst zu Bruch gegangen. Wir erwarten mithin von unseren

Nachfahren, dass sie die Rechnungen für ausrangierte Züge, stillgelegte Gleise oder Schützenpanzer, die im Fernen Osten Minen zum Opfer fielen, begleichen.

In diesem Zusammenhang ist der Begriff des Sparens neu definiert worden. Darunter verstand man gemeinhin und eindeutig einen Vorgang, bei dem jemand weniger ausgab, als er eingenommen hatte, um anschließend das Geld zur Seite zu legen. Weil der betuliche Vorgang in der deutschen Bevölkerung einen guten Ruf genießt und Verantwortungsbewusstsein und Seriosität signalisiert, wollten die Vierziger ungern auf ihn verzichten. In der Realität allerdings waren sie außerstande, im althergebrachten Sinn zu sparen, also nahmen sie den Begriff an sich und statteten ihn neu aus. Es spart seither, »wer in einem Jahr weniger Schulden macht als im vorangegangenen«. Wenn also die Regierung sich im Jahr 2009 mit vierzig Milliarden Euro verschuldet hatte und im Jahr 2010 nur mit dreißig, dann sind nach der neuen Definition zehn Milliarden gespart worden. Nach der Neugestaltung des ehrwürdigen Begriffs schob man diesen zum Vertrauensgewinn noch der schwäbischen Hausfrau, die sich nicht wehren konnte, unter, und in Zusammenarbeit mit willigen Medien verwandelten sich lockere Verschwender unter der Hand in echte Sparfüchse.

Werden die Vierziger ihre Schulden zurückzahlen können oder wollen? Weder noch. Einer aus ihrer Alterskohorte, ein geradliniger irischer Freigeist namens David Drumm, Chef der Anglo Irish Bank, den seine Untergebenen und Mitarbeiter wegen seiner hemdsärmeligen Art respekt- und liebevoll »The Drummer« nannten, hat in einem zufällig aufgezeichneten Telefongespräch die angeblich komplizierten Zusammenhänge schlicht, aber zutreffend zusammengefasst: »Wir werden das Geld zurückzahlen, wenn wir es haben … also nie!« Der Herr am anderen Ende der Leitung hat herzlich gelacht, alle anderen waren empört.

Bundeskanzlerin Angela Merkel selbst meldete sich zu Wort:

Dafür habe sie »wirklich nur Verachtung« übrig. Was David Drumm vermutlich gar nicht mitbekommen hat, denn er lebt inzwischen zurückgezogen und unbehelligt in den Vereinigten Staaten, wo solch direkter Zugang zur Wahrheit einen besseren Ruf genießt. Hierzulande indes sind wir außer uns, nicht des Sachverhalts, sondern Drumms Offenherzigkeit wegen. Die Haltung dieser Banker, fährt die Kanzlerin gnadenlos fort, sei eine »richtige Schädigung der Demokratie und der sozialen Marktwirtschaft und für die Menschen, die jeden Tag zu Arbeit gingen, (…) einfach nur ganz, ganz schwer zu verkraften«. Und sie setzte noch einen drauf: »Um nicht zu sagen, gar nicht zu verkraften.«

Aber was machen wir jetzt, die wir Drumms Äußerungen nicht verkraften können? Verzweifeln wir? Suchen wir den Therapeuten auf? Wählen wir die Linke oder überhaupt nicht mehr? Wandern wir aus?

Nichts von alledem! Wir denken: »Treffer!«, denn die Aufregung um den irischen Banker hat den sehr realen und gefährlichen Hintergrund, dass er knapp und zutreffend die Wahrheit gesagt hat. Seine persönliche Rückzahlungsstrategie gilt indes nicht nur für ihn und seine Bank, sondern ebenso für die Gesamtheit der hoch verschuldeten Staaten.

Zum gleichen Ergebnis wie Drumm kommt auch eine sehr viel seriösere Quelle, der amerikanische Wirtschaftswissenschaftler Kenneth S. Rogoff: »Ein Teil der Schuld wird wahrscheinlich nie zurückgezahlt werden. Es wäre besser, diese Unvermeidlichkeit eher früher als später anzuerkennen.«

Wissenschaftler dürfen das sagen, Banker und Politiker dürfen das nicht! Deswegen ist alle Welt über David Drumm empört, während sie Kenneth S. Rogoffs Einsicht gleichmütig zur Kenntnis nimmt.

Jeder weiß natürlich, dass Griechenland seine Schulden nie zurückzahlen wird. Das gilt nebenbei auch für Spanien, Italien,

Frankreich, die Bundesrepublik und all die anderen, die in der Vergangenheit flott auf Pump gelebt haben. Solange jedoch die Fiktion aufrechterhalten bleibt, die Schulden würden eines fernen Tages beglichen, notieren die Verbindlichkeiten auf der Habenseite der Gläubiger. Würde der griechische Ministerpräsident wahrheitsgemäß erklären, sein Land sei niemals in der Lage, die aufgelaufenen Verbindlichkeiten zu begleichen, dann würden aus den Summen auf der Habenseite umgehend Verluste im Soll. Er würde damit eine Politik gefährden, der es nicht auf die Rückzahlung der Schulden ankommt, sondern auf Zeitgewinn, in der richtigen Einsicht, dass der Wähler in der Gegenwart lebt.

Die Staatsverschuldung der zweiundachtzig größten Volkswirtschaften der Welt beträgt, bei ständig steigender Tendenz, momentan etwa achtundvierzig Billionen Dollar. Wenn Teile davon verloren sind, käme das internationale Finanzsystem in Schwierigkeiten, für deren Ausmaß und Bewältigung es bislang keine Erfahrungen gibt. Besonders betroffen wäre die Eurozone, denn in ihr sind siebzehn Nationen auf Gedeih und Verderb miteinander verbunden. Weil niemand so recht weiß, was zu tun und zu lassen ist, tun die Politiker das, was Menschen von alters her in solchen Situationen zu tun pflegen: Sie versuchen Zeit zu gewinnen, in der Hoffnung, dass von irgendwoher Rettung nahen wird. Sie verhalten sich wie jene unglücklichen Passagiere auf der »Titanic«, die auf dem steil aufragenden Schiffsdeck, einiger Sekunden zusätzlicher Lebenszeit wegen, verzweifelt versuchten, das Heck zu erklimmen.

Wie eine riesige Bugwelle schieben wir die Schulden in immer neuen Formen vor uns her. In der Vielfalt dieser Formen, nicht im Grundsätzlichen, verbirgt sich die Undurchschaubarkeit der Lage, die häufig resigniert beklagt wird. Juristisch gesehen machen wir uns der Konkursverschleppung schuldig, deren Ziel es ist, ahnungslose Gläubiger – unsere Enkel – um ihre Einlagen zu betrügen.

Die verantwortlichen Politiker und Banker müssen lange vor

Ausbruch der Krise geahnt haben, was auf sie zukommen würde. Dafür spricht eine diskrete Zusammenkunft, die durch eine Indiskretion bekannt wurde. Ende Februar 2003, also einige Zeit vor dem Ausbruch der Krise, trafen sich der damalige Kanzler Gerhard Schröder in Begleitung von Wirtschaftsminister Wolfgang Clement und seinem Kollegen für die Finanzen, Hans Eichel, mit Spitzenvertretern der deutschen Banken und Versicherungen. Die Herren besprachen dem Vernehmen nach die Gründung einer Auffanggesellschaft für notleidende Kredite der deutschen Banken. Diese Kreditwerkstatt wird auch als »Bad Bank« bezeichnet. Dort lagert ein in Not geratenes Finanzinstitut seine faulen Kredite aus und kehrt anschließend, als habe es nie Verluste erlitten, unbeschädigt wieder an den Markt zurück. Für die Risiken steht der Staat ein. Wenn, nebenbei, vom »Staat« die Rede ist, ist stets der Steuerzahler gemeint.

Eine »Bad Bank«, die ihrem Namen alle Ehre macht, ist mithin ein perfektes Instrument, um die Nachkommen für Schulden aus der Vergangenheit in Haftung zu nehmen. Sie wird gegründet, damit es im Augenblick weitergeht, während die Zukunft noch auf sich warten lässt.

In eine »Bad Bank« sollten, nach den Plänen der verschworenen Zusammenkunft, zunächst die Kreditrisiken von Dresdner Bank, Commerzbank und HypoVereinsbank in Höhe von etwa sieben Milliarden Euro gebündelt werden. Das waren genau jene Banken, die wenige Jahre später in Schwierigkeiten gerieten. Die beteiligten Regierungsmitglieder und Bankenvertreter waren über die Berichterstattung zu ihrem Treffen »massiv verärgert«, hieß es damals. Kein Wunder: Für einen kurzen Augenblick wurden die Umrisse der Finanzkatastrophe erkennbar, die wenige Jahre später das Licht der Öffentlichkeit erblickte, nachdem sie, voll entwickelt, nicht mehr zu verheimlichen war. Die Verantwortlichen wussten also frühzeitig, was auf uns zukommen würde.

Im privaten Bereich entspräche eine »Bad Bank« dem weitsichtigen Großvater, der seinem ungeborenen Enkel ein Konto bei der Kreissparkasse einrichtet und dieses mit Schulden belastet, die der ahnungslose Enkel später erben wird.

Wenn es ehrlich um die Frage geht, wie die Schulden abgebaut werden können, ist das in diesem Zusammenhang verbotene »I-Wort« – »I« wie »Inflation« – das Zaubermittel.

Vor einiger Zeit kam ich während einer Zugfahrt zwischen Berlin und Hamburg mit einem mir flüchtig bekannten Bundestagsabgeordneten ins Gespräch. Neben den trüben Wahlaussichten seiner Partei war die weitaus trübere Schuldenproblematik bald unser Thema. Es sei »Konsens zwischen praktisch allen Fraktionen«, erzählte er mir in der Vertraulichkeit eines ansonsten leeren Abteils, dass die Schulden in »ferner Zukunft« nur über »eine Inflation« abgebaut werden können, »und«, fügte er hinzu, »ich rede hier nicht von zwei, drei Prozent!«

Meinem Einwand, die Deutschen würden eine dritte Enteignung innerhalb eines Jahrhunderts schwerlich akzeptieren, begegnete der Abgeordnete mit der bemerkenswerten Einsicht: »Unsere Eltern und Großeltern haben das Volksvermögen in zwei Kriegen verschleudert, wir hingegen an der Costa Brava, was schon mal ein Fortschritt ist und finanzpolitisch gesehen keinen Unterschied macht.«

»Man kann Schulden aber auch zurückzahlen«, wandte ich ein.

»Undenkbar! Selbst wenn wir jährlich einen steuerlichen Überschuss von hundert Milliarden Euro erwirtschaften würden, was unvorstellbar ist, bräuchten wir mindestens zwei Jahrzehnte, um die Summen abzutragen. Das wird die Lösung nicht sein.«

Er war noch jung. Er wusste, was man den zukünftigen Generationen zumutete, und war spürbar bedrückt bei dem Gedanken.

»Und wann geht's los mit der Inflation?«, wollte ich von ihm wissen.

»Weiß keiner genau. Noch sind wir ja erfolgreich dabei, Zeit zu gewinnen.« Er hielt inne. »Behalten Sie das aber für sich«, raunte er und fügte erleichtert hinzu: »Ach Gott, Sie sind ja nur noch Rentner«, um sich sofort für seine Bemerkung zu entschuldigen. Feinfühlig war er, der schicke Hamburger. Er schaute bekümmert durch das Fenster auf die flache Landschaft, in der bis hinter den Horizont Windräder träge ihrer Arbeit nachgingen.

»Ich hoffe nur, uns bleibt genügend Zeit!«

»Zeit für was?«

Er zuckte ratlos die Schultern.

Er hätte nicht so vorsichtig beim Gebrauch des abgründigen I-Worts sein müssen. Der verstorbene Lord Ralf Dahrendorf hat sich am Ende seines Lebens aus London zu Wort gemeldet und kühl festgestellt, es bleibe »nur ein Inflationsschub von beträchtlichen Ausmaßen, also der Preis, den die kleinen Leute bezahlen«, um der Situation auf lange Sicht Herr zu werden.

In den Neunzigerjahren, als die Staatsverschuldung in Deutschland begann, unerhörte Ausmaße anzunehmen und in die Kritik geriet, entdeckten die Vierziger zu ihrer freudigen Überraschung eine Geldquelle, derer sie sich bedienen konnten, ohne sich weiter zu verschulden: die Privatisierung öffentlichen Eigentums. Das konnte natürlich nur eine vorübergehende Maßnahme sein, denn, wie der kluge Otto Graf Lambsdorff damals gleich erkannte: »Tafelsilber kann man nur einmal verhökern! Wenn dem keine Strukturreformen folgen, steht man schnell wieder vor denselben Problemen.«

Vorbilder für diese Form der Privatisierung waren einige Vereine der Fußballbundesliga, die ihre Stadien, die einst mit den Pfennigbeiträgen ihrer Mitglieder finanziert worden waren, verkauft hatten, um sie anschließend von den neuen Besitzern teuer wieder anzumieten. Den einmaligen Erlös steckten die Vereinsführungen, häufig mit geringem Erfolg, in neue Spieler. Aus wohlhabenden, stolzen Vereinen wurden in der Folge Bittsteller auf den unteren Rängen der Tabellen. Aber das Präsidium hatte eine Weile seinen Spaß gehabt, ganz wie die Vierziger ein Leben lang.

Eine Rechtfertigung für den Ausverkauf von öffentlichem Hab und Gut lieferten neoliberale Wirtschaftstheoretiker aus den Vereinigten Staaten, denen zufolge nur ein schlanker Staat, der sich aus allem heraushielt, Wirtschaftswachstum und damit Wohlstand für alle garantierte. In freier Konkurrenz würden die Angebote an Energie, Wasser, Transport und Verwaltung zudem besser, billiger und kundenfreundlicher. Die sozialen Marktwirtschaften, wie sie in Teilen Europas nach dem Krieg eingerichtet worden waren, seien die »Ursachen für die Probleme der westlichen Industrienationen«, war man plötzlich überzeugt. Der Staat, in dessen Gehege die Mehrzahl seiner Bürger bislang behaglich und komfortabel gelebt hatte, wurde unvermittelt zur Gefahr für eine verlockende Zukunft.

Was diese Theorie in der Praxis anzurichten in der Lage ist, kann man bis heute eindrucksvoll in Großbritannien studieren. Dort hatte Maggie Thatcher neben vielem anderen auch die British Rail privatisiert. Den zukünftigen Fahrgästen versprach man niedrige Preise, guten Service und saubere Einrichtungen. Erzielt wurden hohe Preise, endlose Verspätungen und verdreckte Klos. Die Bahnmanager hatten zugunsten der Rendite für die neuen Besitzer auf Investitionen verzichtet und innerhalb kurzer Zeit die Infrastruktur des Unternehmens ruiniert. In der Folge stieg in England die Zahl der Zugunglücke wie auch die der Todesopfer. Im Oktober 1999 stießen bei Ladbroke Grove zwei Züge zusammen, einunddreißig Menschen blieben auf der Strecke. Ein Jahr später entgleiste südlich von London ein Hochgeschwindigkeitszug. Vier Opfer waren zu beklagen. Daraufhin wurde die Privatisierung rückgängig gemacht und die britische Bahn auf Kosten der Steuerzahler wieder instand gesetzt. Die finanziellen Nutznießer der kurzlebigen neuen Freiheit zog freilich niemand zur Verantwortung.

Das britische Lehrgeld hielt viele Kommunal- und Finanzpolitiker jedoch nicht davon ab, auch hierzulande den Verlockungen der Privatisierung nachzugeben. Gemeinden, Länder und der Staat begannen sich selbst zu entsorgen. Alles kam auf den Markt: Energie- und Wasserversorgung, öffentliche Gebäude, Kanalisation, Schienennetze, Sportanlagen, Schwimmbäder, Müllentsorgung, Dienstleistungen. Was schließlich noch in kommunaler Hand verblieb, hatte keinen Käufer gefunden.

Die über Generationen angehäuften Schätze in öffentlicher Hand wurden innerhalb kürzester Zeit an Investoren verschleudert, deren Interesse die Rendite und nicht das Zusammenleben in einer Gemeinde war. Aufgebrachten Bürgern versicherte man, dass sie bald besser und billiger durchs Leben kommen würden, so wie die Fahrgäste der British Rail. Tatsächlich aber half der große Ausverkauf den Kämmerern nur kurzfristig aus der Verlegenheit leerer Kassen. Langfristig gesehen war es für die Bewohner der Gemeinden ein miserables Geschäft, denn mit den Gewinnen der Stadtwerke waren einst zahlreiche kommunale Einrichtungen wie Schwimmbäder, Sportanlagen und Büchereien finanziert worden. Dieses Geld floss nun an anonyme Geldgeber, die häufig auf fernen Kontinenten zu Hause waren, während vor Ort die Preise stiegen. Welche Summen, die sofort wieder im Mahlstrom der Verschuldung verschwanden, damals erlöst wurden, ist nie zuverlässig nachgerechnet worden. Es handelt sich wahrscheinlich um einen »hohen zweistelligen Milliardenbetrag«, vermutet ein Wirtschaftswissenschaftler, der sich mit der Materie befasst hat.

Gab es keine Anzeichen für die Finanzkatastrophe? Hat keiner gewarnt? Ist ungezählten, gut bezahlten Ökonomen nicht aufgefallen, was sich da zusammenbraute? Hatte niemand in Spanien bemerkt, dass Millionen von Wohneinheiten gebaut wurden, für die es keine Bewohner gab? Gab es Verantwortliche, die versagt hatten? Handelten Eingeweihte wider besseres Wissen? Haben die persönlichen Interessen Einzelner unser Wirtschaftssystem in tödliche Gefahr gebracht? Das fragt man sich ratlos ob des Scherbenhaufens, den intelligente, teuer ausgebildete Fachleute, Politiker und Finanzmanager hinterlassen und zu verantworten haben, für den jedoch niemand Verantwortung übernehmen will.

Die Führungskräfte der großen Kredithäuser dieser Welt können nicht über lange Zeit gemeinsam geirrt haben, dafür sprechen zahlreiche Dokumente aus ihrem elektronischen Schriftverkehr. Sie wussten, was sie taten, und hofften nicht ohne Grund, nach dem Ende des großen Basars auf Kosten der Zukunft zumindest persönlich für immer ausgesorgt zu haben. Ganze Nationen nebst ihren Regierungen wurden in Geiselhaft genommen, um einigen wenigen zu Vermögen und Anwesen zu verhelfen, denen gegenüber das Versailles Ludwigs XIV. wie eine öffentliche Bedürfnisanstalt wirkt, was es in der Tat ja auch war.

Ihnen allen diente über Jahrzehnte hinweg ein unscheinbarer, empirischer Satz zur argumentativen Absicherung ihrer Schuldenpolitik: »Staaten können nicht pleitegehen!« Diese Einsicht zählte lange Zeit zum sichersten Bestandteil einer Wissenschaft, die sich vor allem durch Unsicherheiten auszeichnet. Ein Staat sei »konkursunfähig«, stellte sogar das Bundesverfassungsgericht 1962 fest. Bis in die Mitte der Neunzigerjahre ging die EU-Kommission davon aus, dass ein Staat »über unermessliche finanzielle Ressourcen« verfüge, ihm deshalb eine Sonderrolle im Wirtschaftsleben zukomme und ein Konkurs undenkbar sei. Und noch 2009 war an der Uni Mannheim eine Promotion zur Konkursunfähigkeit von Staaten in Arbeit.

Die Bundeskanzlerin persönlich setzte dann allen Hoffnungen ein Ende: »Es gibt das Gerücht, dass Staaten nicht pleitegehen können. Dieses Gerücht stimmt nicht«, erklärte sie 2009 auf einer Veranstaltung der Frankfurter Privatbank Metzler und zwang damit den schockierten Mannheimer Doktoranden, seine Arbeit von vorn zu beginnen.

Aber um wessen Gelder handelt es sich bei den Verbindlichkeiten eigentlich? Die Summen sind so unvorstellbar groß, dass man sie kaum mit den Sparbemühungen eines deutschen Angestellten oder Handwerkers in Zusammenhang bringen kann. Haben deren Groschen für die Not etwas mit den Milliarden zu tun, mit denen täglich jongliert wird? Haben sie! Ihr Erspartes, eingezahlt und angelegt in Pensionskassen, Lebensversicherungen, Rentenpapieren, Staatsanleihen, unzähligen Sparmodellen, Fondsanteilen oder schlicht Bankguthaben, sind eine der Grundlagen unserer Finanzwirtschaft. All diese Sparer sind Gläubiger von meist unbekannten Schuldnern, deren Bonität sie, ebenso wie ihre Bankberater, gelegentlich vom Hörensagen kennen. Ihre Ersparnisse gehen zwar durch viele Hände und verändern im Laufe ihrer Karriere öfters ihre Form, aber letztlich werden sie verloren sein, wenn ihre anonymen Schuldner bankrottgehen. Hinter jedem Euro steckt eine Forderung auf die Zukunft und hinter jedem Verlust ein Schicksal. Man vergisst das leicht, wenn man die Artisten ratlos auf dem Hochseil balancieren sieht.

Die finanzielle Zukunft der Nachkommen der Vierziger ist also von vielen Seiten her gefährdet. Die ohnedies unvorstellbar hohen Schulden auf allen Ebenen werden an sie weitergereicht werden. Der missratene Euro wird stattliche Summen verschlingen. Die Infrastruktur wird mit erheblichem Aufwand instand gesetzt werden müssen. In den Tiefen der »Bad Banken« liegen faule Kredite in unbekannter Höhe, und schließlich hat die Regierung für staatliche Zusagen wie die Beamtenpensionen bislang keine Rücklagen gebildet.

Die Finanzkrise eine »Finanzkrise« zu nennen, ist indes eine »schamlose Verharmlosung«, denn nicht nur Heller und Pfennig sind in Gefahr. Diese sind zwar die Melodie, nach der die Wirtschaft tanzt, die Instrumente jedoch sind persönliche Eigenschaften, die Wilhelm Röpke, einer der Gründer der Freiburger Schule, in einer eindrucksvollen Liste zusammengestellt hat: »Selbstdisziplin, Gerechtigkeitssinn, Ehrlichkeit, Fairness, Ritterlichkeit, Maßhalten, Gemeinsinn und Achtung vor der Menschenwürde des Anderen«.

Die meisten dieser Eigenschaften sind ziemlich aus der Mode gekommen. Wenn sie jedoch, wovon Röpke überzeugt ist, die individuelle Kehrseite der Marktwirtschaft sind, hätten die Vierziger nebenbei noch diese »schützenden Schichten von Wirtschaft und Gesellschaft« abgetragen, und die Nachkommen stünden vor der überaus schwierigen und langwierigen Aufgabe, eine »neue Kultur der Mäßigung und Verantwortung« einzurichten, wie Finanzminister Schäuble zutreffend erkannt hat.

Die Transmissionsriemen des Wirtschaftens sind Kredit und Vertrauen. Beide sind das Geschäft der Banken, die nach althergebrachten Regeln »solide Kredite gegen solide Projekte« vergeben sollen. In den zurückliegenden Jahren wurden jedoch beide Kriterien robust beiseitegeräumt. An ihre Stelle sind häufig atemberaubender Leichtsinn und frivole Sorglosigkeit als Leitplanken von Politik, Wirtschaft und privater Lebensführung getreten.

Dabei ist der Verlust von Vertrauen besonders schwerwiegend. Denn Vertrauen ist jener unsichtbare Feinstoff zwischen Gläubiger und Schuldner, der ihre Verbindung erst zustande bringt. Man vergibt einen Kredit, weil man darauf vertraut, dass der Schuldner Geld und Zins in der abgesprochenen Zeit zurückzahlt. Vertrauen gehört deshalb zu den unsichtbaren Fäden wie Dankbarkeit, Mitleid oder Verantwortung, die eine Gesellschaft zusammenhalten. Das gilt in Sonderheit für die Marktwirtschaft, die in hohem Maße auf Kredite und damit auf Vertrauen angewiesen ist, um den freien Kreislauf aus Kreditaufnahme zum Zweck der Produktion von Gütern, deren Verkauf und schließlich Rückzahlung der Kredite in Schwung zu halten. Fällt ein Element aus, kommt der gesamte Prozess ins Stocken.

In den vergangenen Jahren ist man arg sorglos mit dem flüchtigen Gut Vertrauen umgegangen, dadurch sind fahrlässig Tiefenschichten unseres sozialen Gewebes beschädigt worden. Vertrauen will erworben sein. Dazu bedarf es guter Argumente, Geduld, Mut zur Wahrheit und Verantwortungsgefühl. Alles Eigenschaften, die nicht zur Leibspeise der Vierziger gehörten, im Gegenteil: Der Bankberater, der seinen Kunden risikoreiche Papiere aufschwätzte, oder der Finanzminister, der wider besseres Wissen behauptete, Griechenland würde seine Schulden zurückzahlen, haben ebenso Vertrauen aufgezehrt wie der Fondsmanager, der undurchschaubare Finanzprodukte zusammenstellte.

Nachdem das Vertrauen zum großen Teil aufgebraucht war, wurde es durch Ahnungslosigkeit und Leichtgläubigkeit ersetzt. Beide vermögen zwar kurzfristig gute Dienste zu tun, auf lange Sicht bieten sie jedoch keine stabile Geschäftsgrundlage, denn sie sind ständig bedroht durch ihre Erzfeinde: Einsicht und Durchblick. Die scheinen derzeit ganz erfolgreich zu sein. Die Deutschen sparen weniger, richten sich neu ein, trinken besseren Wein, kaufen französischen Rohmilchkäse, investieren ihr Geld in Immobilien, statt es auf die hohe Kante zu legen und es damit den Banken und dem Finanzsystem anzuvertrauen, oder sie genießen in fremden Armen Sonnenuntergänge an fernen Stränden.

Nun suchen Wirtschaft und Politik händeringend wieder nach Vertrauen, denn ohne dieses ist plötzlich alles nichts mehr. Die »ethischen Grundlagen« der Marktwirtschaft sollen wieder »stärker ins öffentliche Bewusstsein« gehoben werden. Finanzminister Wolfgang Schäuble möchte ein »neues Vertrauen«, um die Krise zu überwinden. Tatsächlich aber ist es das alte Vertrauen, nach dem allerorts verlangt wird. Dieselben, die das Vertrauen einst sorglos vertrieben hatten, fordern jetzt laut und ständig seine Rückkehr.

Aber Vertrauen kann weder wie Schulden beglichen noch wie ein verängstigter Hund hinter dem Ofen hervorgelockt werden. Es will allmählich über die Zeit wiederhergestellt sein. Bevor es sich blicken lässt, muss zudem der Mut zur Wahrheit das Terrain vorbereitet haben. Der aber verbietet sich, denn dann würde weltweit aus »Haben« das unschöne »Soll«, und die unvermeidlichen Turbulenzen will sich kein Vierziger im Alter mehr antun.

Die Iren haben sich weltweit als Erste zur Ehrlichkeit entschlossen, um Vertrauen zurückzugewinnen. Sie haben akzeptiert, dass, wenn vom »Staat« die Rede ist, sie selbst, ihr Geld und ihre Ersparnisse gemeint sind. Auf der Grünen Insel ist zwar nur eine Kreditkrise aufgrund ungezügelter Bautätigkeit aufzuarbeiten, aber die Tilgung wird sich, wenn nichts dazwischenkommt – und es kommt ständig was dazwischen –, mindestens über zwei Generationen hinziehen. Das vermittelt eine Ahnung davon, vor welchen zeitlichen Herausforderungen die Bundesrepublik stehen würde, wenn sie der Ehrlichkeit eine Chance gäbe.

Dem ohnehin überlasteten deutschen Haushalt drohen im Rahmen der Euro-Rettungspolitik zudem finanzielle Gefahren in unvorstellbarer Höhe. Ein vielstimmiger Chor fordert in unterschiedlicher Tonlage, aber in gleicher Tonart deutsches Geld, um Finanzprobleme anderer Länder zu lösen. Da die Folgen dieser Politik keineswegs eindeutig sind und sich reichlich gute Argumente dagegen finden lassen, greift die Regierung auf moralische Begriffe und Vorhaltungen zurück. Demnach muss die Republik endlich »Verantwortung« übernehmen, eine »Führungsrolle« akzeptieren, »Solidarität« zeigen oder »dankbar für Vorteile« sein.

Wenn Finanz- und Wirtschaftspolitik mit Begriffen aus der Binnenstruktur menschlicher Beziehungen unterfüttert wird, ist dies ein sicheres Zeichen dafür, dass es keine überzeugende Begründung für sie gibt. Nachdem die Kanzlerin mit ihrer Einsicht »Scheitert der Euro, scheitert Europa« jedoch einen wirtschaftspolitischen Blankoscheck ausgestellt hat, wird sie den Forderungen der Euro-Rettungsmaßnahmen in naher Zukunft wohl nachgeben und ein weiteres Mal tief in die Taschen der Enkel greifen müssen.

Das Geld wird denen später beim persönlichen Konsum ebenso wie dem Ausbau der Infrastruktur, der Förderung von Kunst und

Bildung, dem Sozialetat, dem Gesundheitswesen und der Umweltpolitik fehlen. Das Leben zukünftiger Generationen wird kärglicher: Discounter statt KaDeWe, Spessart statt Karibik und Nahverkehr statt SUV.

Lenin, den die Vierziger kurzfristig wiederentdeckt hatten, verdanken wir die Einsicht: »Der sicherste Weg zur Zerstörung des kapitalistischen Systems ist die Korrumpierung der Währung.«

Waren und sind wir in diesem Sinne alle Leninisten?

Kann das weg – oder ist das Kunst?

Stephan Weil, Niedersachsens neuer Ministerpräsident, möchte sich »Zeit lassen« bei der Suche nach einem Endlager für hochradioaktiven Atommüll. Das ist natürlich witzig gemeint, denn die Suche dauert schon mehr als fünf Jahrzehnte. So lange produzieren hierzulande Atomkraftwerke Strom. Sie hatten einst die Betriebserlaubnis unter der Auflage § 9a des Atomgesetzes erhalten, wonach »anfallende radioaktive Reststoffe (…) schadlos verwertet oder geordnet beseitigt werden« müssen. Seither ist noch kein Kilo der hochgiftigen neuen Materie entsorgt worden, und es wird täglich mehr.

Die Geschichte beginnt am 5. Mai 1955, als die Alliierte Hohe Kommission den Deutschen gegenüber das Verbot zur friedlichen Nutzung der Kernenergie aufhob. Noch im Oktober desselben Jahres richtete die Bundesregierung ein »Ministerium für Atomfragen« ein und betraute Franz Josef Strauß, den Bundesminister für besondere Aufgaben, mit dessen Leitung. Bundeskanzler Konrad Adenauer hatte die Aufgabe des neuen Atomministers knapp und präzise vorgegeben: »Etablierung einer deutschen Atomwissenschaft und Aufholen des Rückstandes zu den anderen Ländern«, wie sie dem Bayern in seinen *Erinnerungen* noch gegenwärtig ist.

Damit begann für die Republik das neuartige Projekt einer »langfristig überaus bedeutsamen Schlüsseltechnologie«, die zu ihrer Begründung neben unbegrenzter Energie und Unabhängigkeit vom Öl auch noch die Begrünung der Sahara anführen konnte. Wobei diejenigen, die nun begannen, sich in die komplexe Materie einzuarbeiten, bald begriffen, dass »die unschädliche Abführung radioaktiver Abfallstoffe eine Aufgabe ist, die gelöst werden muss, bevor der Bau eines Reaktors in der dicht besiedelten Bundesrepublik vertreten werden kann«, wie Ministerialdirigent Siegfried Heesemann vom Bundesministerium für Wirtschaft und Energie bereits Anfang 1955 eindeutig feststellte. Das Projekt lag zumindest zu Beginn in den Händen kundiger, problembewusster Beamter.

Ein Jahr später erkundigt sich Dr. Marienfeld vom Bundesministerium für Verkehr bei den Kollegen des BMWi über den Verbleib des Atommülls und begann einleitend: »Mit dem zunehmenden Anfall von radioaktivem Müll in der europäischen Atomindustrie dürfte das Problem der Beseitigung bzw. Vernichtung dieser Abfallprodukte dringlich werden.« Es wurde dringlich – so dringlich in der Tat, dass eine misstrauische Öffentlichkeit begann, kritische Fragen zu stellen.

Bevor die eigentliche Aufklärung zu den Vor- und Nachteilen der Atomenergie jedoch begann, mit dem Ziel, den mündigen Bürger für die neue Energieform zu begeistern, hatte Franz Josef Strauß bereits alles verbockt, indem er im August 1956 folgende Einsichten zu Papier brachte: »Aus den Pressenotizen und Zuschriften geht hervor, dass ihre Verfasser durchweg Laien sind, keine richtige und klare Vorstellungen von dem biologisch-physikalischen Sachverhalt haben und daher vielfach das Opfer und die Verbreiter einer ausgesprochenen ›Atom-Psychose‹ geworden sind.«

Eine schwerwiegende Diagnose, denn eine Psychose ist laut Sigmund Freud eine gravierende psychische Störung in Verbindung mit dem Verlust des Realitätsbezugs. Sie »verleugnet die Realität und versucht, sie zu ersetzen«. Wer ihr zum Opfer fällt, leidet lange und braucht dringend einen Arzt. Auf jeden Fall ist ein Psychotiker jemand, dem die Realität verloren gegangen ist, und niemand, den man ernst nehmen muss.

Für die Referenten und Abteilungsleiter in Ministerien wirken kritische Stimmen von außen selten als hilfreiche Handreichung, sondern in der Mehrzahl als ein lästiges, zeitraubendes Störgeräusch, das zwar zum Recht auf freie Meinungsäußerung gehört, das man im günstigen Fall jedoch überhören darf. Die Bemerkung ihres Ministers zur geistigen Verfassung der Atomkritiker hat Strauß' Mitarbeiter zweifellos darin bestärkt, ihren Kurs unbeirrt weiterzuverfolgen. Tatsächlich aber waren die Kritiker der Atomenergie, wie sich später herausstellen sollte, bei klarerem Verstand als deren Befürworter.

Dieser Umgang mit einer Generation, der das Widerwort zur lieben Gewohnheit werden sollte, bewirkte voraussehbar genau das Gegenteil von unkritischer Akzeptanz.

Die noch junge Republik sah sich also sehr bald den gewichtigen Herausforderungen von Entsorgung und Endlagerung und einem lauter werdenden Chor kritischer Stimmen gegenüber. Aber frühe Einsicht hat nicht immer zeitiges Gelingen zur Folge, so auch in diesem Fall. Rückblickend dürfen wir uns jedoch glücklich schätzen, dass der erste ernsthafte Versuch, hierzulande ein Endlager für hochradioaktive Rückstände einzurichten, gescheitert ist.

Im Jahr 1965 kaufte der Bund von der Wintershall AG das stillgelegte Kali- und Salzbergwerk Asse II bei Wolfenbüttel nahe der Zonengrenze. Dort wollte man ursprünglich langfristige Versuchsreihen durchführen, um zu erkunden, was atomare Rückstände in Salzstöcken auf Dauer anrichten würden. Im Einzelnen ging es um die Stabilität der Einlagerungsfässer, die Reaktionen der Salzstöcke auf die Prozesswärme und die Auswirkungen von Feuchtigkeit und Salzlaugen auf zukünftige Einlagerungen. Es gab in der Tat viel zu forschen, denn die Beseitigung großer Mengen stark strahlender Substanzen war eine Aufgabe, die damals weltweit neu auf der politischen und technischen Tagesordnung stand.

Für zukünftige Entsorgungspolitik galt deshalb die Einsicht: »Sicher geht vor billig, und billig geht vor zeitig.« Darin kam die richtige Erkenntnis zum Ausdruck, dass Sicherheitsmängel auf lange Sicht die teuerste Art der Entsorgung sein würden.

Experimente ließen sich zwar in den über hundert riesigen unterirdischen Kavernen von Asse II gut durchführen, aber »die veralteten Förderanlagen, die brandgefährdeten Belüftungsanlagen, die dauernd nötigen Abdichtungsarbeiten gegen Wassereinbrüche und schließlich die nicht näher bekannte Abbaupraxis sprachen gegen die Anlage« als Endlager. Zumal das Bundesministerium für Forschung und Wissenschaft überzeugt war: »Wenn man säkulare Zeiträume betrachtet, muss man davon ausgehen, dass die Grube zu einem nicht vorauszusehenden Zeitpunkt vollständig mit Salzlauge gefüllt sein wird.« Die natürliche Trockenheit von Salzvorkommen war jedoch ursprünglich der entscheidende Anlass gewesen, sich überhaupt nach Salzstöcken umzuschauen.

Am 17. Juni 1961 speiste das erste kommerzielle Atomkraftwerk in Kahl am Main trotz der ungelösten Einlagerungsprobleme erstmals Strom in das öffentliche Netz ein. Weitere folgten. Die deutsche Atomindustrie begann fortan, ununterbrochen strahlenden Abfall zu produzieren. Die Planungsprozesse kamen unter Zeitdruck, es entstanden unvorhergesehene Sachzwänge, die nach zeitnahen Lösungen verlangten. Im Lauf der folgenden Jahre veränderte sich infolgedessen unmerklich, aber mit einschneidenden Konsequenzen, die ursprüngliche Planungsphilosophie. Die Sicherheit trat in den Hintergrund, die Zeitigkeit gewann an Bedeutung: Hieß die Reihenfolge der Gewichtigkeit ursprünglich »sicher – billig – zeitig«, so hieß sie jetzt »zeitig – billig – sicher«.

»Insgesamt kann gesagt werden«, gaben die Vertreter der beteiligten Ministerien nach einer Begehung von Asse II plötzlich zu Protokoll, »dass die Anlage Asse für die Einrichtung eines Endlagers grundsätzlich geeignet erscheint. Positiv zu werten ist vor allem der Preis. Für die Sicherheit der unterirdischen Anlage besteht wohl keine Gefahr.« In dieser Aktennotiz ist die Sicherheit also bereits zu einem Problem geringer Bedeutung am Schluss der Überlegungen geworden.

Die daraus folgenden Entscheidungen ließen nicht lange auf sich warten. Es begann die Zeit der emsigen Verantwortungslosigkeit. Die Bemühungen um eine Entsorgungswissenschaft und die damit verbundenen Experimente wurden bis auf Reste eingestellt und die Asse II zum Endlager erklärt. In den nächsten Jahren wurden 126 000 Blechfässer mit schwach und mittelaktivem Atommüll, mehr als elf Kilogramm Plutonium und mehr als hundert Tonnen strahlenden Urans in die Asse eingebracht. Anfänglich wurden die Fässer noch ordentlich gestapelt, später vereinfachte man den Vorgang. Ein Radlader fuhr auf eine Laderampe am Rande einer der Kavernen und kippte die Fässer einfach in die Tiefe. Anschließend deckte man sie mit einer Ladung Salz ab. Die Rampe wurde ein Stück höher verlegt, und weiter ging's. Am Ende dann noch mal eine große Fuhre Salz drauf, und fertig war das Endlager für die Ewigkeit.

Auf alten Aufnahmen von der Einbringung der gelben Fässer mit ihrem strahlenden Inhalt sieht man einen flachen Radlader, der mit seiner Schaufel ein halbes Dutzend der Tonnen auf einen Haufen Fässer wirft, die bereits an einer abschüssigen Stelle wild durcheinander vor ihm liegen. Man darf vermuten, dass die frische Ladung die alten Tonnen weiter nach unten in die Dunkelheit rollen ließ.

»Wenn man viel und schnell lagern will, bringt diese Technik mehr«, wurde die gespenstische Entsorgungspraxis begründet, was gleichzeitig ein treffender Ausdruck für die neue Entsorgungsphilosophie war. »Viel« steht für billig, »schnell« für zeitig, während die Sicherheit überhaupt keine Rolle mehr spielt.

»Wir haben hier das einzige funktionierende Endlager der gesamten westlichen Welt«, brüstete sich der damalige Asse-Leiter Egon Albrecht. »Salz ist Trumpf.«

Auch die Regierung in Bonn machte sich die neue Entsorgungstechnik, die gerade noch rechtzeitig entwickelt worden war, zu eigen. In der dritten Auflage ihres Umweltprogramms von 1973 heißt es: »Die BRD hat mit dem Salzbergwerk Asse ein Endlager geschaffen, das nach vollem Ausbau die bis zum Jahr 2000 anfallenden etwa 250 000 Kubikmeter radioaktiver Rückstände aufnehmen kann.«

Da hier generell von »radioaktiven Rückständen« die Rede ist, darf angenommen werden, dass auch »hochradioaktive« gemeint waren. Bevor die erste Ladung jedoch eingelagert werden konnte, meldete sich Ende der Siebzigerjahre überraschend die niedersächsische Landesregierung, die bislang stillgehalten hatte, zu Wort: Es handle sich hier um Endlagerung; dem müsse letztlich durch ein Planfeststellungsverfahren Rechnung getragen werden. Gleichzeitig legte sie einen Zeitplan für das Verfahren vor und veranschlagte, unter Einbeziehung von Protesten, Gegenklagen, Anhörungen und notwendigen wissenschaftlichen Gutachten, mindestens sieben Jahre bis zu dessen Verabschiedung.

Allen Appellen von Bundesregierung und verschiedenen Ministerien zum Trotz blieben die Niedersachsen bei ihrer Haltung. Der weitere Betrieb der Asse als Endlager scheiterte, woran sonst, an der Drohung mit einem Planfeststellungsverfahren. Damit scheiterte auch in letzter Minute die geplante Einlagerung hochradioaktiver Rückstände.

Unter der Hand war die Asse bis zum Eingreifen der niedersächsischen Landesregierung zu einem Endlager geworden und galt als Modellfall für eine extrem sichere Einrichtung, die Zehntausende von Jahren dicht bleiben würde. Der damalige parlamentarische Staatssekretär im Bundeswissenschaftsministerium, Klaus von Dohnanyi, war überzeugt: »Das Eindringen von Wasser kann mit an Sicherheit grenzender Wahrscheinlichkeit ausgeschlossen werden.«

Tatsächlich aber entdeckten Ingenieure in der Asse bereits ein gutes Jahrzehnt später, im August 1988, einen ersten Wassereinbruch. Seither fließen täglich zwölftausend Liter Wasser nach. »Wir sehen uns absolut außerstande, die Zutrittsstelle abzudichten«, gibt ein Ingenieur unumwunden zu. Was vor allem daran liegt, dass es bislang nicht gelungen ist, die Herkunft der Wassermassen ausfindig zu machen. Die Asse hat sich seither zu einer Zeitbombe entwickelt. Denn das riesige künstliche Labyrinth unter dem sanften Höhenzug eines Harzausläufers kann jeden Augenblick in sich zusammensacken.

Im Februar 2013, fünfundzwanzig Jahre nach dem ersten Wassereinbruch, reagierte der Deutsche Bundestag und verabschiedete mit den Stimmen aller Fraktionen ein Gesetz zur Rückholung des Mülls an die Erdoberfläche. Die Zeit drängt, deswegen versucht man, die stets komplizierten Planungs- und Genehmigungsverfahren in diesem Fall zu beschleunigen. Es ist jedoch vorstellbar, dass die Natur in naher Zukunft die Sache selbst in die Hand nimmt und die Störenfriede aus den unterirdischen Schächten vertreibt. »Bislang haben wir die Situation noch im Griff. Aber wir müssen täglich damit rechnen, dass mehr Flüssigkeit eindringt«, befürchtet einer der Ingenieure unter Tage. »Dann wird das Bergwerk absaufen. Und uns bleibt nur die Flucht.«

Das Projekt der Entsorgung missratener Entsorgung ist einmalig auf der Welt. Keiner weiß, in welchem Zustand sich die Fässer unter den Salzschichten der Asse befinden, ob sie überhaupt noch dort liegen, wo sie einst abgelegt wurden, denn die Kavernen sind in ständiger Bewegung. Außerdem besteht der begründete Verdacht, dass in der Vergangenheit größere Mengen von zum Teil unbekannten Substanzen eingebracht worden sind. Deswegen wird man eigens Gerät entwickeln müssen, das sich ferngesteuert der Fässer annimmt. »Ganz genau wissen wir wenig«, gesteht eine Fachpolitikerin resigniert ein.

Das gilt auch für die Kosten der Entsorgung, die nach vorläufigen Schätzungen zwischen fünf und sechs Milliarden Euro liegen.

Bei der Zuverlässigkeit öffentlicher Finanzplanung kann es aber auch ein Mehrfaches werden. Nehmen wir an, die Kosten lägen in der Mitte der beiden Schätzwerte, so beläuft sich der Preis für jedes geborgene Fass auf vierzigtausend Euro. Der Einlagerungspreis lag einst bei dreihundert Euro. Was ein überzeugender empirischer Beweis für die Befürchtung ist: Wer an der Sicherheit spart, zahlt später hundertfach drauf.

Die eigentlichen Bergungsarbeiten werden frühestens in einem Jahrzehnt beginnen können, sodass die Rechnung, wie gehabt, von den Kindern und Enkeln der Vierziger beglichen werden muss. Entschuldigt hat sich, nebenbei, keiner der am Desaster Beteiligten, und viele von ihnen sind noch am Leben. Darunter sind kluge Köpfe, die es eigentlich besser hätten wissen können. Sie haben mitgemacht, verführt durch jene gefährliche Mischung aus Feigheit, Bequemlichkeit und kurzfristigen persönlichen Interessen, die vielen Katastrophen zugrunde liegt.

Trotz der unfassbaren Verantwortungslosigkeit von hochqualifizierten Wissenschaftlern, Unternehmern und Politikern müssen wir im Nachhinein jedoch dankbar sein, dass sie nach ihren eigenen Maßstäben versagt haben und die Verbringung hochradioaktiver Abfälle in ein gänzlich ungeeignetes Endlager durch ihre Unfähigkeit verhindert wurde. Nicht auszudenken, in welcher Situation wir uns heute befänden, hätte man jene 250 000 Kubikmeter Atommüll aller Intensitäten wie vorgesehen in der Asse eingelagert. Vermutlich wäre das Gemisch aus Plutonium, Uran und Tritium aufgrund seiner Wärmeentwicklung fest mit den Salzstöcken und anderem Gestein verbacken und nicht mehr herauszulösen gewesen. Als letzter Ausweg wäre dann nur noch die Flutung des Bergwerks geblieben und die Hoffnung, dass sich dieses Krebsgeschwür in der Mitte Deutschlands im Laufe der nächsten Jahrtausende entgegen seiner sonstigen Natur nicht weiterentwickeln würde.

Natürlich sind die Ereignisse um die Asse II in Form von Protokollen, Gesprächsnotizen, Vorlagen, Expertisen und Tagungsmitschriften bis in allen Einzelheiten festgehalten, dokumentiert und ordentlich abgelegt worden. Und man kann erschüttert verfolgen, mit welch geistigem und zeitlichem Aufwand die Beteiligten zielsicher in die Katastrophe steuerten, um schließlich genau des Gegenteil von dem zu bewirken, was sie sich vorgenommen hatten. Statt sicherer Endlagerung brachten sie nach unzähligen Sitzungen, Gesprächen und Papieren ein hochgiftiges Gebräu in instabilen unterirdischen Kavernen unter, bedroht von Wassereinbrüchen und Einstürzen. Statt die ursprünglichen Gefahren zu beseitigen, schufen diejenigen, die diese Entscheidungen trafen, zahllose neue Gefahren, die vor ihrem Eingreifen noch gar nicht bestanden hatten.

Die Bauern, Bürger und Studenten aus der Umgebung, die sich mit dem üblichen Protestgerät zu Wort meldeten, hatten mit ihren begrenzten Mitteln tiefere Einsicht als ihre materiell überlegenen Gegner. Ein erhabenes und tragisches Beispiel dafür, wie auch »rationale Herrschaft« und die sauberen Regeln ordentlicher, bürokratischer Abläufe ein Desaster zur Folge haben können.

Noch aber war das Problem der Endlagerung nicht gelöst. Nachdem die Tage der Asse bereits erkennbar gezählt waren, machten sich die Verantwortlichen unverzüglich auf die Suche nach anderen Lagerstätten. Die neuerlichen Erkundungen fanden bereits in der zweiten Jahreshälfte 1976 ein überraschendes Ende, als Gerd Lüttig, Professor der Geologie und ehemals Vizepräsident der Bundesanstalt für Geowissenschaften und Rohstoffe, auf Ministerpräsident Albrecht stieß, der wie er auf dem Weg zu einer Besprechung des niedersächsischen Energiebeirats war. Gerd Lüttig hatte zwischen 1972 und 1975 bundesweit zweihundertfünfzig verschiedene Salzstöcke für die Lagerung atomarer Reststoffe untersucht und in Klassen unterschiedlicher Eignung eingestuft. Er war ohne Zweifel einer der Kundigsten zum Thema im Lande.

Auf dem kurzen gemeinsamen Gang hat sich nach der Erinnerung des Professors, eines stattlichen Mannes, gekleidet in gedeckten Herbstfarben im »Prince of Wales Check«, ein bemerkenswerter Dialog abgespielt.

Albrecht unvermittelt: »Ich habe mich entschlossen. Ich habe Gorleben ausgewählt.«

Professor Lüttig überrascht: »Herr Dr. Albrecht, Sie wissen doch genau, dass Gorleben nicht auf meiner Liste der besonders gut geeigneten Salzstöcke steht.« Tatsächlich hatte sein Gutachten Gorleben einer dritten Gruppe von weniger geeigneten Standorten zugeordnet.

Albrecht: »Das macht nichts, das ist jetzt eine politische Entscheidung.«

Professor Lüttig: »Wem haben wir diese Schreckensnachricht zu verdanken?«

Albrecht: »Meinem Nachbarn, einem ehemaligen Bergwerksdirektor. Der hatte erfahren, dass ich einen grenznahen Standort suche, um die Ostzonalen zu ärgern, und mich auf Gorleben hingewiesen. Das sei groß, einsam und liege an der Zonengrenze, sei also der perfekte Standort für unser Vorhaben.«

So denken und handeln erwachsene Männer in öffentlicher Verantwortung, indem sie politische Pläne, technische Sachzwänge und in diesem Fall zusätzlich kindische Überlegungen mit den Gesetzen der Physik vermengen, die indes keine Neigung zeigen, Kompromisse einzugehen, um neben der gefahrlosen Endlagerung auch noch der DDR eins auszuwischen.

Anfänglich zögerte Bundeskanzler Helmut Schmidt dieser Überlegungen wegen. Es dauerte noch ein Dreivierteljahr, bis die Bundesregierung den Standort schließlich akzeptiert hatte. Dann aber machten sich Wirtschaft, Wissenschaft und Politik umgehend und unverdrossen an die Arbeit und verhalfen zwei Jahre später Albrecht zu der Einsicht: »Was einmal im Salz liegt, ist sicher von der Biosphäre abgeschlossen.«

Hatten die Beteiligten aus dem Desaster mit der Asse hinzugelernt? Zumindest der Standort war geschickt gewählt. Gorleben, eine Gemeinde mit sechshundert Einwohnern, liegt direkt an der Elbe gegenüber der ehemaligen DDR. Die nächstgrößere Stadt ist Wittenberge am jenseitigen Ufer des Flusses. Diesseits liegen, jeweils zwei Autostunden entfernt, Hamburg im Norden und Wolfsburg im Südwesten. Südlich schließt sich der riesige, menschenleere Gartower Forst an, mit fünftausend Hektar Fläche der größte Wald Niedersachsens in Privatbesitz.

Die Zonenrandgebiete, ein Streifen von etwa vierzig Kilometer Tiefe entlang der Demarkationslinie, die zur Grenze geworden war, hatten damals ihre natürlichen Verkehrs- und Verbindungslinien verloren. Aus Durchgangsstraßen waren Sackgassen geworden und aus lebendigen Dörfern verwaiste Weiler. Das Wirtschaftswunder war an dem verlassenen Streifen Land vorbeigegangen, der nur durch gezielte Förderung am Leben erhalten werden konnte. Man durfte also davon ausgehen, dass die Bevölkerung die unerwarteten Investoren mit offenen Armen empfangen würde. Und tatsächlich wurde Gorleben in kurzer Zeit zu einer der reichsten Gemeinden Niedersachsens. Folgerichtig stimmte der neunköpfige Gemeinderat 1981, nachdem Bundeskanzler Schmidt und Oppositionsführer Kohl persönlich vorstellig geworden waren, einstimmig dem Projekt zu.

Damit waren die notwendigen Entscheidungen auf der politischen Eben zwar unter Dach und Fach, aber zahlreiche Bürger und Bauern blieben skeptisch. Denn wenn Politiker von diesem Gewicht sich parteiübergreifend in einer gottverlassenen Gegend um Müllentsorgung kümmern, tut Skepsis guten Dienst.

Es dauerte nicht lange, und Gegner und Befürworter standen sich in der flachen Landschaft der Elbtalauen unversöhnlich gegenüber. Wobei die Gegner zweifellos im Vorteil waren, denn sie erhielten binnen Kurzem kundigen Zulauf aus dem bevölkerungsreichen Rest der Republik, während sich die lokalen Befürworter dem beschämenden Vorwurf ausgesetzt sahen, für ein paar Silberlinge die Heimat zu verkaufen.

Der epische Kampf um Gorleben hatte begonnen!

Seither sind fast vierzig Jahre vergangen. Nach wiederum ungezählten Anhörungen, Meetings, Gesprächen und Aktennotizen, Demonstrationen und Polizeieinsätzen, nicht zu vergessen die verschwendeten Steuergelder, sind wir heute erneut keinen Schritt weiter. Das ist der Fluch der bösen Einmischung von sachfremden Kriterien. Sie führt zwar stets zu den gleichen unerwünschten Ergebnissen, gehört gleichwohl untilgbar zum Repertoire politischer Entscheidungen.

Im Herbst 2013 senkte sich der vorläufig letzte Vorhang zu diesem Trauerspiel. Bundestag und Bundesrat nahmen sich der Sache wieder an. Allerdings bediente man sich in der Zwischenzeit einer anderen Sprache. Während einst zum Thema in der zurückhaltenden Wortwahl von Bürokraten, die etwas zu verbergen haben, gesprochen wurde, herrschte jetzt der pathetische Ton für eine Zukunft, deren Teil man nicht mehr sein würde und für die man nicht mehr zur Verantwortung gezogen werden konnte. Der baden-württembergische Ministerpräsident Winfried Kretschmann sprach von »theologischen Zeiträumen«, und Jürgen Trittin erinnerte daran, dass es darum gehe, »einen Platz zu finden für den gefährlichsten Müll, den die Menschheit je produziert hat«. Gefährlich und vor allem langlebig, denn ein Lager muss eine Million Jahre sicher bleiben. Zur Erinnerung: Asse II hielt gerade einmal ein Jahrzehnt.

Hinzu kommen die unvorstellbar großen Mengen Abfall und Rückstände, die nach der neuerlichen Energiewende zusätzlich anfallen werden. Bis ins Jahr 2080 wird man in Deutschland mit der Beseitigung des Mülls beschäftigt sein, und »das ist eine konservative Schätzung«, sagen Leute vom Fach, »bei der nichts dazwischenkommen darf«. Das aber wäre aller Erfahrung nach die unerhörte Ausnahme, sodass Enkel und Urenkel der Vierziger gut und lange zu tun haben dürften, der Hinterlassenschaft Herr zu werden.

Was macht der kluge Politiker, auch eingedenk der Erfahrungen mit Asse II und Gorleben, in einer solchen Situation? Er legt ein ordentliches Zeitpolster zwischen heute und dem zukünftigen Zeitpunkt der vorläufig endgültigen Entscheidung und verkauft die Unentschlossenheit als verantwortungsbewusste Denkpause. Eine öffentlich tagende Kommission aus dreiunddreißig Politikern, Wissenschaftlern und Verbandsvertretern soll jetzt bis Ende 2015 Kriterien für ein Endlager entwickeln.

Danach will man sich weitere siebzehn Jahre Zeit lassen, um zu entscheiden. Was immerhin von einem bemerkenswerten Misstrauen gegenüber der Entschlusskraft der aktuellen Politikergeneration zeugt. Dann werden, nebenbei, die ersten Vierziger seit fünfundzwanzig Jahren in Rente sein. Es war ihnen zu mühsam gewesen, sich auf einen Endlagerstandort festzulegen. Vielleicht waren sie auch überfordert, denn diese Entscheidung hätte Mut, Durchsetzungsvermögen und Standfestigkeit erfordert, ebenjene Eigenschaften, die unverzichtbar sind, um Politik als »ein starkes, langsames Bohren von harten Brettern mit Leidenschaft und Augenmaß zugleich« zu betreiben.

Mut, Durchsetzungsvermögen und Standfestigkeit – das war das Ding der Vierziger echt nicht. Stattdessen kippten sie den Müll vor die Haustüren ihrer Kinder und Enkel, die sich nach dem Atomausstieg um die Hinterlassenschaft einer Energieform kümmern müssen, von der sie höchstens in früher Jugend einige Kilowattstunde abbekommen haben.

Menschen existieren seit etwa hunderttausend Jahren, die Halbwertszeit von radioaktivem Müll kann bis zu einer Million Jahre betragen. Die Natur hatte einst die Büchse der Pandora versiegelt, bevor sie den Menschen in die Welt entließ. Die Vierziger haben sie bedenkenlos aufgebrochen, um für einige wenige Jahre

Energie im Überfluss zu haben. Anstatt danach aufzuräumen, wie es sich für wohlerzogene Gäste gehört – und solche nur sind auch die Vierziger auf Erden –, hinterlassen sie der nachfolgenden Generation einen Saustall von nie da gewesener zeitlicher Tiefe und Gefährlichkeit.

Ob der dritte Anlauf erfolgreich sein wird, ist auch nicht ausgemacht. Bleibt die Sicherheit wichtigstes Prinzip, oder werden Kosten und Zeitdruck, wie in der Vergangenheit, erneut die Herrschaft übernehmen, wie einige Kritiker bereits befürchten? Das Projekt wäre gescheitert, bevor es überhaupt begonnen hat.

In der Folge würde jedoch lediglich fortgesetzt, was in den kommenden drei Jahrzehnten ohnehin gängige Praxis sein wird: Der hoch radioaktive Müll wird, eingeschlossen in Castor-Behältern, in Hallen stehen und zuwarten. EU-Energiekommissar Günther Oettinger schlug deshalb Anfang Juli 2013 vor, auf ein Endlager zu verzichten und den Atommüll in »begehbaren Tiefgaragen« einzulagern. Das hätte »den großen Vorteil, dass unsere Enkel vielleicht bessere Ideen zur Endlagerung haben und man darauf reagieren kann«. Kurz gesagt: Oettinger hat Nichtstun im Gewand vernünftiger Überlegungen vorgeschlagen. Dafür ist er zwar heftig gescholten worden, aber vermutlich hat der gute Mann recht: Die menschliche Organisationskraft und Zukunftsplanung, zumindest die der Vierziger, ist mit einem Lager, das Hunderttausende von Jahren sicher halten soll, überfordert. Wenn der Atommüll erst einmal in die Salzstöcke eingebracht wurde, wird er nicht mehr zurückzuholen sein. Fehler könnten nicht mehr korrigiert werden. Was immer in den Tiefen geschieht, die Nachfahren müssten es auf alle Zeiten geschehen lassen, ohne eingreifen zu können.

Bedanken wir uns also bei der listigen Vernunft, die trotz zahlreicher falscher Entscheidungen ein richtiges Ergebnis bewirkt hat. Die Vierziger haben etwas Vernünftiges zuwege gebracht, indem sie auf ganzer Linie versagt haben.

Exkurs:
Die Männergruppe – ein Rekonstruktionsversuch nach Notizen von Henning Müller

Es ist, ausweislich des vorliegenden Sitzungsprotokolls, der 23. Februar 1973. In einer Studentenbude am Marktplatz einer süddeutschen Kleinstadt haben sich ein Dutzend Männer zwischen zwanzig und Anfang dreißig eingefunden. Der Raum ist für seinen Zweck ungewöhnlich groß und hatte vermutlich als Wohnzimmer der Eltern und Großeltern der jetzigen Besitzer, die ein ganzes Stockwerk ihres alten Fachwerkhauses an Studenten vermietet haben, gedient. Dafür spricht der dunkelgrüne Kachelofen, der eine Ecke des Zimmers ausfüllt.

Dem studentischen Untermieter, der an der philosophischen Fakultät eingeschrieben ist und nebenbei Cello im Universitätsorchester spielt, dient der Raum als Schlaf-, Wohn- und Studierzimmer. Auf Stühlen, einem mächtigen Sofa von unbestimmbarer dunkler Farbe und zwei verschlissenen Sperrmüllsesseln haben sich seine Gäste niedergelassen. Die Älteren unter ihnen sind durchweg Veteranen der außerparlamentarischen Opposition. Sie haben bereits einiges erleben dürfen, wie den Verkauf der »Roten Fahne« vor den Daimler-Werktoren, die Organisation und Teilnahme an ungezählten Demonstrationen und Teach-ins, und schließlich, nach dem Attentat auf Rudi Dutschke, den Höhepunkt: die erfolgreiche Blockade der Esslinger Druckerei Bechtle, in der die südwestdeutsche Ausgabe der *Bild*-Zeitung gedruckt wurde: »Springer Bechtle, Springer Knechtle«.

Dass ihnen zum Abschluss ihrer revolutionären Karrieren und kurz vor dem Eintritt in ein bürgerliches Leben die Frauenbewegung in die Quere kommen würde, hätten die APO-Altgedienten nicht gedacht. Aber sie ist nun einmal da und fordert unerbittlich ihren Tribut. Vergangene Woche sind drei von ihnen mit Kissen unter den Pullovern und der Parole »Mein Bauch gehört mir« bei einer Demo gegen den Paragrafen 218 durch die Stadt gezogen und dabei brav hinter einem halben Dutzend vermummter Frauen hergetrottet, die auf einer Art alter Landsknechtstrommeln einen ungeschickten Lärm machten, der nichts Gutes verhieß.

In der Mitte des Raumes stehen zwei volle Bierkästen, aus denen sich jeder für eine Mark zehn bedienen kann.

»Hat einer 'nen Groschen für mich?«

Gefäße der verschiedensten Art dienen als Aschenbecher. Die Nichtraucherkampagnen späterer Jahre liegen noch in weiter Ferne.

An diesem Abend findet die zweite Sitzung einer neuen Form der Gesellung statt: der Männergruppe. Ihr Ziel ist es, im Kollektiv die endlose Geschichte der Unterdrückung der Frauen aufzuarbeiten, um anschließend gemeinsam einer befreiten Zukunft entgegenzugehen. Das ist leichter gesagt als getan, denn die Genossen neigen als Produkte bürgerlicher Erziehung gelegentlich zu dominantem und chauvinistischem Verhalten, ganz zu schweigen von ihrer Scheu, persönliche Probleme preiszugeben. Diese uralten Bestandteile ihrer Persönlichkeitsstruktur werden nur unter großen Anstrengungen zu entsorgen sein.

Aber die Sache gerät in Bewegung. Bei der SDS-Delegiertenversammlung in Hannover ist es zu einem viel diskutierten Zwischenfall gekommen: Der Frankfurter Weiberrat hatte dort seinen Rechenschaftsbericht auf Flugblättern abgeliefert. Auf ihnen sieht man eine Frau, die, nur mit einem mittelalterlichen Henkershut bekleidet, locker hingestreckt auf einer Chaiselongue ruht. In der Rechten hält sie ein Henkerbeil. Über ihr an der Wand sind die Geschlechtsteile führender Genossen in unterschiedlicher Größe und Machart wie Hirschgeweihe in einer Jägerklause aufgespießt. Ziel der Flugblattaktion war die Befreiung »der sozialistischen Eminenzen von ihren bürgerlichen Schwänzen«. In der untersten Zeile des Rechenschaftsberichts waren zudem durch fortlaufende Nummerierung die aufgespießten Objekte echten Genossen zugeordnet. Einer von ihnen wehrte sich allen Ernstes mit dem weinerlichen Hinweis, es »sei doch schade um die schönen Schwänze«. Die gehörten nicht an die Wand, sondern recht eigentlich »in die Scheiden junger Genossinnen«. Was bezeugt, wie dringend notwendig die Aktion gewesen war.

Die Betroffenen fanden das alles »sehr witzig«, also überhaupt nicht witzig, sondern interpretierten den harmlosen Scherz als Aufforderung zur Kastration, was die verantwortlichen Frauen wiederum mit vieldeutigem Schweigen zur Kenntnis nahmen. Und überhaupt, sind die Männer überzeugt, sei das Frauenproblem ein Nebenwiderspruch und deswegen für den Klassenkampf ungeeignet. Dem hält der Psychoanalytiker Peter Fürstenau entgegen: »Die Frauenfrage ist für das Gedeihen der Gesellschaft wie für das Glück des Einzelnen zentral«, was wiederum Herbert Marcuse für Unfug hält: »Solange die Gesellschaft repressiv bleibt, bringt die Emanzipation der Frau in ihr nicht die erhoffte Befreiung.« Die Auseinandersetzungen beginnen also heftig zu wogen.

»Ohne Männergruppe kein Geschlechtsverkehr«, hatten die Frauen daraufhin gedroht und damit selbst verbockte Genossen zu sensiblen Frauenverstehern bekehrt. »Softies« hießen die damals.

Jahre später wird sich zeigen, dass die Frauen- neben der Schwulenbewegung die nachhaltigsten Erfolge erzielt haben wird. Deswegen wird ihr unser Hausphilosoph, der nette Jürgen Habermas, den Ehrentitel »einzige radikale Emanzipationsbewegung« verleihen. Den hätte er natürlich gern für sich selbst in Anspruch genommen. Aber solange er keine Gesprächspartner gefunden hat, um im Rahmen einer ideellen Gesamtkommunikation alle Probleme zu lösen, wird er wohl noch warten müssen.

Der Geruch von alter Wäsche und eine Stimmung von Buße, Reue und der Bitte um Vergebung liegen in der Luft.

Nachdem sich herausgestellt hat, dass der Protokollant der ersten Sitzung zum Fehlen kommt – »das fängt ja gut an« –, erklärt sich Henning, ein Germanistikstudent im vierten Semester, bereit, diesmal »echt wirklich« ein Protokoll vorzulegen, denn: »Leute, wir schreiben hier Geschichte!« Aus Hennings Protokoll wird im Folgenden zitiert werden.

Es folgt eine kurze, aber heftige Auseinandersetzung zur Frage, ob das Protokoll vervielfältigt oder lediglich vorgetragen werden soll.

»Lass uns ehrlich sein: Die Hälfte der Papiere bleibt im Rebstock liegen, und die andere Hälfte wird nie gelesen. Das führt doch nur dazu, dass hier keiner richtig zuhört«, vertritt Uli Baumann früh eine umweltbewusste Position. Schließlich einigt man sich auf Vortrag und zwei Exemplare für einen Leitzordner, der allerdings noch angeschafft werden muss.

Rainer, ein kluger und belesener Altphilologe, vor dem eine Zukunft als Lateinlehrer liegt, hat auftragsgemäß ein kleines Referat über den Schweizer Anthropologen Johann Jakob Bachofen vorbereitet. Dieser hatte im vorletzten Jahrhundert die nie bewiesene These vertreten, die erste und natürliche Stufe in der Entwicklung der Menschheit sei der »Hetärismus« gewesen. Damals, im Naturzustand, gab es demnach weder Gesetze noch Heirat, und der gesellschaftliche Zusammenhang wurde ausschließlich über die »natürliche Produktivität der Frauen« gestiftet. Im Laufe der weiteren Entwicklung entmachteten unsere männlichen Vorfahren erbarmungslos die einst dominanten Frauen und richteten sich das Patriarchat mit all seinem schändlichen Beiwerk ein.

In ihm leben wir heute noch, obschon wir seit einigen Wochen dagegen sind.

»Ich stelle fest: Das Patriarchat ist ein großes Verbrechen an der Frauenklasse«, meldet sich Chris Weiss, der gerne einen Lacher für sich in Anspruch nimmt, als Erster zu Wort.

»Das ist 'ne ernste Sache«, wird er zurechtgewiesen.

»Ich mein ja nur!«

»Stimmt das denn alles?«, gibt einer vorsichtig zu bedenken. »Ich höre davon zum ersten Mal.«

»Engels bezieht sich auf Bachofen« – was damals höchste Verbindlichkeit bedeutete.

Ein Soziologe unter den Anwesenden bezweifelt, ob eine Gesellschaft ganz ohne Gesetze und soziale Vorschriften zusammenhalten würde.

»Nerv nicht mit deinem funktionalistischen Mist«, wird er ermahnt und verstummt.

»Wie hat man sich das Zusammenleben damals vorzustellen? Jeder mit jedem?«

»Jede mit allen!«

»Wer hat sich um die Kinder gekümmert? Hausbau? Essen? Gab es Arbeitsteilung? Ich finde das alles verwirrend und sehr weit entfernt von dem, wie wir heute leben. Ich meine, ist das für uns überhaupt noch relevant?«

Der Altphilologe mischt sich ein und schafft Klarheit. »Ihr müsst davon ausgehen, dass unsere heutige Gesellschaft mit den natürlichen Bedürfnissen des Menschen gründlich aufgeräumt hat. Sie sind unter das Joch der Kapitalverwertung geraten und spielen nur noch eine nebensächliche Rolle. Aber das wisst ihr. Die ursprünglichen, natürlichen und freien gesellschaftlichen Verhältnisse können wir uns heute nicht einmal mehr vorstellen, was bezeugt, wie weit wir uns von unserer eigentlichen Natur entfernt haben.«

Der einzige durchdachte Atheist unter den Anwesenden, ein Student der evangelischen Theologie, weist darauf hin, dass die christliche Vorstellung vom Paradies sich auf diesen Urzustand bezieht.

»Können wir den wieder aktualisieren?«

»Als Kommune auf entlegenen Bauernhöfen vielleicht, aber nicht als gesellschaftliches Projekt. Wir können nur versuchen, einzelne Momente jener Zeit zurückzugewinnen, und dazu gehört eine Frauenbewegung, die weit über die Emanzipation am Arbeitsplatz hinausgeht.«

»Die trotzdem ein wichtiger Schritt in die richtige Richtung ist!«, ruft ein DKP-Sympathisant, der aufgepasst hat, dazwischen.

»Und was lehrt uns das jetzt?«

Die Anwesenden sind ratlos. Sie stehen unversehens am Beginn einer langen Strecke Wegs und wissen nicht, welche Richtung sie einschlagen sollen. Den Revolutionären wächst eine andere Revolution über den Kopf, die ihnen so fremd und unheimlich ist wie die Lobby eines Luxushotels. Sie haben keinen Begriff von dem, was sich da so unerwartet abspielt, keine Ahnung, wohin die Reise gehen soll, und vor allem keinen Gegner.

»Gegen wen müssen wir denn kämpfen?«

»Gunter Sachs?«

»Udo Jürgens?«

»Ich fürchte, unsere zukünftigen Gegner sind wir selbst.«

»O ja, das wird eine tolle Bewegung. Da wird das System aber zusammenzucken, wenn vereinzelte Männer in Zukunft gegen sich selbst vorgehen.«

»Vergiss das System!«

Neues Thema, heißt es an dieser Stelle dick unterstrichen im Protokoll, das Henning eine Woche später vortragen wird, und etwas steif fährt es fort: »Die Gruppe beschließt, die Aufarbeitung der Vergangenheit vorläufig beiseitezulegen. Stattdessen soll jeder von seinen persönlichen Problemen und Bedürfnissen gegenüber Frauen berichten. Wir wollen herausfinden, ob es Gemeinsamkeiten gibt, die wir gemeinsam lösen können.«

»Heißt?«

»Jeder muss von sich erzählen.«

Genau das hatten alle befürchtet. Zur Ratlosigkeit gesellen sich jetzt Unbehagen und Zaghaftigkeit. Aus wetterfesten Genossen, die in der Vergangenheit furchtlos gegen die fest geschlossenen Reihen der Göppinger Bereitschaftspolizei angerannt waren, werden im Handumdrehen kleinmütige, verunsicherte Männer, die sich liebend gern an jedem anderen Ort der Welt wiedergefunden hätten.

»KaDeWe«, Karl Deschner aus Wengen, macht schließlich den Anfang.

»Wenn wir uns nicht selbst befreien, wird sich nichts verändern.«

Bedächtiges Nicken.

Ab jetzt besteht das Protokoll aus längeren Dialogen und zusammenhanglosen Stichworten. Letztere sind diskursiv wiedergegeben.

»Meine Freundin …«

»Freundin?«

»Ja, zum Teufel, wie denn?«

»Einfach der Vorname.«

»Also gut, wenn's dem Fortschritt dient. Sybille ist seit Neuestem dabei, ständig unsere Beziehung zu thematisieren.«

»Anke auch!«

»Das ist total nervig, ich habe nämlich nichts zu meckern, und genau das stört sie. Aber was soll ich machen? Soll ich was erfinden? Gut, ich sehe Dieter Thomas Heck im Fernsehen.«

»Du auch?«

»Kenn ich! Ständig problematisiert Anke ohne erkennbaren Grund irgendwas: mein Verhalten in der Gruppe, meine Fixierung auf Männer im Gespräch, mein Verhältnis zur Sexualität, mein Versuch, eine Hilfsassistentenstelle zu ergattern.«

»Was ist mit Sex? Muss ich jetzt zuwarten oder darf ich weiterhin von mir aus aktiv werden?«

Befreiung der Sexualität von gesellschaftlicher Repression, kann es bereits heute einen befreiten, erotischen Rückzugsbereich geben?

»Meine Schwierigkeit mit Frauen ist eher die, überhaupt eine zu finden.«

Affektive Entleerung der Erotik?

»Ich komme mir vor, als ob ich in einer dieser Schneekugeln eingesperrt wäre und ständig geschüttelt würde.«

»Geht mir genauso, nur in einer Achterbahn.«

Grund unter den Füßen!

Glück kann man in Zukunft vergessen!

»Meine Freundin hat mir kürzlich vorgeworfen, sie fände sich nicht in mir. Keine Ahnung, was sie meint.«

»Ihr seid immer noch zusammen?«

Schulterzucken.

»Emotionen sind nicht so mein Ding, die hat man oder nicht, da gibt es wenig drüber zu reden.«

Dauerdiskussionen als neue Form der Machtergreifung.

Verlust der Selbstverständlichkeit!

»Ulla hat mir am Wochenende eröffnet, dass sie Bewegungslesbe werden möchte.«

»Was bitte?«

»Sie ist eigentlich nicht lesbisch, im Gegenteil. Aber um sich von uns Männern zu befreien, wird sie in Zukunft Lesbe, dann brauche sie uns nicht mehr, sagt sie.«

Tom, der bislang geschwiegen hat, trägt plötzlich einen Zweizeiler vor: »Wo einst der Kampf der Klassen war, streitet heut das Ehepaar!«

Schlampigkeit + Aufräumen+ Küchenarbeit! Joghurtbecher??

»Meine Freundin hat seit einiger Zeit eine Liebschaft.«

»Ich glaube, so sagt man heute nicht mehr.«

»Wie denn sonst?«

»Weiß ich auch nicht. Klingt aber eher gestrig.«

»Muss ich das jetzt einfach und ohne Daueranklagen akzeptieren, weil sie keine Lust hat, über verschüttete Milch zu reden, und Eifersucht eine Folge von Analfixierung sei?«

Darf man noch eifersüchtig sein?

»In der Falle haben wir, zugegeben, unsere Schwierigkeiten. Ich will, was sie nicht will. Und sie will, was ich nicht mag.«

»Was denn?«

»Sag ich nicht.«

»Sie bläst dir keinen.«

Die Männer sind wie vom Donner gerührt. Einige lachen hysterisch.

Nur Christian, der allerdings schwul ist, lacht herzlich und macht ein Angebot, ohne dass recht klar wird, worin es eigentlich besteht: »Da kann ich gerne aushelfen!«

Es dauert eine Weile, bis das Gespräch stockend wieder in Gang kommt, aber der Redefluss bleibt unterbrochen. Es wird wieder sachlich.

»Wir sollten eine Resolution verabschieden.«

»Mit was drin?«

»Weiß noch nicht so genau. Mit Benachteiligung am Arbeitsplatz zum Beispiel.«

»Ich glaube nicht, dass die Frauen das von uns erwarten.«

Kurz darauf schlägt die Glocke im Rathausturm zur elften Stunde. Der Gastgeber öffnet die Fenster, denn in der Zwischenzeit sieht man durch den Zigarettenrauch die eigene Hand vor Augen nicht mehr. Die kleine Gesellschaft bricht zufrieden und tatendurstig auf und zieht gemeinsam in den nahe gelegenen Rebstock, wo sie sich mit ihren Freundinnen verabredet haben, die nicht wenig stolz sind auf ihre Helden aus der Männergruppe.

Warme Zeiten

»Der Mensch befiehlt der Natur, indem er ihr gehorcht.«

Francis Bacon

Kopenhagen, im Dezember 2009. Mein WDR-Kollege Rangar Yogeshwar hatte mich in die dänische Hauptstadt zur 15. Konferenz der Vertragsstaaten der UN-Klimarahmenkonvention geschickt, um von dort für eine von ihm moderierte Sondersendung zu berichten. Die Konferenz galt als bislang wichtigste Etappe der endlosen Bemühungen um eine weltweit verbindliche Strategie zur Verhinderung eines unbeherrschbaren Klimawandels. In Sonderheit ging es um die Verlängerung und Ausgestaltung des sogenannten Kyoto-Protokolls.

Anlässlich der Konferenz hatten sechsundfünfzig Zeitungen aus vierundvierzig Ländern gemeinsam einen ungewöhnlich dramatischen Appell an die Verantwortlichen veröffentlicht.

»Die Menschheit vor dem Ernstfall! Jede zweite Spezies könnte aussterben, Millionen Menschen heimatlos werden, Nationen im Meer versinken. Wenn Kopenhagen scheitert, droht Horror!« Die notwendigen Gegenmaßnahmen würden »viel Geld kosten, aber viel weniger als die Rettungsaktionen für die Banken – und sie werden weitaus billiger sein, als wenn nichts geschieht«. Es war also höchste Zeit geworden.

In Kopenhagen wurde in jenen trüben, kühlen Dezembertagen somit über einen besonders problematischen Nachlass der Vierziger und über die Zukunft von deren Enkeln und Urenkeln entschieden.

Aus Gründen, die eng mit dem Zustand der Berliner S-Bahn als Subunternehmen der Deutschen Bahn zusammenhingen, verpasste ich meinen Flug von Schönefeld nach Kopenhagen. Da die Dreharbeiten in der Frühe des nächsten Tages beginnen sollten, nahm ich stattdessen den Zug um 16.16 Uhr ab Berlin Hauptbahnhof, erreichte mein Ziel eine Stunde nach Mitternacht und ging zu Fuß in mein Hotel, das nur wenige Schritte vom Bahnhof entfernt lag. Dort angekommen, erfuhr ich, dass man mich bereits im Laufe des späten Vormittags erwartet habe, und da ich weder eingetroffen sei noch mich gemeldet hätte, sei mein Zimmer anderweitig vergeben worden.

Ob ich in einem anderen Hotel unterkommen könnte, wollte ich wissen.

»Bezweifeln wir. Die Stadt ist voller Menschen wegen der Konferenz. Sie wissen schon.«

Während ich noch unschlüssig in der Lobby stand und ergebnislos überlegte, wo ich die Nacht verbringen könnte, kam eine Dame meines Alters, die im Hintergrund das Missgeschick beobachtet hatte, auf mich zu. Sie hieß Fenja, wie sich bald herausstellte, hatte gerade die Abendschicht an der Rezeption des Hotels beendet und war auf dem Weg nach Hause. Sie habe, erzählte sie, ihre Wohnung Wegbegleitern der Konferenz zur Verfügung gestellt. Ein junger Mann aus Australien sei nicht erschienen und deswegen eine Schlafstelle frei, die sie mir gerne anbieten würde. Das sei vermutlich meine einzige Chance, fügte sie hinzu, heute Nacht noch ein Dach über dem Kopf zu finden.

Ich bedankte mich für das überraschende Angebot, und wenige Minuten später fuhren wir in ihrem Auto durch das nächtliche Kopenhagen.

Es dauerte etwa eine halbe Stunde, bis wir in Fenjas geräumiger Wohnküche standen. Um einen Tisch herum saßen ihre Gäste bei einheimischem Bier vor ihren Laptops und unterhielten sich über den langen Tag auf der Konferenz. Es waren ihrer drei. Drei von über 27 000 Delegierten, Journalisten, NGOs und besorgten, meist jungen Menschen, die sich für vierzehn Tage zu »einem der größten Treffen der Diplomatiegeschichte« in der dänischen Hauptstadt eingefunden hatten. Viele von ihnen hatten Zeit und Geld geopfert und waren angereist, um die Mächtigen der Welt zu bitten, die notwendigen Maßnahmen zur Begrenzung des weltweiten Temperaturanstiegs zu ergreifen.

Die drei staunten nicht schlecht über den alten Knaben, der sich ihnen so unerwartet zugesellte, denn die freiwilligen Begleiter der großen Klimakonferenzen sind im Durchschnitt um einiges jünger als Leute wie ich. Vier Flaschen Wein, die ich vorsorglich eingepackt hatte, und mein Beruf als Fernsehkorrespondent versöhnten sie dann schnell mit meinem vergilbten Geburtsdatum. »Für jeden eine«, wie Eliot, ein lang aufgeschossener Amerikaner, erwartungsvoll bemerkte.

Wir beschlossen, die Korken knallen zu lassen.

»Alkohol ist in diesem Land richtig teuer«, erläuterte Eliot. Er kam aus New York und hatte sich vor drei Jahren der Klimakonferenz angeschlossen. Seinen Lebensunterhalt verdiente er in einer Rechtsanwaltskanzlei. »Ich verbringe hier mehr Zeit, als mir Urlaub zusteht, aber mein Arbeitgeber unterstützt das, was ich hier tue.«

Wie viele Tage Urlaub er im Jahr habe?

»Zehn!«

»Damit kommt man kaum bis nach New Jersey.«

»Und wer will dort schon seinen Urlaub verbringen?«

»Es sei denn, du kommst aus Winesburg, Ohio.«

Er lachte.

»You are cool for your age, man!«

Ich nahm's als Kompliment.

Debbie, schmal und brünett, hatte ein reizendes kleines Muttermal auf der linken Oberlippe.

»That's as close as I get to Cindy«, erklärte sie mit jenem strahlend optimistischen Gesichtsausdruck, wie er nur Amerikanerinnen gelingt. Sie kam von der Westküste und studierte dort Umwelt. In den Armen hielt sie eine Gitarre, auf der sie leidlich herumklimperte.

Kiano, der Dritte im Bunde, behauptete, in Soweto, Südafrika, beheimatet zu sein. Er sei »eine Art Schlachtenbummler« und tauche weltweit überall dort auf, wo engagierte Jugend sich zur Wehr setzte.

Die drei und jener Australier, dessen leere Schlafstelle mir die Nacht rettete, hatten sich über das Internet gefunden und in Kopenhagen verabredet, um, in Vertretung der Weltjugend, die politisch Verantwortlichen um einen positiven Ausgang der Konferenz zu bitten.

Wir Deutschen, so erfuhr ich, hatten damals in Klimaschutzkreisen einen guten Ruf, was einem im Ausland sonst eher selten passiert. Auf Angela Merkel ruhte ein Gutteil der Hoffnungen dieser jungen Leute, das Kyoto-Protokoll vom Dezember 1997 fortzuschreiben – gegen die sturen Chinesen, egoistischen Russen und zögerlichen Amerikaner. Wobei wir, der Gerechtigkeit halber, nicht vergessen wollen, dass mit der Einrichtung des Yellowstone-Nationalparks durch den amerikanischen Kongress im Jahr 1872 der moderne Naturschutz überhaupt erst begonnen hatte.

In Kyoto, der alten Kaiserstadt in Zentraljapan, hatten die Teilnehmer der Umweltkonferenz damals beschlossen, dass der weltweite Ausstoß an Treibhausgasen, die für die Klimaerwärmung verantwortlich sind, bis zum Jahr 2012 gegenüber dem Stand von 1990 um 5,2 Prozent verringert werden solle. Ziel aller Bemühungen sollte es sein, den Klimaanstieg auf zwei Grad zu begrenzen.

Abgesehen davon, dass diese Vorgaben nie erreicht wurden, im Gegenteil, 2010 war das Jahr mit den weltweit größten je gemessenen Kohlendioxid-Emissionen, waren jene 5,2 Prozent nur als erster kleiner Schritt in die richtige Richtung gedacht, um den weltweiten Prozess der Treibhausgasreduktion überhaupt in Gang zu bringen. Demnach sollte das Kyoto-Protokoll 2012 auslaufen und anschließend durch anspruchsvollere Vorgaben ersetzt werden.

Die Sache ist im Detail, als Folge vielfältiger nationaler Interessen, unendlich kompliziert, im Ganzen betrachtet jedoch schnell erklärt. Wissenschaftler haben verbindlich ausgerechnet, wie viele Tonnen CO_2 die Weltgemeinschaft bis zum Jahr 2050 in die Luft pusten darf, um die Klimaerwärmung auf zwei Grad zu begrenzen. Diese Menge geteilt durch die Anzahl der Jahre bis zur Mitte des Jahrhunderts ergibt die jährlich zulässige Tonnage an CO_2. Wird mehr verbraucht, muss in den folgenden Jahren zusätzlich eingespart werden.

In der Zwischenzeit war jedoch bereits so viel CO_2 in die Atmosphäre gelangt, dass bei gleichbleibend hohen Emissionen das vorhandene Budget bereits im Jahr 2027 ausgeschöpft wäre und das Klima in der Folge um etwa vier Grad steigen würde. Unsere Enkel und Urenkel würden also in einer anderen Welt leben müssen, wenn auf der Umweltkonferenz in Kopenhagen nicht die notwendigen Maßnahmen beschlossen und in Angriff genommen würden, um die zwei Grad noch in die Tat umzusetzen. Strittig war in Kopenhagen, wie bereits zu Beginn der jährlichen Klimakonferenzen vor etwa zwei Dekaden, wer, wann und wie viel zu sparen hatte und wer wem wie viel bezahlen musste. Also im Grunde alles!

Meine neuen Bekannten hatten deswegen Freizeit, Urlaub und Geld geopfert, um vor Ort durch Demonstrationen und Aktionen die versteinerten Verhältnisse in der internationalen Klimapolitik zum Tanzen zu bringen. Dabei war es auch zu heftigen Auseinandersetzungen mit der dänischen Polizei gekommen, die einen eigentümlichen Tanzstil pflegte und mit undänischer Härte auf die jungen Leute einprügelte, während im Kongresszentrum zehntausend Delegierte Tag und Nacht um die Zukunft des Weltklimas rangen.

Wenn deutsche Klimaschützer beieinander sind, wird es unweigerlich endzeitlich. Wir sind die Erfinder der Apokalypse als Begleiter durch den Alltag. Was einst dem Ende der Welt und der Wiederkunft des Schöpfers oder eines Stellvertreters vorbehalten war, findet nun täglich statt, zumindest in unseren Befürchtungen, die sich durchaus in reale Politik umsetzen können. Jüngstes Opfer ist die Kanzlerin und ihre überraschende Einsicht, Atomkraftwerke könnten unter Umständen gefährliche Mengen Energie absondern. Das hätte sie als Physikerin auch früher wissen können, die meisten Vierziger jedenfalls wussten das ganz ohne naturwissenschaftliches Studium.

Apokalyptische Vorstellungen sind, wie die Länge von Röcken, wechselnden Moden unterworfen. Es begann mit dem Waldsterben, ging über in die Atomenergie, damit verbunden die Endlagerung, es folgte die Nachrüstung als Vorbereitung für den atomaren Erstschlag auf Mitteleuropa, nicht zu vergessen der Elektrosmog und schließlich die Klimaerwärmung, die zwar nicht die Menschheit insgesamt bedroht, aber auf regionaler und lokaler Ebene einiges Durcheinander anrichten wird.

Meine neuen Bekannten hingegen waren aus anderem Holz und verstanden es prächtig, die düstere Zukunft mit den Segnungen des Augenblicks, meinem Wein, in Einklang zu bringen. Sie erzählten fröhlich, wie sie auf leichten Turnschuhen im Lauf des Tages immer wieder den schwerbewaffneten und unbeweglichen dänischen Polizeikräften entwischt waren.

»Verstehst du, wir haben eine Straße blockiert«, berichtete Kiano. »Dann kamen die im Laufschritt angerückt, und wir nichts wie weg zur nächsten Kreuzung.«

»Irgendwann haben sie uns doch erwischt«, Eliot lachte, »und dann gab's Hiebe.« Er zog sein T-Shirt über die rechte Schulter und zeigte nicht ohne Stolz einen faustdicken Bluterguss.

»Dänische Wertarbeit«, ergänzte Kiano.

»Seid ihr nicht schockiert über die Brutalität der Polizei?«

»Wenn du Polizeibeamte stundenlang durch die Straßen hetzt, gibt es überall die gleiche Dresche«, klärte mich der Südafrikaner weltläufig auf.

Was sie denn tagsüber sonst noch taten, außer die dänische Polizei auf Trab zu halten, um sich am späten Nachmittag eine tüchtige Tracht Prügel einzuhandeln?

»Wir bloggen täglich. Debbie schreibt außerdem Artikel für ihre Uni-Zeitung und den *Frisco Bay Chronicle*. Wir gehen auf Demos und Veranstaltungen, tauschen uns aus und treffen eine Unmenge von Leuten. Ursprünglich hatten wir vor, mit Riley – das ist unser Freund aus Australien, der irgendwo stecken geblieben ist – eine Art Happening zu machen. Das läuft nun leider nicht.«

Eliot sah mich neugierig an.

»Wärst du fähig und bereit, in einem Pinguinkostüm, an einer Leine geführt, eine Stunde im Kreis zu hüpfen?«

»Gerne, klingt attraktiv, vor allem weil mich keiner erkennen würde. Aber ich bin meinem Sender gegenüber zur Arbeit verpflichtet.«

»Na dann eben nicht. Hätte aber dem Klima genützt!«

»Übermorgen kommen Obama, deine Merkel, der Franzose und ich weiß nicht wer sonst noch. Glaubst du, die kriegen es hin?«, erinnerte uns Debbie an den Zweck unserer Mission.

Ich hatte keine Ahnung! Überhaupt hatte ich bereits vor vielen Jahren das Interesse am Klima verloren. Das Thema lohnte beruflich nicht mehr.

Damals, Anfang der Achtzigerjahre, als die Grünen zum ersten Mal ins Parlament einrückten und landesweit eine hitzige und intensive Debatte über das Waldsterben und eine Braunkohlen-Dreckschleuder in Buschhaus lief, war man als ARD-Korrespondent in Bonn täglich im Programm. Alles längst vergessen. Zwar gibt es seit der Katastrophe von Tschernobyl ein eigenes Umweltministerium, dem auch Angela Merkel für eine Legislaturperiode vorstand, aber dem Klima hat es bislang wenig genützt. Später, als Kanzlerin, wurde Frau Merkel im roten Anorak am 16. August 2007 in Grönland gesichtet, um vor Ort zu erfahren, »welche Herausforderungen auf der Menschheit ruhen«. Die Herausforderungen geben zwar keine Ruh, melden sich sogar ziemlich aggressiv zu Wort, trotzdem hat man hernach zum Thema nichts mehr von ihr gehört. Dabei begreift sie als Naturwissenschaftlerin am ehesten, was sich über unseren Köpfen zusammenbraut.

Seitdem sind einige Jahre ins Land gegangen. Die Politiker und mit ihnen viele Journalisten haben das Thema längst wieder zur Seite gelegt. Es gibt Wichtigeres! Bei den Grünen gar, die dem Umweltbewusstsein ihre Existenz verdanken, hat die Ökologie im Wahlkampf 2013 überhaupt keine Rolle mehr gespielt. Die Wähler immerhin haben es ihnen heimgezahlt.

Aber noch schreiben wir das Jahr 2009. Ich saß in dieser gemütlichen Wohnküche in Kopenhagen, und wir überlegten gemeinsam, was in den nächsten achtundvierzig Stunden wohl geschehen würde.

Ich gestand, dass sich meine Kenntnisse auf das Studium einer Handvoll Papiere beschränkten, die ich während der langen Zugfahrt gelesen hatte, und dass ich nur oberflächlich vom Stand der Verhandlungen Ahnung hatte. In den Zeitungen herrsche jedoch ein düsterer Grundton.

»Ihr wisst, wer alles übermorgen kommt! Die werden nicht einfliegen, um danach einen Misserfolg zu verkünden«, verkündete Debbie überzeugt.

»Das können sie sich nicht leisten.«

»Das ist alles vorverhandelt.«

»Seh ich genauso.«

»Ich habe alte Freund bei Oxfam getroffen, die sind eher pessimistisch. Sie haben den Verdacht, die Amerikaner könnten ganz gut mit der Erwärmung leben, weil dann große Gebiete im

Norden landwirtschaftlich nutzbar werden, von Kanada ganz zu schweigen.«

»Georgie ist nicht länger Präsident, vergiss das nicht!«

»Eben! Deswegen kommen ja Obama, Merkel und wer sonst noch, um auf höchster Ebene die letzten Probleme zu lösen.«

»Und wenn nicht?«

»Dann war das meine letzte Konferenz.«

»Das darfst du nicht!«

»Dann nehmen die Dinge eben ihren Lauf.«

Ich überlegte, ob ich der Runde von einem Gespräch mit einem Abteilungsleiter aus dem deutschen Umweltministerium berichten sollte. Der hatte mir kurz vorher unter dem Siegel der Verschwiegenheit erzählt, dass Kopenhagen scheitern würde, »wenn nicht noch ein Wunder geschieht«. Ich ließ es dann sein. Es wäre mir überheblich vorgekommen.

»Welches sind eurer Meinung nach die Kernprobleme?«

»Es sind immer dieselben. Welche Mengen CO_2 müssen die industrialisierten Staaten, die uns die ganze Misere eingebrockt haben, einsparen? Wer kommt für den Schaden auf, der auch bei zwei Grad entstehen wird? Welches Recht hat der Rest der Welt auf den Aufbau einer eigenen Industrie? Mit anderen Worten: Dürfen auch die Chinesen in Zukunft Autos fahren?«

»Was sehr im Interesse der deutschen Automobilindustrie ist!«

»Und so geht das seit Rio.«

Ich bemerkte beiläufig, ich sei damals »in Rio dabei gewesen«, was sich auf meinen Gruppenstatus noch segensreicher auswirkte als die zweite Flasche Wein, die ich gerade aus meinem Rollkoffer fischte.

Rio-Teilnehmer haben in der Szene einen mystischen Ruf, nur vergleichbar mit denjenigen, die eine Generation früher im Schlamm von Woodstock gelegen hatten. In Rio hatte alles begonnen. Rio ist die Urmutter jenes größten Wanderzirkus in der Geschichte der Menschheit, gegen den sich die Pendelei des europäischen Parlaments wie der armselige Karnevalsumzug in Berlin ausnimmt. Ohne Rio keine NGOs und keine internationalen Mammutkonferenzen mit Zehntausenden von Teilnehmern, die seit Jahren kreuz und quer durch die Welt ziehen, im frühen Sommer eine personalintensive Rast in Bonn einlegen, um Ende des Jahres irgendwo weltweit ihre Zelte wieder aufzuschlagen. Wer sich den Umweltgipfelumzügen angeschlossen hat, darf den Planeten an seinen schönsten Orten kennenlernen: Madrid, Bali, Cancún, Südafrika, um nur einige zu nennen.

Rio brachte 1992 den entscheidenden Durchbruch im Bewusstsein der Weltöffentlichkeit. Denn die Beteiligten, unter ihnen hundertdreißig Staatsoberhäupter, bekräftigten, dass eine durch Menschen verursachte Klimaänderung mit unabsehbaren Folgen drohte. Daraus folgte zwingend, dass dieselben Menschen alles zu unternehmen hätten, um die Katastrophe abzuwenden.

Aber zwischen Bewusstsein und Tat können Welten liegen. Die neue Einsicht hat zwar ungezählte Papiere und Expertisen produziert, deren Veröffentlichung ganze Wälder zum Opfer fielen, aber bislang keine Ergebnisse, die dem Klimawandel erfolgreich zu Leibe gerückt wären. Dabei lag mit der in Rio verabschiedeten »Agenda 21« ein beeindruckend vollständiges Programm als »Ausdruck eines globalen Konsenses und einer politischen Verpflichtung auf höchster Ebene« vor, wie es in der Präambel heißt.

In dreiunddreißig Kapiteln beschäftigte sich das Dokument unter anderem mit der Bekämpfung von Wüstenbildung und Entwaldung, dem Schutz der Atmosphäre und der Ozeane, der nachhaltigen Bewirtschaftung von Bodenressourcen und Berggebieten, der Entsorgung von Abfällen, der Erhaltung der biologischen Vielfalt und in sieben weiteren Kapiteln mit den »Möglichkeiten der Umsetzung«. Das ist für jede Konferenz bis heute ein bemerkenswert umfassendes und mutiges Ergebnis und dem Optimismus und der Aufbruchstimmung jener Zeit geschuldet, die freilich in der Folgezeit bald den nationalen Interessen und den Gesetzen der Marktwirtschaft zum Opfer fielen.

Ich erwähnte nebenbei, dass ich damals den englischen Posträuber Ronald »Ronnie« Biggs, der 1970 nach Rio geflohen war, näher kennengelernt hatte. Sie wussten zwar nicht genau, um wen es sich handelte, spürten jedoch, dass ich gerne eine Geschichte losgeworden wäre, und baten mich großzügig, diese zu erzählen.

»Ronnie« – wir einigten uns schnell darauf, uns mit unseren Vornamen anzusprechen –, war, als ich ihn kennenlernte, bereits ein älterer, untersetzter Herr mit tadellosen englischen Manieren geworden. Sein spärliches Haupthaar endete über seinem Nacken in einem fingerlangen Zöpfchen. Er hatte jenen unwiderstehlich schmerzlichen Zug um den Mund, der Victor Mature einst zu einer Weltkarriere verholfen hatte.

Dreihundert Dollar verlangte Ronnie für zwei Drehtage im Voraus und riet mir, die Scheine in der Mitte zu zerreißen und ihm vorläufig nur die Hälfte auszuhändigen, denn schließlich habe »sein Ruf als ehrbarer Bürger in der Vergangenheit einigen Schaden genommen«.

Aus Anlass der Konferenz moderierte er eine Radiosendung mit dem Titel »Tourist tips with Ronald Biggs«. »Wenn Sie verhindern wollen«, forderte er darin seine Zuhörer auf, »dass Ihnen an der Copa, bis auf Ihre alte Lady, alles geraubt wird, beherzigen Sie meine Ratschläge.«

Er war augenscheinlich jedem Einwohner der Stadt bekannt. Wenn wir auf der Suche nach einem kalten Bier gemeinsam durch die Straßen schlenderten, wurde er ständig begrüßt und angesprochen.

»Für die Armen bin ich einer, der es den Wohlhabenden, und für die Reichen einer, der es den Engländern gezeigt hat. Für jeden ist was dabei«, erklärte er mir die Ursache seiner Popularität.

Nach seiner Verurteilung und anschließenden Flucht aus dem Londoner Wandsworth Prison hatte er sich sein Gesicht operieren lassen, war nach Australien ausgewichen und betrieb dort über viele Jahre ein kleines Hotel, während man in seiner Heimat weiter nach im suchte.

»Was ich nicht ahnte: Mit der Zeit nimmt ein operiertes Gesicht seine alten Formen wieder an«, erzählte er. »Eines Tages kam ein neuer Gast an die Rezeption, eine reizende, alte Engländerin, die im Flugzeug einen Artikel über mich gelesen hatte. Sie sah mich und sagte verblüfft: ›Großer Gott, Sie sind Ronald Biggs!‹, drehte sich um und lief zur Polizei.«

Ronnie lief derweil, so schnell ihn seine kurzen Beine trugen, zum Hafen, sprang auf ein Schiff, das gerade dabei war abzulegen, und erreichte Wochen später gemeinsam mit einer Ladung Bauxit Brasilien.

»Dort stellte sich heraus, dass ich zwar drei Monate ungeschoren bleiben, aber anschließend an London ausgeliefert würde. Es sei denn, ich wäre der Vater eines mit einer Brasilianerin gezeugten Kindes. Du kannst dir vorstellen, was ich in den nächsten Wochen Tag und Nacht getrieben habe.«

Konnte ich mir vorstellen.

»Achtundvierzig Stunden vor Ablauf der Frist kam die erlösende Nachricht von meiner Freundin Raimunda de Castro, sie sei schwanger, und ich durfte bleiben.«

Seither schlug er sich in Rio durchs Leben. Einer geregelten Arbeit durfte er nicht nachgehen, deswegen vertrieb er Kaffeebecher mit seinem Namen, verlangte ein wenig Geld für Interviews oder schrieb Punklyrik für die »Toten Hosen«.

Ob denn alle am Raubzug Beteiligten geschnappt worden seien, wollte ich noch von ihm wissen.

»Alle bis auf einen. Der ist vor einiger Zeit gestorben, deswegen kann ich es dir erzählen. Wir brauchten ja jemanden, der die Lokomotive fahren konnte, oder wie sagt man? Dazu war keiner von uns in der Lage. Deswegen haben wir einen pensionierten Lokführer angeheuert. Nach dem erfolgreichen Überfall blieb er nicht bei uns, sondern musste zurück zu seiner Frau. Das hat ihn gerettet. Er hat seinen Anteil unauffällig bei sich behalten und ist später, soviel ich weiß, in den Süden gezogen.«

Am 7. Mai 2001, mit einundsiebzig Jahren und nach fünfunddreißig Fluchtjahren, kehrte Ronnie aus gesundheitlichen Gründen nach England zurück. Auf der Beerdigung eines Komplizen und kurz vor seinem eigenen Hinscheiden sah man ihn im Rollstuhl der Kamera ein zittriges Victory-Zeichen entgegenstrecken.

Die drei hatten mir höflich zugehört.

»*Great story, great guy*«, kommentierte Eliot trocken, dann wollten sie wissen, was ich am nächsten Tag vorhatte.

»Ich werde ins Hotel fahren, um dort mein Team zu treffen. Anschließend werden wir uns im Tagungszentrum akkreditieren, und dann wollen wir mal sehen, was läuft.«

»Wenn du jemanden vom Fußvolk brauchst oder von den NGOs, kein Problem, wir helfen dir gerne!«

Tatsächlich hatte ich vor, die offizielle Politik den anwesenden ARD-Korrespondenten zu überlassen und mich stattdessen um die jungen Leute zu kümmern, die selbstlos ihre Zeit und ihr Geld geopfert hatten, in der Hoffnung, dass ihre Anwesenheit in Kopenhagen die Dinge zum Besseren wenden würde.

»Weißt du«, klärte mich Eliot, der fürs Grundsätzliche verantwortlich war, auf, »hier werden ständig Kompromisse zwischen dem Westen, den armen Ländern des Südens und den Schwellenländern gesucht und selten gefunden. Dabei ist unser eigentlicher Verhandlungspartner die Natur. Mit der kannst du allerdings keine Kompromisse schließen. Das ist das Problem bei diesen Konferenzen.«

Recht besehen, stellt die Klimaproblematik uns vor keine besonderen wissenschaftlichen Herausforderungen. Sie ist hinreichend erforscht, die grundlegenden Prozesse sind bekannt,

Gegenmaßnahmen stehen zur Verfügung und sind solide durchgerechnet. Fazit von Soll und Haben: Nichtstun kostet ein Vermögen. Die Rettung könnten wir uns leisten, freilich nur durch Investitionen in die Zukunft, die ihrerseits aktuellen Konsumverzicht erfordern.

Ursache jener somnambulen Gleichgültigkeit, mit der wir die Katastrophe trotzdem gelassen in Kauf nehmen, sind die Unfähigkeit, in langen Zeiträumen zu planen, nationale Interessen und der Neoliberalismus, der von Teilen der Welt Besitz ergriffen hat und komplexe staatliche Eingriffe grundsätzlich ablehnt. Zudem sind wir vollauf damit beschäftigt, mit den Folgen eines entfesselten Finanzmarkts zurechtzukommen, sodass weder finanzielle Mittel noch politische Energien bleiben, um sich erfolgreich mit dem Klimawandel und seinen Ursachen auseinanderzusetzen.

Stattdessen hat vorsichtig eine Diskussion begonnen, die das leistet, was die Vierziger für die verbleibenden Jahre vor allem benötigen: Sie gewinnt Zeit. Sie setzt locker den Klimawandel als gegeben voraus und denkt stattdessen über einen neuen Wirtschaftszweig nach: Maßnahmen gegen dessen Folgen.

Es gibt einiges zu tun, wie die Naturkatastrophen der jüngsten Vergangenheit gezeigt haben, unabhängig davon, ob sie noch »Wetter« oder bereits »Klima« sind. Die Hitzewelle, die im Sommer 2003 über Europa kam, kostete mindestens dreißigtausend Menschen das Leben. Hurrikan Katrina, der zwei Jahre später New Orleans heimsuchte, traf auf eine völlig hilflose Stadt, obwohl seine Ausmaße Tage im Voraus bekannt waren. Drei Jahre darauf braute sich im Golf von Bengalen der Zyklon Nagris zusammen, bewegte sich in Richtung Myanmar und fordert dort weit über achtzigtausend Menschenleben.

Obwohl sich die Katastrophen an ganz unterschiedlichen Orten abspielten, waren das solide Europa, die Großmacht USA und das Entwicklungsland Myanmar gleichermaßen unfähig, sowohl vor als auch nach der Katastrophe die notwendigen Maßnahmen zu ergreifen. Die Anpassungen an den Klimawandel eröffnen also glänzende Perspektiven für tüchtige Investoren. Die Absicherung Londons gegen die Fluten der Nordsee etwa wird einen dreistelligen Milliardenbetrag verschlingen. Die Rechnung begleichen unsere Kinder und Enkel, vorausgesetzt, sie legen überhaupt Wert auf London. Die Vierziger indes dürfen dem gelassen zuschauen, denn sie waren ja schon längst in London gewesen.

Landstriche, die Menschen im Vertrauen auf die Beständigkeit des Klimas einst besiedelt und abgesichert hatten, werden nicht mehr zu halten sein und müssen an die Natur zurückgegeben werden. Einige arme Länder wie Bangladesch werden die für die eigene Rettung erforderlichen Beträge nicht aufbringen können und vermutlich untergehen. Bei anderen, wie beispielsweise den Malediven, lohnt der Aufwand nicht. Sie sind verloren. Die Bewohner der gefährdeten Gegenden werden jedoch nicht ruhig zuwarten, bis die Fluten über sie kommen, sondern aufbrechen und nach sicheren Ufern suchen. Die Unglücklichen drängen in die Gebiete der Glücklichen. Eines Tages werden sie vor den Türen Europas stehen und höchst unwillkommen sein. Das bezeugen die hilflosen und brutalen Reaktionen gegenüber dem vergleichsweise kläglichen Rinnsal verzweifelter Afrikaner an den Küsten des Maghreb. Man braucht keine Fantasie zu bemühen, um in ihnen Vorboten für kommende Flüchtlingswellen zu sehen.

Das Unbegreifliche jedoch ist: Nachdem wir Menschen über vier Jahrhunderte lang erfolgreich versucht haben, der Unberechenbarkeit und planlosen Grausamkeit der Natur Herr zu werden, liefern wir uns ihr wieder aus. Auf unserem langen Marsch in die Zukunft hatten wir aus der Natur einen Rohstoff zur beliebigen Bearbeitung gemacht, so, als ob sie ein Beiwerk der menschlichen Existenz sei. Tatsächlich aber ist es umgekehrt: Wir Menschen sind zufälliges Beiwerk der Natur, was die Katastrophen der jüngsten Zeit eindrucksvoll bewiesen haben.

Inzwischen war in der Kopenhagener Wohnküche die dritte Flasche zur Hälfte geleert. Debbie klimperte ein wenig beschwipst auf ihrer Gitarre herum und summte Bruchteile rätselhafter Melodien. Kiano hatte die Augen geschlossen und schien zuzuhören. Eliot dachte offenbar an schöne Sachen und schaute selig weit in die Ferne. Zwischen uns herrschte jene friedfertige, gelöste Stimmung von Menschen, die einen erfüllten Tag hinter sich haben, aufregende Zeiten vor sich wissen und sich deswegen gelassenes Schweigen leisten können.

Eliot meldete sich zu Wort: »Hast du eine Ahnung, wie die Regierung Bush ihre Politik des Nichtstuns begründet hat?«

Ich hatte keine Ahnung.

»Genesis 1.28!«

»Ach, wie interessant!«

»Weißt du, was da steht?«

»Du wirst es mir gleich sagen.«

»Und Gott sprach zu ihnen: Seid fruchtbar und vermehrt euch, und füllt die Erde, und macht sie euch untertan; und herrscht über die Fische des Meeres und über die Vögel des Himmels und über alle Tiere, die sich auf der Erde regen!« Er kannte den Text auswendig.

»Also, sehr umweltfreundlich scheint die Bibel nicht zu sein.«

»Falsch!« Eliots Gesichtsausdruck signalisierte, dass er gerne etwas erklären wolle.

Ich tat ihm den Gefallen: »Warum?«

»Gott hat den Menschen die Erde übergeben, richtig!«, erklärte er mit großem Ernst.

Ich nickte.

»Und sich dann zurückgezogen!«

»War mir nicht so klar, aber wenn du das sagst…«

»Vertrau mir. Seither sind wir verantwortlich für das, was auf dem Globus geschieht, und eine der wichtigsten Aufgaben ist die Bewahrung der Schöpfung.«

»Wie kommt da Bush ins Spiel?«

»Er tut als Christ genau das Gegenteil von dem, was die Bibel fordert.«

»Also kein sonderlich bibelfester Christ?«

»*You got it!* Schenk mir noch Wein ein.«

Ich füllte sein Glas.

Wir schwiegen wieder und hingen unseren Gedanken nach.

Ich wurde sentimental und kam mir plötzlich heuchlerisch vor gegenüber meinen neuen Bekannten, die unbekümmert und zutiefst von der Zugänglichkeit auch meiner Generation überzeugt, ihr Schicksal in unsere Hände gelegt hatten. Sie ahnten nicht, dass wir Vierziger vollauf mit unserer eigenen Zukunft beschäftigt waren und wenig Lust auf die der Enkel hatten.

Während wir einst ungestüm und kompromisslos eine bessere Welt ganz nach unseren Bedürfnissen gefordert hatten, baten sie fast demütig um ihr angestammtes Recht, in einer intakten Umgebung leben zu dürfen. Trotzdem vermeinte ich eine beneidenswerte Leichtigkeit bei Debbie, Kiano und Eliot zu spüren, was aber auch dem Altersunterschied geschuldet sein konnte. Sie waren ernsthaft in der Sache und spielerisch im Umgang mit ihr. Während wir Vierziger, umgekehrt, nie recht bei der Sache waren, das aber mit großem Ernst.

Irgendwann zogen wir uns auf die Matratzen zurück und schliefen ein.

Vier Stunden später, vor Sonnenaufgang, stand ich leise auf, um die drei nicht zu wecken, trank einen kurzen Kaffee mit Fenja und fuhr mit ihr zum Hotel, wo ich nicht nur mein Team traf, sondern auch ein frei gewordenes Zimmer beziehen konnte. Eigentlich wäre ich lieber wieder zu meinen neuen Bekannten zurückgekehrt, aber ich traute mich nicht, Fenja um eine weitere Nacht auf der Matratze zu bitten.

Die Welt schaute von nun an und für vierundzwanzig Stunden auf Kopenhagen.

Es war der Tag der Ankünfte. Hundertdreißig Regierungschefs waren schließlich vor Ort. Neben Obama, Merkel und Sarkozy der chinesische Ministerpräsident Wen Jiabao, der indische Regierungschef Manmohan Singh, der Staatspräsident der Malediven, Mohamed Nasheed, aus Venezuela war Hugo Chávez eingeflogen, aus Brasilien Lula da Silva und aus Russland Regierungschef Medwedew.

Vor dem Tagungsort ging die Polizei gegen Demonstranten vor – mit Pfefferspray und Schlagstöcken, »bis sie glühen«, wie ein Einsatzleiter seine Beamten aufforderte. Zweihundertsechzig Demonstranten wurden festgenommen und ins eigens eingerichtete »Klimagefängnis« nach Valby verbracht, das aus Käfigen in einer Mehrzweckhalle bestand. Mehr als zweitausend junge Leute haben dort Bekanntschaft mit dieser Form einheimischer Gastfreundschaft machen können.

Dänische Kollegen mit guten Beziehungen zu Regierungskreisen erzählten auf den Fluren, die Konferenz sei vermutlich gescheitert, man habe das Ziel eines »umfassenden Klimaabkommens« aufgegeben. Ähnlich pessimistische Wortmeldungen kamen aus der schwedischen EU-Ratspräsidentschaft: »Es sieht nicht gut aus.« Norbert Röttgen, der deutsche politische Vertreter vor Ort, blieb im Gegensatz dazu guter Dinge. Er habe die Hoffnung noch nicht aufgegeben.

Weltweit demonstrierten die Menschen für den Klimaschutz. In London kamen Zehntausende in blauer Kleidung zusammen und versammelten sich vor dem Parlament zu einer riesigen blauen Welle.

Papst Benedikt VXI. meldete sich aus Rom zu Wort und ermahnte die Teilnehmer des Gipfels zu einem »besonnenen und verantwortungsbewussten Umgang mit der Schöpfung«.

Rowan Williams, der Erzbischof von Canterbury und Oberhaupt der anglikanischen Kirche, forderte den Abschluss eines Klimaabkommens in Kopenhagen. Die Menschen sollten nicht auf jene hören, die sagten, es müsse eine Wahl getroffen werden, »sich entweder um die Menschen oder um die Erde zu kümmern«.

Derweil betrieben Merkel, Obama, Lula, Sarkozy, Medwedew und andere persönlich Textarbeit. Eine Nacht lang versuchten sie, Zeile für Zeile, Wort für Wort einen klimarelevanten Vertragstext zustande zu bringen, der CO_2-Reduktionspflichten für jeden Staat und internationale Überwachungsregeln beinhalten sollte. Aber sie scheiterten! Aus dem Gipfel der Hoffnung und des Aufbruchs wurde im Handumdrehen eine Versammlung der betretenen Politikermienen.

Anstatt das Kyoto-Protokoll mit schärferen, verbindlichen Vorgaben fortzuschreiben, nahm die Konferenz lediglich »zur Kenntnis«, dass eine Begrenzung der Erderwärmung um zwei Grad in irgendeiner Zukunft das anvisierte Ziel sein sollte. »Zur Kenntnis« ist, nebenbei, in der Diplomatensprache die schwächste Form der Zustimmung und rangiert nur knapp über der ehrlicheren Ablehnung.

Es gibt ein Bild, das den beschämenden Ausgang der Konferenz von Kopenhagen besser symbolisiert als alle Worte. Barack Obama, Nicolas Sarkozy und Angela Merkel sitzen nach dem Ende der Konferenz für etwa eine halbe Stunde auf wenigen Quadratmetern eng beisammen und warten darauf, abgeholt zu werden. Sie haben sich nichts mehr zu sagen und schweigen ratlos mit versteinerten Mienen. Immerhin ist ihre Sprachlosigkeit ehrlich, denn »wovon man nicht sprechen kann, darüber muss man schweigen«.

Wir wissen nicht, was den drei Staatenlenkern durch die Köpfe ging, als dieses Foto entstand. Vielleicht wurde ihnen für einen Augenblick bewusst, dass sie dabei waren, Armut, Heimatlosigkeit und den Tod Tausender durch Unterlassung in Kauf zu nehmen. Im deutschen Strafrecht steht darauf Gefängnisstrafe.

Merkel, Obama, Sarkozy und den anderen Staatsoberhäuptern war für vierundzwanzig Stunden das Schicksal zukünftiger Generationen in die Hand gegeben worden. Sie haben schlechten Gebrauch davon gemacht.

Vielleicht hatten sie ja doch einen Blick aus ihren gepanzerten, abgedunkelten Limousinen auf die jungen Leute draußen werfen können, über deren Zukunft sie befinden mussten, und überlegten sich nun in der Abgeschiedenheit des Warteraums, was sie denen erzählen würden. Jener jungen Mutter etwa, die, mit einer lebhaften Dreijährigen auf der Schulter, ein Plakat trug mit der Aufschrift: »Schenkt Hella eine heile Welt!« Oder den Bewohnern gefährdeter Inseln im Pazifik, die seit Tagen mit ausladenden blauen Halskrausen aus Pappe auftraten, um auf die tödlichen Gefahren für ihre Heimat aufmerksam zu machen. Oder jenen drei Eisbären, die friedlich in reichlich zerzausten Kostümen durch Kopenhagen trotteten. Einer von ihnen spielte auf einer Konzertina einfache Weisen, während die beiden anderen Passanten zum Tanz auf einer Eisscholle aufforderten.

Es hat alles nichts genützt, weder die Demonstrationen und blutigen Nasen noch die geopferte Zeit, das nasse, nebelige Wetter und die vielen selbst gemalten Plakate mit ihren flehentlichen Bitten: »Rettet unsere Zukunft«, »Windmacht für die Bürger«, »Ihr werdet gehen – wir müssen bleiben«, »Gerechtigkeit für unser Klima!«

Seltsam und erschreckend, wie die Menschheit wider besseres Wissen, begleitet von dem unfassbaren Aufwand dieser jährlichen Konferenzen, gemächlich und zielsicher nichts tut. Es wirkt aus der Distanz betrachtet wie der unbegreifliche Opfergang einer geheimnisvollen Sekte, die wie der ferne Totentanz in Ingmar Bergmans Film *Das siebente Siegel* hüpfend und taumelnd mit ungeschickten Bewegungen ihrem Untergang entgegengeht. Man möchte ihnen »Haltet ein!« zurufen, aber sie hören nicht.

Vermutlich ist im Laufe der Geschichte noch kein Gang in die

Katastrophe so sorgfältig, bis in alle Einzelheiten wissenschaftlich begleitet worden wie dieser, und bislang haben sich alle Voraussagen bestätigt, mit einer Ausnahme: Es geht heute alles viel schneller, als gestern noch vermutet wurde.

Leopold von Ranke hat im Jahr 1826 das Geschehen in Kopenhagen düster vorausgesehen: »Nicht die Blindheit ist es, nicht die Unwissenheit, was die Menschen und die Staaten verdirbt. Nicht lange bleibt ihnen verborgen, wohin die eingeschlagene Bahn sie führen wird. Aber es ist in ihnen ein Trieb, von der Natur begünstigt, von der Gewohnheit verstärkt, dem sie nicht widerstehen, der sie weiter vorwärts reißt, solange sie noch einen Rest von Kraft haben. Göttlich ist der, wer sich selbst bezwingt. Die meisten sehen ihren Ruin vor Augen, aber sie gehen hinein.« Götter freilich hatten sich in der dänischen Hauptstadt nicht eingefunden.

Einige Eskimovölker an den spärlich besiedelten Küsten Grönlands pflegten in der Vergangenheit den Brauch, in unregelmäßigen Abständen ihr gesamtes Hab und Gut im Rahmen eines orgiastischen Gelages zu verbrennen. Anthropologen haben die seltsame Sitte als Reaktion auf die beschränkte Zahl von Gütern interpretiert, die in dieser kargen Gegend produziert werden können.

Nachdem Iglus, Fellbekleidung, Schlitten, Kanus und Harpunen hergestellt waren, wäre den Eskimos in der weißen Einöde wenig mehr zu tun geblieben. Sie wären, zur Untätigkeit verdammt, an ihrem Reichtum zugrunde gegangen. Deswegen haben sie ihn immer wieder vernichtet.

Unser kollektiver Marsch in die Klimakatastrophe bei guter Kenntnis von dem, was auf uns zukommen wird, scheint eine, wenn auch weltweite Kopie der einstigen Traditionen der einsamen Bewohner Grönlands zu sein. Es ist dies eine globalisierte Form der »schöpferischen Zerstörung«, die der österreichische Nationalökonom Josef Schumpeter vor sieben Jahrzehnten als ein

»wesentliches Faktum« des Kapitalismus entdeckt hatte. Wir sind demzufolge gerade dabei, den Planeten zugrunde zu richten, um neue Herausforderungen für die Menschheit zu schaffen.

Vermutlich haben die Politiker nach der gescheiterten Konferenz vor allem darüber nachgedacht, wie sie das Desaster ohne Ansehensverlust verkaufen konnten. Der arme Obama, auf dessen schmalen Schultern so viel unerfüllte Hoffnungen ruhten, ersparte sich jeden Ärger, indem er die Konferenz schlicht zum Erfolg erklärte und damit, recht besehen, alle Beteiligten und Betroffenen zu Idioten erklärte.

Seine Kollegin aus Deutschland, die wusste, dass sie damit in der Öffentlichkeit daheim nicht durchkommen würde, hatte sich hingegen Sündenböcke ausgeschaut: »Die Schwellen- und Entwicklungsländer sind, zum Beispiel wie wir als die Mitgliedsstaaten der Europäischen Union, noch nicht so daran gewöhnt, Kompetenzen abzugeben und globale Probleme global verpflichtend zu lösen.« Will heißen: Die Opfer sind die eigentlichen Täter.

Nebenbei und weitgehend unbemerkt blieben in Kopenhagen einige Errungenschaften auf der Strecke, die einst nicht unwesentlich waren für den Fortbestand unserer Zivilisationen, und es immer noch sind: die heilige Scheu vor der Zukunft, die Verantwortung für nachfolgende Generationen und die Einsicht, dass wir Menschen nur Gast auf dieser Erde sind.

Im Laufe des Nachmittags fuhr ich in ein kleines Studio am Rande der Stadt, um meinen Filmbericht für Rangar zu schneiden. Anschließend kehrte ich kurz ins Hotel zurück und holte mein Gepäck ab. Ich verabschiedete mich von Fenja, bedankte mich für ihre Gastfreundschaft und bat sie, meine neuen Bekannten zu grüßen, die ich sogleich wieder für immer aus den Augen verlieren würde. Aber das ist Teil des Journalistenberufs. Während unserer Arbeit entstehen oft schnelle und intensive Kontakte, die sich im nächsten Augenblick auflösen wie ein Mückenschwarm im Sommerwind.

Ich nahm ein Taxi zum Flughafen und blieb wenige Meter weiter im Verkehr stecken, der sich der abreisenden Staatsoberhäupter wegen aufgestaut hatte. Vor meinem Wagenfenster, über das die Regentropfen eines feuchten dänischen Abends liefen, beobachtete ich, was von der großen Hoffnung übrig geblieben war: junge Leute mit nassen Haaren, betrübten Mienen und aufgeweichten, nutzlosen Plakaten in den Händen. Aus der Ferne drangen die Sirenen der Polizeieskorten, die ihre Staatsgäste zum Flughafen begleiteten, zu mir herüber.

Plötzlich entdecke ich Eliot, dessen Kopf hoch über der Menge zu schweben schien. Ich wies den Fahrer an zu warten, was er ohnedies tat, denn der Verkehr war völlig zum Erliegen gekommen, sprang aus dem Wagen und schlängelte mich durch die wartenden Autos hindurch zu Eliot. Wir umarmten uns.

»Mein Boss hat aus New York angerufen, Obama könne ihn mal, kein Extraurlaub mehr! Ich soll schleunigst zurückkommen und in Zukunft meine Finger von dem Unfug lassen.« Er hatte Tränen in den Augen.

»Was machen die anderen?«

»Kiano prügelt sich irgendwo mit der Polizei. Debbie ist in der Wohnung geblieben. Sie hat sich übergeben, als sie erfuhr, wie die Konferenz ausgegangen ist.«

Hinter mir kam wieder Bewegung in den Verkehr. Ich rief Eliot noch meine E-Mail-Adresse zu, und wir waren geschieden. Aus dem Rückfenster sah ich, wie er sich mit einer unendlich langsamen Bewegung umdrehte und in Gegenrichtung davonging. Dann war er verschwunden.

Er tat mir leid, wie mir all diese jungen Leute leidtaten, die seit Jahren, ob als Attac, Greenpeace oder spontane Truppe, erfolglos gegen unsere Kaltschnäuzigkeit anrannten. Ich fühlte schlechtes Gewissen, das genauso unangenehm sein kann wie schlechter

Atem. Es würde hoffentlich in dem Maße wieder vergehen, in dem meine Erinnerung an die flüchtige Nacht in einem unbekannten Vorort von Kopenhagen verblasste.

Während der Fahrt zum Flughafen lief mein Bericht im deutschen Fernsehen. Ich nahm das Manuskript zur Hand, um zu sehen, ob die Heimatredaktion etwas geändert hatte.

Bild: Ein Gitarrist und eine junge Sängerin, im Hintergrund das Kongresszentrum. Verschiedene Zwischenschnitte von Zuhörern.

Text: Jenny und Carl aus Neuseeland sind seit vierzehn Tagen in der dänischen Hauptstadt. Ihre Nächte verbringen sie auf einem Massenlager in einer Turnhalle, die Tage an verschiedenen Stellen rund um das Kongresszentrum.

(Der Ton zieht auf zum Refrain.)

»Well, long ago we told you so/and now you say you didn't know.«

O-Ton Carl: »Wir sind den langen Weg von Neuseeland gekommen, um die Politiker bei ihrer schweren Aufgabe der Klimarettung zu unterstützen.«

Frage: »Werden die das schaffen?«

Antwort: »Ich hoffe doch, sonst hätte ich meinen Urlaub und das viele Geld vergeblich investiert.«

(Jenny drängelt sich vor die Linse.)

»Listen, Barack, we count on you!« (unübersetzt)

Bild: Lange Reihen vor den Sicherheitsschleusen und Details der Sicherheitsüberprüfungen. Taschen öffnen und durchsuchen, Scannen, Ausweise vorlegen und so weiter.

Text: Heute sind die Schlangen vor den Sicherheitsschleusen länger als üblich, denn zwei Tage vor Kongressende haben sich Politiker aus allen Himmelsrichtungen angesagt, um auf höchster Ebene die letzten Entscheidungen zu treffen.

O-Ton wartende Delegierte vor den Sicherheitsschleusen: »Das ist die letzte Chance, die wir haben.«

Frage: »Wird die wahrgenommen werden?«

Antwort: »Ich bleibe optimistisch bis zum allerletzten Augenblick, sonst wär ich nicht hier.«

Frage an den Nachbarn: »Wo kommen Sie her?«

Antwort: »I'm proud to be from the violet crown – Austin, Texas!« (unübersetzt)

Frage: »Was steht heute zur Entscheidung an?«

Antwort: »Seit Jahren dasselbe: Wer muss wie viel CO_2 reduzieren? Jetzt aber läuft die Zeit ab. Entweder wir einigen uns oder … Na, Sie wissen schon.«

On Kuntze: Die gute Nachricht ist: Die Delegierten haben zuverlässige und belastbare wissenschaftliche Ergebnisse als Entscheidungsgrundlagen. Die schlechte allerdings: Das Wissen entkoppelt sich zunehmend vom Tun, und nationale Interessen haben allemal den Vorrang!

Bilder: Vorfahrten von Angela Merkel und Nicolas Sarkozy.

Text: Nun soll im letzten Augenblick die höchste Ebene richten, was in vierzehn zurückliegenden Umweltkonferenzen versäumt wurde. »Das wird nicht laufen«, sagte ein Mitglied der deutschen Delegation hinter vorgehaltener Hand.

O-Ton Mohamed Nasheed, Staatspräsident der Malediven:

(Insert!!)

»Ihr habt doch auch Küsten bei euch in Deutschland. Dann müsst ihr doch nachvollziehen können, wir mir und meinen Leuten zumute ist!«

Bilder: Flughafen Kopenhagen, Reisende und Plakat.

Text: Im Kopenhagener Flughafen hat Greenpeace in kühnem Vorgriff auf die zukünftige Entwicklung ein Plakat aufgehängt, auf dem eine um zehn Jahre gealterte Angela Merkel den Reisenden 2020 zuruft: »Tut mir echt leid, wir hätten damals die Klimakatastrophe verhindern können, wir haben es aber nicht geschafft.«

Auch an diesem Abend habe ich, verursacht durch die Vorzugsbehandlung der abreisenden Staatsgäste, meinen Flieger verpasst und bin schließlich wieder mit dem Zug zurück nach Berlin gefahren.

»In einem Jahr sehen wir uns auf Yucatán wieder«, waren die 27 000 von den dänischen Gastgebern verabschiedet worden. Dort, auf dem Klimagipfel im mexikanischen Badeort Cancún, würde 2010 nachgeholt, was in Kopenhagen 2009 leider nicht gelungen war.

In Cancún forderte dann Evo Morales, der Präsident Boliviens, den die Generalversammlung der Vereinten Nationen im September 2009 zum »World Hero of Mother Earth« ernannt hatte, den Verzicht auf »Luxus und Verschwendung«. Als gebildeter Sozialist hätte er eigentlich wissen müssen, dass nicht der Fiat 500, sondern die Mercedes-S-Klasse die westlichen Wirtschaften antreibt und am Leben hält.

Trotzdem gelang es in Cancún zwei Jahrzehnte nach Rio, das Ziel, den globalen Temperaturanstieg auf zwei Grad zu begrenzen, nun auch offiziell festzuschreiben. Der Kyoto-Prozess indes hing weiter hilflos in der Luft. Außerdem beschloss die Konferenz die Einrichtung eines Fonds, um den Folgen der Klimaveränderung begegnen zu können, was eine erste Anerkennung von deren Unausweichlichkeit bedeutete.

In Durban in Südafrika ging es ein Jahr später weiter. Der in Cancún eingerichtete Fonds wurde auf hundert Milliarden Dollar aufgestockt, ein Anzeichen dafür, dass erkennbar wurde, was auf uns zukommen könnte. Die Entscheidung, wer wie viel zu zahlen hat, vertagten die Delegierten, ebenso die Frage, wie es mit Kyoto weitergehen solle.

Die Fortsetzung folgte Ende 2012 in Doha, der Hauptstadt des Emirats Qatar. Das Kyoto-Protokoll war wie vorgesehen abgelaufen. Zehn Länder und die EU fühlten sich den Vorgaben jedoch weiter verpflichtet und nannten das Protokoll nun »Kyoto II«. Allerdings sind diese Länder nur für fünfzehn Prozent der weltweiten CO_2-Emissionen verantwortlich. Der Rest der Welt darf seit dem Auslaufen von Kyoto wieder unbegrenzt Treibhausgase ausstoßen. Kyoto II gilt trotzdem als starkes Symbol, eine Einschätzung, die aus der Verzweiflung heraus geboren wurde.

Ein neuer Weltklimavertrag ist erst für 2020 geplant, also zu einem Zeitpunkt, zu dem keiner der heute Verantwortlichen mehr in Amt und Würde sein wird. Dann sollen auch die USA, Indien und China in die Pflicht genommen werden, deren CO_2-Ausstoß bislang keiner international verbindlichen Begrenzung unterliegt. Freilich wird dann von der begrenzten CO_2-Menge, die notwendig ist, um das Zwei-Grad-Ziel zu erreichen, nicht mehr viel übrig geblieben sein, und die notwendigen CO_2-Einsparungen werden unrealistisch hoch ausfallen müssen.

Nach dem ernüchternden Ende von Doha zerstreuten sich die Delegierten in alle Windrichtungen, um sich von den Strapazen der endlosen nächtlichen Plenumssitzungen, die zum Ritual der Konferenzen gehören wie die Predigt zum Gottesdienst, zu erholen. Derweil liefern Wissenschaftler aus allen Erdteilen erbarmungslos neue Erkenntnisse zum Klimawandel an.

Die Arktis erwärmt sich achtmal schneller als der Rest des Planeten, errechneten Forscher der Universität Ottawa. Das Nordpolarmeer wird deshalb früher eisfrei sein als ursprünglich angenommen. Transportwirtschaft und Tiefseeschatzsucher jubeln zwar, aber das dunkle Meer wird im Vergleich zur verschwundenen weißen Eisfläche ein Vielfaches der Sonnenenergie aufnehmen und dadurch den Planeten weiter erwärmen.

Das Klima gewinnt gegenüber dem bloßen Wetter langsam Konturen. Amerikanische Meteorologen haben errechnet, dass 2013 bereits die Hälfte der extremen Wetterlagen aufgrund von Klimaveränderungen entstanden sind. Dazu zählen Dürren in Afrika (Millionen vom Hungertod bedroht), Dauerregen in Argentinien (zweihundert Tote), Hochwasser in Deutschland (zwei

Tote), Wirbelstürme in Frankreich, Überschwemmungen auf Sardinien (achtzehn Tote), Kältewellen in Bangladesch (achtzig Tote), Waldbrände in Australien (ein Toter) und Schneefälle in China (vier Tote). Die Liste ließe sich beliebig fortsetzen.

Mitarbeiter am Max-Planck-Institut für Meteorologie in Hamburg haben mithilfe neuer Modelle errechnet, dass jedes Grad an globaler Erwärmung den Meeresspiegel um zwei Meter ansteigen lässt, wenn man die drei Faktoren Gletscherschmelze, Wasserausdehnung und Veränderungen der Eisschilde in Grönland und der Antarktis zusammenführt.

Dim Coumou vom Potsdamer Institut für Klimaforschung prognostiziert, dass die Hitzewellen in unseren Breitengraden sich bis 2020 verdoppeln und später vervierfachen werden. Während heute fünf Prozent der globalen Landflächen mit extremer Hitze rechnen müssen, werden es bis zum Ende des Jahrhunderts fünfundachtzig Prozent sein. Was heute die Ausnahme ist, wird in Zukunft die Regel sein.

Im Royal Court Theatre in London wurde jüngst das Stück »Ten Billion« uraufgeführt, in dem ein einsamer Rezitator die wesentlichen Fakten zur drohenden Klimakatastrophe vorträgt. Die Anstrengungen, diese zu verhindern, müssten gewaltig sein, und »nichts deutet indes darauf hin, dass dies geschieht oder irgendwann geschehen wird. Alles wird einfach so weitergehen wie bisher«, heißt es dort. Das Stück endet ebenso trostlos wie lapidar mit dem Satz: »I think we're fucked.«

Ab Mitte November 2013, der Taifun Haiyan verwüstete gerade Indonesien, war Warschau Ort des nächsten Weltklimagipfels. Diese Zusammenkunft wird vor allem deswegen im Gedächtnis bleiben, weil die Umweltorganisationen sie unter Protest verließen. »Die Regierungen sind Marionetten in den Händen von Wirtschaftslobbyisten, die den Status quo bewahren wollen«, erklärte der Vertreter von »Brot für die Welt« stellvertretend für alle anderen. Man stritt sich in Warschau immer noch um die Frage, wer jene hundert Milliarden Dollar bezahlen solle, die zwei Jahre zuvor in Südafrika beschlossen worden waren.

Man musste damals schon ein sehr sorgfältiger Zeitungsleser sein, um Meldungen über die Verhandlungen in Warschau zu entdecken. Erst als die Vertreter von 194 Staaten samt ihrer Entourage wieder abgereist waren, erschienen unter »Vermischtes« kurze Berichte. Vom »Gipfel der Vergeblichkeit«, wahlweise vom »Gipfel des Absurden« war zu lesen. »Die Weltklimakonferenz ist gescheitert«, und »beschlossen wurde genau genommen nichts!«, hieß es knapp und eindeutig.

Selbst die EU, die Musterdame im internationalen Fähnlein der Umweltschützer, beginnt sich in das Unabänderliche zu fügen. Fast unbemerkt nimmt sie Abschied von der Illusion, in einer weltweit gemeinsamen Anstrengung dem Klimawandel begegnen zu können. Im Rahmen ihrer Politik der Reindustrialisierung des Kontinents will sie »industrielle Wettbewerbsfähigkeit und technologische Machbarkeit bei der Ausgestaltung des klimapolitischen Rahmens für das Jahr 2030 berücksichtigen«, heißt es in einem Arbeitspapier. Soll heißen: Wenn die Industrie im internationalen Wettbewerb durch Umweltvorschriften Schaden zu nehmen droht, werden diese zusammengestrichen.

Vermutlich hat die EU sogar recht. Halbherziger, lokal begrenzter Klimaschutz bleibt eine sinnlose Anstrengung, denn die Natur wird nicht bereit sein, auf die Exportschwierigkeiten europäischer Maschinenhersteller Rücksicht zu nehmen.

Mit wenigen Ausnahmen haben auch die Medien die jährlichen Klimagipfel, und damit die Sache selbst, abgeschrieben. »Ach Gott, Klimarettung«, stöhnte ein Kollege, »das ist doch total prerecession! Wir werden erst wieder Witterung aufnehmen, wenn das Klima vor der Tür steht und über Schäden zu berichten sein wird«. Er musste lachen wegen der gelungenen Zweideutigkeit des Begriffs »Witterung«.

Überdies verlagert sich die Diskussion mit zunehmender Geschwindigkeit von der Verhinderung des Klimawandels hin zu dessen nachträglicher Bewältigung. Ist uns auch lieber so, denn die Rechnung für Ersteres wird sofort präsentiert, die für die Aufräumarbeiten erst dann, wenn der letzte Vierziger das Zeitliche gesegnet hat.

Die Vierziger im Einsatz

Der Sozialismus würde westlich des Eisernen Vorhangs noch auf sich warten lassen, das war nicht zu übersehen. Aber es gab auf dem Weg dorthin Projekte von beeindruckenden sozialen und politischen Ausmaßen, die den Vierzigern auf den Leib geschneidert schienen, weil sie manches mit deren Weltbild gemein hatten. An ihnen konnten sie beweisen, dass es ihnen ernst war mit der neuen Menschlichkeit.

Das erste Projekt beschäftigte sich mit den Biografien von Ali und Luigi, die wir heute »Mitbürger mit Migrationshintergrund« nennen. Einst hießen sie »Gastarbeiter«, was bereits eine dreiste Wortwahl gewesen war. Denn zum »Gast« gehört wesentlich der »Gastgeber«, der sich in dieser Rolle höflich und herzlich um das Wohlergehen seiner Gäste zu kümmern hat. Seine Pflichten gehörten von Beginn an zum eisernen Bestand menschlicher Gesellungsformen. Im Christentum zählt die Gastfreundschaft neben der Krankenpflege und der Suppenküche zu den sieben Werken der Barmherzigkeit. Ethnologen vermuten nicht zu Unrecht, dass ohne Gastlichkeit und ihre Gebote traditionelle Gesellschaften nicht überlebensfähig gewesen wären. Es wird indes niemand behaupten wollen, die Deutschen seien besonders bemüht gewesen, das kostbare Gut der Gastlichkeit gegenüber ihren dunkelhaarigen Gästen in die Tat umzusetzen.

Ursprünglich waren die Fremden aus dem Süden importiert worden in der aberwitzigen Annahme, sie würden, wenn ihre Arbeitskraft verbraucht war, still in ihre Heimat zurückkehren und das Leben dazwischen in Massenunterkünften und auf den Bahnhofsvorplätzen von Rüsselsheim oder Reutlingen verbringen.

Doch es kam anders, die jungen Männer taten das, was Menschen tun: Weil keine anständige Deutsche etwas mit ihnen zu tun haben wollte, holten sie Frauen aus der Heimat nach, heirateten sie und setzten Kinder in die Welt. »Wir haben Arbeitskräfte angeworben und Menschen bekommen«, hieß es später erstaunt. Das war zwar einsichtsvoll gemeint, aber hinter dem Erstaunen verbergen sich eine Kälte und Gedankenlosigkeit, die noch heute fassungslos machen.

Derweil stürmten die Vierziger unter roten Fahnen über die Straßen der Republik und riefen: »Hoch die internationale Solidarität!« Sie hätten nicht nach Mittelamerika und Südostasien ausgreifen müssen, um Adressaten für ihre Solidaritätsgefühle zu finden, die Nachbarschaft hätte auch gereicht. Dort waren Fremdländer in großer Zahl eingezogen, um den Deutschen beim Wirtschaftswunder behilflich zu sein. Sie arbeiteten vor allem in der Landwirtschaft, im Baugewerbe, der Eisen- und Metallindustrie und im Bergbau und wurden als Angelernte in Bereichen eingesetzt, in denen schwere, schmutzige Schichtarbeit geleistet werden musste, jene Arbeiten also, die den Vierzigern nicht so lagen.

Anfang der Siebzigerjahre lebten schließlich über vier Millionen Ausländer in der Bundesrepublik, und es war inzwischen klar: Sie würden bleiben. Die Probleme, die daraus resultierten, waren zahlreich und deutlich erkennbar. Die Deutschen taten sich schwer, die Fremden in ihrer Mitte aufzunehmen, der Gastarbeiter-Nachwuchs hatte große Schwierigkeiten, in der deutschen Gesellschaft anzukommen, und in den Metropolen drohten die Gastarbeiter sich in ihre eigene Welt zurückzuziehen – der Stoff, aus dem das Projekt einer übergreifenden Integrationskultur hätte entstehen müssen.

Die Vierziger indes, die gerne vom freundlichen Kellner im »La Stella« auf Sizilien erzählten und jede fremdländische Küche Kohlrouladen und Sauerbraten vorzogen, wollten mit den Ausländern vor der eigenen Tür nichts zu tun haben. Über viele Jahrzehnte vermittelten sie den Zugewanderten und deren Kindern und Enkeln unmissverständlich die Botschaft, nicht willkommen zu sein.

Ein kurzer Blick nur, hinüber zu den Vereinigten Staaten, hätte gezeigt, wie es gehen kann. Dort empfing man Neuankömmlinge mit offenen Armen und lud sie ein, am amerikanischen Lebensstil teilzuhaben, was sie auch begeistert taten. »Ein deutscher Tagelöhner«, erzählte mir ein Immigrationsbeamter anlässlich einer Dokumentation über Ellis Island, »der mit seiner Familie Ende des 19. Jahrhunderts aus einem kleinen Dorf am Rande der Schwäbischen Alb aufbrach, nach Bremerhaven fuhr, von dort im Zwischendeck die beschwerliche, wochenlange Schiffsreise über den Atlantik auf sich nahm, um in einer Welt anzukommen, deren Sprache er nicht sprach und deren Kultur er nicht kannte, war stark, mutig und entschlossen – ebenso übrigens wie die Frau, die ihn begleitete. Das Beste, was eine Nation hervorbringt. Ihr steter Zuzug hat entscheidend zur Stärke unseres Landes beigetragen und tut es heute noch. Die erste Generation«, fuhr er fort, »lernt die Sprache nur in seltener Ausnahme. Sie opfert ihr Leben für Kinder und Enkel. Das sind die Menschen, die man haben will!«

Auch in Deutschland hatte man in der Vergangenheit gute Erfahrungen mit Einwanderern gemacht: die Preußen im 17. Jahrhundert mit den Hugenotten, dem Reich kamen später die assimilierten Juden zugute, und im Ruhrgebiet halfen vor dem Ersten Weltkrieg polnische Bergarbeiter aus.

Ähnliches würde für den Zuzug aus Anatolien und Sizilien gegolten haben, wenn er willkommen gewesen wäre. Die Vierziger indes schauten tatenlos zu, wie Millionen von Menschen hierzulande heimatlos blieben, statt die internationale Solidarität, die sie einst so lauthals beschworen hatten, im eigenen Land in die Tat umzusetzen. Stattdessen wurden unsinnige Diskussionen über das notwendige Sprachniveau der ersten Generation, die Kopftücher alter Frauen, multiple Staatsbürgerschaften oder Multikulti geführt.

Bei Letzterem ging es um die Frage, ob die Zugezogenen einen eigenen Lebensstil parallel zu dem der Deutschen beibehalten durften oder ob sie jene Teile, die uns zu fremdartig erschienen, aufgeben müssten. Irrwitziger ist über das Problem der Integration nie diskutiert worden. Praktisch zu Ende gedacht, hätten deutsche Nachbarn die Polizei alarmieren müssen, wenn der Türke von nebenan verbotenes Brauchtum pflegte.

Kanzlerin Merkel selbst meldete sich zu Wort und erklärte: »Multikulti ist gescheitert!« Recht besehen ist jedoch nicht Multikulti gescheitert, sondern gottlob die unsinnige Debatte zum Thema.

Mein Schwager John, Rechtsanwalt in Washington, D. C., hatte in den Fünfzigerjahren in Harvard studiert und sein Examen »With a gentleman's C«, also mit »Befriedigend« bestanden. Das reichte damals für eine Karriere in einer der bedeutenden Rechtsanwaltsfirmen. Später, als die Zahl der jüdischen Kommilitonen zunahm, musste man schon mit »Gut« abschließen. Heute haben Studenten aus Fernost die Anforderungen auf »Sehr gut« erhöht. »Die haben uns Alteingesessenen erbarmungslos Feuer unter den Hintern gemacht. Gut für die Allgemeinheit, strapaziös für meine Söhne«, fügte John seufzend hinzu. Kluge Völker begreifen den Zuzug als Geschenk, törichte hingegen als Bedrohung.

Für viele Einwanderer war die Zukunft ihrer Kinder ein wesentliches Motiv gewesen, um aus dem warmen Klima und den heimatlichen Dörfern des Südens in die Unwirtlichkeit des Nordens aufzubrechen. Sie wären eine glückliche Ergänzung gewesen für die Lücken, die die Vierziger heute hinterlassen. Allerdings hätte man ihnen die faire Chance bieten müssen, sich erfolgreich und gleichberechtigt in die neue Umgebung einzufügen. Das ist nicht geschehen, obwohl das Integrationsprojekt in seinen Anforderungen durchaus dem Generationscharakter der Vierziger entsprach, die kontaktfreudig, vorurteilsfrei und von der Gleichheit der Menschen überzeugt waren, Eigenschaften, die Voraussetzung sind für eine erfolgreiche Eingliederungspolitik.

Warum die Vierziger die reizvolle Aufgabe des Miteinanders so achtlos beiseitegelegt haben, ist unerforscht und schwer zu begreifen. Mag sein, die Angst vor Unbekanntem und die Fremdenfeindlichkeit der Vorfahren wirkten mächtiger in den Vierzigern, als deren Lebensstil es vermuten ließ. Ihre offenkundige Neugier auf fremde Länder wäre dann die von Touristen gewesen, die sich bekanntlich mit Einheimischen selten gemein machen. Mag sein, die Vierziger waren überzeugt, der Sommer des Tumults sei Lebenswerk genug gewesen. Mag sein, der Eigensinn des Augenblicks ließe dem Mitgefühl für Fremde keinen Raum.

Heute weht jedoch ein anderer Wind. Bis zum Jahr 2030 werden der deutschen Wirtschaft fünf Millionen Arbeitskräfte in allen Branchen und auf allen Ebenen fehlen: Akademiker, Facharbeiter, Angelernte. Wir werden die niedrige Geburtenrate durch Importe aus dem Ausland ausgleichen müssen. Dazu bedienen wir uns allerdings einer beschämend überheblichen Form der Gastfreundschaft, der des Rosinenpickens. Nur die besten Sportler, Wissenschaftler, Ingenieure und Künstler sollen Zutritt erhalten, oder Menschen, die bereit sind, ungeliebten Dienst am alternden Körper zu tun. Letztere sind die Nachfahren der Müllarbeiter mit den schwarzen Schnurrbärten. Ali indes soll draußen bleiben, was zur trostlosen Einsicht führt, dass wir aus der missratenen Vergangenheit wenig dazugelernt haben.

Im Frühjahr 2004 bat mich die damalige Bildungsministerin Edelgard Bulmahn, eine Tagung von Schulleitern in der Kongresshalle am Alexanderplatz zu moderieren. Auf meine erstaunte Nachfrage, wie sie auf mich komme, erklärte sie wahrheitsgemäß, ich hätte vermutlich wenig Ahnung vom Thema und sei deshalb bestens geeignet, jene Fragen zu stellen, die jeder stellen würde.

»Aha«, dachte ich, »so geht Volksaufklärung«, und sagte zu.

Was die Ministerin indes nicht wissen konnte: Ich hatte in den Sechzigerjahren am soziologischen Seminar in der Gartenstraße unter Ralf Dahrendorf und Hansgert Peisert einige Semester lang an bildungssoziologischen Projekten mitgearbeitet und kannte den damaligen Stand der Debatte sehr genau. Seither war allerdings so viel Zeit vergangen, dass ich meine frühen Erkenntnisse für hoffnungslos veraltet hielt und die Ministerin bat, mir aktuelles Material zum Thema zu schicken.

Zwei Tage später lag eine armdicke Zusammenstellung von Artikeln und Papieren in meinem Briefkasten, die ich sogleich durchzublättern begann. Zu meinem grenzenlosen Erstaunen waren meine Kenntnisse der Bildungsproblematik auch nach vierzig Jahren noch nicht überholt. Im Gegenteil: Sie waren umfassend auf Höhe der Zeit. Dieselben Probleme, dieselben Klagen und dieselben Schuldigen. Viel hatte sich offenbar seither nicht getan.

Mitte der Sechzigerjahre hatten zwei Veröffentlichungen die Nation in Aufregung versetzt. Georg Picht, einer der streitbarsten Gelehrten jener Tage, hatte *Die deutsche Bildungskatastrophe* herausgebracht, eine Sammlung von Artikeln, in der er das deutsche Bildungssystem auf seine Wettbewerbstauglichkeit hin untersuchte. Ausgehend von der Einsicht: »Wenn das Bildungssystem versagt, ist die ganze Gesellschaft in ihrem Bestand bedroht«, kam er als Freund klarer Worte zu dem Ergebnis, dass die Republik kurz vor dem »dritten großen Zusammenbruch der deutschen Geschichte in diesem Jahrhundert« stehe. Die Zeit wurde demnach knapp.

Nur wenig später veröffentlichte Ralf Dahrendorf zum selben Thema sein Buch *Bildung ist Bürgerrecht*. Dem Soziologen Dahrendorf war aufgefallen, dass nur fünf Prozent der Töchter und Söhne aus Arbeiterhaushalten studierten, obgleich die Eltern die Hälfte der Bevölkerung ausmachten. Bildung war seiner Überzeugung nach jedoch ein soziales Grundrecht, das jedem ohne Ansehen von Herkunft und Geschlecht zustand. Wenn diese Kriterien, wie in der Bundesrepublik, in hohem Maße über die Zuteilung von Bildung und damit Lebenschancen entschieden, dann verstieß dies gegen Artikel 3, Absatz 3 des Grundgesetzes, denn dort heißt es: »Niemand darf wegen seines Geschlechtes, seiner Abstammung, seiner Rasse, seiner Sprache, seiner Heimat und Herkunft, seines Glaubens, seiner religiösen oder politischen Anschauungen benachteiligt oder bevorzugt werden.«

Die höheren Bildungseinrichtungen und ihre Kundschaft aus den besseren Kreisen waren damals bemüht, begabte Konkurrenz aus den Niederungen der Arbeiterschaft abzuwehren. Man wollte gerne unter sich bleiben und scheute die Herausforderung durch tüchtige Proleten. Das geschah nicht durch Vorschriften, sondern über Kontaktverweigerung und herablassende, aber treffsichere Bemerkungen zu Sprache und Stil der Emporkömmlinge.

Der Kohlenhändlersohn in meinem Gymnasium, ein feiner Sportler von gutem Gemüt, schaffte es bis zu Quinta, bevor ihn unsere verächtlichen Anspielungen auf Dialekt und Herkunft in die Flucht schlugen. Jahre später grüßten wir uns freundlich, als wir zufällig gemeinsam an einer Ampel standen, ich vom Fahrrad herab, er aus einem dunklen Mercedes. Kohlenhändler eben.

Die Veröffentlichungen der beiden Professoren, ökonomisch die eine, grundsätzlich die andere, verursachten erheblichen Wirbel im Land. Auf breiter Front kam eine Bildungsreform, verbunden mit der zähen, aber verdienstvollen Arbeit am Schicksal der Unterprivilegierten, in Gang. Ungezählte gut bezahlte Vertreter der bildungsnahen Schichten sollten sich in Zukunft um das Schicksal von Mitgliedern bildungsferner Schichten kümmern. Der Deutsche Bildungsrat wurde ins Leben gerufen. Vermutlich hat kein Projekt seit der Erfindung des Johannes Gutenberg so viele bedruckte Seiten hervorgebracht wie dieses Gremium.

Das Projekt »Gleichheit der Bildungschancen« war zwar von der Vorgängergeneration begonnen worden, wurde aber bald den Vierzigern zu treuen Händen übergeben. Dort schien es gut aufgehoben, denn seine politischen und philosophischen Grundlagen passten hervorragend zu denen der Vierziger. Der Abbau sozialer Schranken war damit, neben der Integration der Gastarbeiter, ein zweites bedeutendes Projekt geworden, um die Utopien der Vierziger praktisch in die Tat umzusetzen.

Fünf Jahrzehnte und ungezählte Sitzungen später, von der Anzahl gut bezahlter Expertisen ganz zu schweigen, stellt eine Untersuchung der Bertelsmann Stiftung fest: »Die soziale Herkunft und die Bildung der Eltern entscheiden weiterhin über den Schulerfolg.« Nach der Sozialerhebung des Studentenwerks schaffen es Arbeiterkinder »nur selten an die Uni«. Untersuchungen, die das Problem der sozialen Mobilität über die Zeit verfolgen, kommen zu dem niederschmetternden Ergebnis: »Es ist in den letzten zwanzig Jahren schwerer geworden, aus Einkommensarmut oder weniger privilegierten Lebenslagen herauszukommen.« Auch das Institut für Wirtschaftsforschung redet von einer »neuen Klassengesellschaft«, denn wer »heute in Deutschland nach oben will, hat es schwerer als früher«. Die erhobenen Daten ergäben, dass in Deutschland »kaum Chancengleichheit« bestehe. Unter den entwickelten Staaten gehöre Deutschland mittlerweile »zu den Ländern mit der geringsten Chancengleichheit«. Und der *Eurostudent-Report* von 2011 stellt fest, dass gerade einmal zwei Prozent aller deutschen Hochschüler aus bildungsfernen Familien stammen – einer der niedrigsten Werte in Europa überhaupt.

Jahrzehnte sind ins Land gegangen, seit den Vierzigern aufgegeben wurde, den elenden Zusammenhang zwischen Herkunft und Lebenschancen zu beseitigen. Man wird heute feststellen müssen, dass ihre Bemühungen vergeblich gewesen sind. Sie haben zwar erfolgreich gegen allerlei Beschwernisse im Bildungssystem, wie Wolfgang Kaysers Germanistik-Lehrbuch *Das sprachliche Kunstwerk,* Zwischenprüfungen, das Große Latinum für bestimmte Fächer sowie den »Muff unter den Talaren« gekämpft, aber recht besehen bloß in der eigenen Stube gekehrt. Neue Gäste haben sie nur in Ausnahmen dazu gebeten. Damit bestätigt sich eine bittere Bemerkung Ralf Dahrendorfs, »die sogenannten Linken« – damit meinte er die Vierziger –, »wollen am Ende gar keine echte Chancengleichheit, und darin sind sie sich mit den Verteidigern des alten Regimes ganz einig.« Das sei denn auch das »wichtigste Reformhindernis« gewesen.

Die Schule ist der Ort der Schicksalskorrektur. Sie in der Hauptsache kann den Heranwachsenden aus den unteren sozialen Schichten jene Fähigkeiten vermitteln, derer sie bedürfen, um ihrer Abstammung zu entkommen. Lehrer sind somit die »wichtigsten Platzanweiser im Staat«. Kluge Gesellschaften halten den geistigen Nährstand deshalb in hohen Ehren und bringen ihm Vertrauen, Respekt und Ansehen entgegen.

Viele meine Kommilitonen kamen zwar aus Lehrerhaushalten, aber Lehrer wollte keiner mehr werden, schon gar nicht die Begabteren eines Jahrgangs. Lehrer waren ohne erkennbaren Anlass plötzlich das Letzte. Lehrer wurden diejenigen, die es als Redakteure, Hochschulassistenten, Verlagsmitarbeiter oder Lektoren nicht geschafft hatten. Lehrer war der Beruf für die Verlierer, die irgendwo weitab in der Provinz ihrem Broterwerb nachgehen mussten und zur Ergänzung ihrer misslungenen Karrieren ehrenamtlich in verdächtigen Vereinen tätig waren.

»Was macht denn Andy Frank?«

»Der ist Lehrer für Bio und Sport.«

»O Gott.«

»Ja, stell dir vor, in Pfullingen!«

»Reicht, reicht! Und was macht die Hanne, die Germanistin?«

»Die ist fest im Landesstudio.«

»Erzähl!«

Diese rätselhafte Ablehnung des Lehrerberufs blieb nicht ohne Auswirkung auf dessen Ruf und sozialen Status. Nach dem *Global Teacher Status Index* von 2013, der das gesellschaftliche Ansehen von Lehrern untersucht, landet Deutschland nur auf Platz 16 von 21 untersuchten OECD-Ländern, darunter Ägypten, China, USA und eine Reihe europäischer Staaten.

Im Einzelnen lag der Rangfolge die Beantwortung unter anderem folgender Fragen zugrunde: »Haben heutzutage die Schüler Respekt vor ihren Lehrern?« (Weniger als zwanzig Prozent der Deutschen konnten dem zustimmen und fanden sich damit im untersten Fünftel wieder.) »Vertrauen Sie darauf, dass Lehrer den Schülern eine gute Bildung vermitteln?« (Deutschlands Lehrer landen bei dieser Frage im unteren Bereich und hinter allen anderen befragten europäischen Ländern.) »Würden Sie Ihren Kindern raten, Lehrer zu werden?« (Knapp zwanzig Prozent waren dazu bereit. In den meisten anderen Ländern liegt auch diese Zahl höher.)

Die Deutschen sind mithin der Überzeugung, vier Fünftel der Lehrer seien unfähig, sich der wichtigsten Voraussetzung für ihren Beruf zu versichern – Respekt nämlich. Konsequent vermutet eine ähnlich große Anzahl, dass sie ihren Beruf nur mäßig auszuüben in der Lage sind, was schließlich dazu führt, dass nur noch eine Minderheit im Lehrerberuf eine lohnende Lebensperspektive sieht. Der einst gute soziale Status des Lehrers ist in Zeiten der Vierziger dramatisch gesunken. Dieser Ansehensverlust ist eine der tragischsten Entwicklungen der zurückliegenden Dekaden, denn dadurch ist ein wesentlicher Transmissionsriemen zwischen den Generationen beschädigt worden und nicht mehr in der Lage, seine Bestimmung voll zu erfüllen, wie die zitierten Untersuchungen belegen.

Wer in Berlin, den Potsdamer Platz im Rücken, die Leipziger Straße hochschlendert, dem fällt in einiger Entfernung linker Hand ein fünfgeschossiges Gebäude mit großen, gewölbten Glasfenstern, der teuersten Vermittlung zwischen innen und außen, auf. Die Fassade macht den beruhigenden Eindruck angenehmer Beweglichkeit. Kommt der Flaneur näher, bemerkt er, dass die Fenster bodentief und deckenhoch sind. Die schmalen Zwischendecken sind nach außen in hellem Grün markiert. Steht er schließlich unmittelbar vor dem Gebäude, entdeckt er edle grün-schwarze Mosaiken und kunstvolle Metallreliefs. Das Ensemble erscheint so leicht und erdenfern, als könnte es sich jeden Augenblick, beflügelt durch Pater Malachias, abheben. Inmitten der Fassaden der Umgebung wirkt es wie ein kostbarer Diamant, der sich zwischen einen Haufen unschöner Kieselsteine verirrt hat.

Anfang des 20. Jahrhunderts hatten die Württembergischen Metallwarenfabriken dem Architekten Ludwig Eisenlohr den Auftrag erteilt, das Gebäude für die Berliner Vertretung des Unternehmens zu entwerfen. Die Dependance sollte funktionstüchtig im Inneren und augenfällig nach außen sein. In der Tradition eines stolzen, verantwortungsbewussten Bürgertums wollten die Neuankömmlinge aus der schwäbischen Provinz der fernen Metropole ein Gebäude schenken, das von raffinierter Pracht war, den Sinnen gefiel und den öffentlichen Raum bereicherte.

Architektur war in jenen Tagen mehr als umbaute Kubikmeter zum Zweck der Rendite, sondern zugleich Ausdruck der Verantwortung gegenüber dem öffentlichen Raum, zu dem auch die gestaltete Fassade zählt. Der Bauherr sah sich damals in der Pflicht gegenüber den Bürgern und ihren Ansprüchen an ihre unmittelbare Umwelt. Dahinter verbarg sich auch Dankbarkeit gegenüber dem Gemeinwesen, das die Bedingungen bereitgestellt hatte, innerhalb derer ein Gebäude überhaupt erst entstehen kann. Den Auftraggebern war bewusst, dass Architektur die Zeiten überdauern würde und die Bedürfnisse zukünftiger Generationen an ihre Stadt in die Planung mit einbezogen werden mussten.

Nachdem die Trümmerfrauen in der zweiten Hälfte der Vierzigerjahre ihre Arbeit getan hatten, standen in den deutschen Städten reichlich Brachen, Leerflächen und Grundstücke zur Verfügung, die neu bebaut werden mussten. Vorbilder für eine ästhetisch befriedigende und zugleich funktionale Architektur waren reichlich vorhanden, nicht zuletzt in den Bauhaus-Entwürfen aus Dessau. Zwar erforderte die Wohnungsnot im Nachkriegsdeutschland vorläufig Wohnraum jenseits ästhetischer Normen, aber als die Republik unerwartet früh wieder zu Wohlstand kam, eröffnete sich die Chance, den öffentlichen Raum wie einst wiederzuentdecken und zu pflegen.

Jüngst schrieb der scheidende Münchner Oberbürgermeister Christian Ude in einem Abschiedsbrief an seine Münchner Untertanen: »Ich muss nur in den Zug steigen und die Neubaukulissen längs des Gleiskörpers ansehen, und schon springt mich die Frage an: Welcher Depp hat das genehmigt?« Nun, die Stadtverwaltung, der er zwanzig Jahre lang vorgestanden hatte.

Einsichten am Ende einer Amtszeit haben meist unverbindlichen Ramschcharakter, müssen deswegen aber nicht falsch sein. Die Vierziger haben die Verantwortung für den öffentlichen Raum aus der Hand gegeben und das Schicksal unserer Städte dem Markt anvertraut. Dem jedoch sind der schöne Blick, das wertvolle Material, die freizügige Fläche und das Ornament keine Bezugspunkte seiner Entscheidungen. Ihn interessiert einzig die Rendite der Kapitalgeber.

Als der amerikanische Architekt Louis Kahn nach dem Zweiten Weltkrieg die klassische Formel der Moderne, »Form folgt Funktion«, wieder vom Kopf auf die Beine stellte, indem er forderte, die Funktion müsse sich in der Form einrichten, brauchte er ein Kriterium, um die Funktion eines Gebäudes zu bestimmen. Er forderte deshalb die Architekten auf, anzuerkennen, dass »jedes Gebäude einen spezifischen Existenzwillen« berge, den der Architekt erkennen müsse.

Der Existenzwille der neuen Architektur sind die Einkünfte der Fonds, und die haben kein soziales Gewissen. Straße für Straße, Platz für Platz werden etwa in Berlin mit eintönigen, grauen, leb- und schmucklosen Fassaden gefüllt, an denen das Auge keinen Halt findet und das Gedächtnis keine Erinnerungsspuren. Diese Gebäude haben keinen erkennbar anderen Charakter als den unbedingten Willen zur Rendite. Erschüttert notierte ein Beobachter: »Für die Investoren dürfte die Zukunft golden glänzen, für die Stadt und das, was man mal unter öffentlichem Raum verstand, sah es noch nie so düster aus.«

Einen Beitrag zur Ästhetik der Fassade haben die Architekten, die in Berlin bauen, jedoch geleistet: die unterarmbreiten, bodentiefen Schlitzfenster. Man findet sie zahlreich in der Umgebung des Hauptbahnhofs, am Alexanderplatz und sechzehntausend von ihnen beim neuen Bundesnachrichtendienst an der Chausseestraße. Die meisten dieser ausgedünnten Fenster lassen sich nicht öffnen, und so stehen sie regungslos in langen Reihen, wie die Grenadiere eines preußischen Linieninfanterieregiments. Auf den ersten wie auch auf jeden weiteren Blick wirken sie wie Schießscharten und vermutlich – und im Geheimen – sind sie tatsächlich als solche ausgelegt, für den Fall, dass der Russe eines fernen Tages doch noch aus den Tiefen seiner Steppen in unfreundlicher Absicht nach Berlin zieht.

Irgendwann muss den Architekten und ihren Auftraggebern aufgefallen sein, wie kläglich und unschön ihre Baumassen sind. Geld aber will man nicht ausgeben. Also appliziert man sparsam farbige Neonröhren an die Außenwände. Nach Einbruch der Dunkelheit wird's seither bunt an der Spree. Ein höhnisches Zugeständnis an jene unzeitgemäße Überzeugung, die meint, Architektur sei mehr als eine sichere Geldanlage. Gelegentlich gibt eine der Röhren ihren Geist auf, dann wirkt das Gebäude, als hätte ihm ein gigantischer Faustschlag einige Zähne gekostet.

Die Vierziger, die in Form von Kundgebungen und Demonstrationen einst üppigen Gebrauch vom öffentlichen Raum gemacht hatten, haben sich von dort wieder zurückgezogen, als aus den Spielwiesen Bauland wurde. Sie haben tatenlos zugeschaut, wie die klassischen Grundlagen der Architektur, wonach ein Gebäude nützlich, fest und schön zu sein habe, aufgegeben wurden. Die Schönheit wurde gänzlich und die Nützlichkeit zur Hälfte gestrichen. Den Rest hat man achtlos den Marktkräften überlassen, die sich dankbar über die herrenlose Beute hergemacht haben.

Jenseits aller Utopien waren öffentlicher Raum, Einwanderung und soziale Mobilität mundgerechte und lohnende Projekte für die Vierziger gewesen. Jedes Einzelne von ihnen zwar komplex und anspruchsvoll, aber einfacheres Tagwerk als Wirtschaftskrisen, Kriege und Wiederaufbau, mit denen sich die Eltern einst konfrontiert sahen. Keines der Vorhaben war den Vierzigern aus der Not geboren. Es standen ausreichend Mittel, Fachwissen und Zeit zur Verfügung, trotzdem sind sie missraten. Hinter den Schlitzfenstern werden sich die Enkel einrichten müssen. Bildung und Integration jedoch stehen weiterhin auf der Tagesordnung und werden zur gefälligen Erledigung an die Nachkommen weitergereicht.

Die Nachkommen

»Die Suche nach dem Ziel hat sich hiermit erledigt!«

Florian Illies

Eigentlich müssten die Nachkommen der Vierziger ständig auf den Straßen sein und aufgebracht und wütend ihre Zukunft einfordern. Die Hoffnung oder Befürchtung der Eltern indes, dass »fortschrittlich« oder »links« dominante Erbmerkmale seien und die Kinder der Vierziger sich noch radikaler und unerbittlicher entwickeln würden als die Eltern, ist zum Glück falsch. Sie bleiben friedlich wie die Schafe im Gehege, und kein Gewitter und kein Wolf treiben sie zur Unruhe. Dabei hätten die Nachkommen genügend Anlass zur Rebellion, denn die »Erbschaft unserer Zeit« ist nicht im Verborgenen angehäuft worden, sondern über viele Jahre öffentlich, vor aller Augen. Die Zahlen liegen bis ins Detail auf dem Tisch, und sie sind nicht schön.

Bis ins Mark systemkritische Eltern setzten Kinder in die Welt, die trotz aller erzieherischen Bemühungen konsumfixiert und karriereorientiert, genügsam und verträglich im unserem Lande zu leben vermögen. Sie brauchen nicht einmal ihren Frieden mit den Verhältnissen zu machen, weil sie nie Streit mit ihnen hatten. Während Vater und Mutter, recht besehen ohne wirklichen Anlass, einst auf die Barrikaden gingen, nimmt der Nachwuchs sein Schicksal heute leidenschaftslos in Kauf. Woher aber kommt diese rätselhafte Trägheit, für deren Gegenteil die Zukunft einer ganzen Generation spricht?

Die Vierziger waren ihrem Nachwuchs in allerbester Absicht

kameradschaftliche Erzieher, bemüht, ihm einen Raum zielloser Freizügigkeit zu schaffen. Sie verzichteten bewusst auf »Autorität«, die bis dahin neben »Vorbild« und »Zuneigung« ein wesentliches Element der Erziehung gewesen war, und boten damit kaum Angriffsflächen, an denen sich die Kinder abarbeiten konnten. Die jugendliche Persönlichkeit braucht jedoch neben der Harmonie ebenso den Konflikt, um sich zu entwickeln. Den aber hatten die Vierziger entsorgt.

Psychologen haben festgestellt, dass vielen Kindern der Vierziger die ödipale Phase vorenthalten wurde. Diese verläuft für einen Knaben als Kampf um die leibliche Mutter in scharfer Frontstellung gegen den eigenen Vater. Sie muss im Lauf der Entwicklung mühsam überwunden werden, um schließlich in einer reifen Verbindung zwischen Vater und Sohn aufzugehen. Mädchen arbeiten sich in der gleichen Konfliktkonstellation mit ähnlichen Folgen an der Mutter ab. Die erfolgreiche Bewältigung dieser Entwicklungsphase führt den Einzelnen in die »Ordnung der Sprache, des Sozialen und seiner Normen« ein.

Für den ödipalen Konflikt waren die Vierziger in ihrer Rolle als Eltern jedoch denkbar schlecht geeignet. Welche Tochter und welcher Sohn hat schon Lust auf hennarote Haare, Batiktücher und sackähnliche Kleider in den mürben Farben von Naturwolle wie die der Engel bei weihnachtlichen Krippenspielen? Und wer verspürt schon Eifersucht und Wut auf einen Latzhosenträger, der am späten Abend vergeblich versucht, die randalierenden Kinder ins Bett zu bringen, während die Mutter in der Frauengruppe darüber nachdenkt, ob es vielleicht auch »ganz ohne Männer« geht?

Wer daran denkt, die Welt so zu hinterlassen, wie es die Vierziger vorhaben, ist gut beraten, sie einer Generation zu übergeben, der Krawall und Aufruhr fremd sind. In diesem Sinne haben wir unsere Nachkommen erfolgreich kalmiert. Nicht in bewusstem Vorgriff auf den großen Ausverkauf, aber es passt! Die einzige Demo, an der sie teilnehmen, ist die jährliche Loveparade hinter dem breiten Rücken von Olivia aus Hamburg. »Die Loveparade ist die einzige Demonstration, zu der unsere narzisstische Generation noch in der Lage ist. Alle haben sich lieb, sind zehn Stunden gemeinsam exzessiv und am Montag wieder brave Staatsbürger.« Nicht ohne Grund haben sie sich einer ursprünglichen Schwulenparade angeschlossen, denn die sexuellen Minderheiten hatten lange noch Bedarf an sozialem Freiraum und sich deshalb eine kämpferische Stimmung bewahrt.

Unsere Nachkommen sind so leise und unauffällig, dass sie als Generation kaum wahrgenommen wurden und lange Zeit keine Notwendigkeit bestand, dieser einen Namen zu geben. Während eine ihrer Vorgängerinnen stolz die Bezeichnung »verlorene« Generation trug und daraus literarische Funken schlug, und die eigenen Eltern ihren Namen mit einem vorgeblich heroischen Ereignis, dem der »Achtundsechziger«, verknüpften, blieben die Kinder der Vierziger über Jahrzehnte wie Findelkinder namenlos. Schließlich war ohne erkennbaren Grund, bis auf den der Veröffentlichung eines schnelllebigen Bestsellers von Florian Illies, die »Generation Golf« gefunden – eine Bezeichnung, ganz ohne Titel und Bezug auf irgendeine Form der Vergangenheit, des Schicksals oder der Verdienste. Dahinter verbirgt sich keinerlei Bedeutung, bis auf die des Konsums, in dem die Generation Golf vorläufig, bis die Rechnungen für das Leben der Eltern fällig werden, ihre Erfüllung findet.

Der Text des Büchleins ist in der Substanz nichts weiter als die lange Liste all der Dinge, deren Besitz in den Achtzigerjahren, in denen die Generation Golf heranwuchs, von lebenswichtiger Bedeutung war: von »A« wie Adidas über »B« wie Body Shop, »C« wie Cosmopolitan, »M« wie Modern Talking, »P« wie Playmobil, »W« wie Walkman bis hin zu »Z« wie Zauberwürfel. Aufs Ganze besehen eine anspruchslose Auswahl und Ausdruck genügsamer Erwartungen an das eigene Leben. «

Das Buch kommt daher als Petitesse. Erfolgreich mit dem Blick auf die Bestsellerlisten geschrieben, ist es jedoch, und sicherlich nicht in der Absicht des Autors, die todtraurige Bilanz einer ratlosen, allein gelassenen Generation, ein Hilferuf, der weiß, dass er keine Chance hat, gehört zu werden. Deswegen kommt er leichtfüßig auf Chucks im Dauerton der Ironie daher. Die freilich braucht, um zu wirken, seit jeher ihr Gegenteil, den Ernst – der jedoch, mit einer Ausnahme, fehlt. »Mit den Kriegen in Bosnien und Kosovo«, heißt es bei Illies, »wurde uns dann endgültig klar, dass die Welt zu kompliziert war, als dass man noch für oder gegen etwas sein kann.« Die Zeiten, in denen man an das »Gute im Menschen und Böse im Amerikaner« glaubte, die letzten Reste kritischen Bewusstseins der Eltern also, waren getilgt.

Mit dieser Einsicht im Gepäck verzichtet die Generation Golf auch auf den Widerstand gegen die eigene Enteignung. Sie ist zur Einsicht gekommen, dass es »zu anstrengend sei, die Welt zu verändern«, und dass diese ohnehin funktionierte, »ohne dass man etwas dafür tun musste«. Sie übersieht dabei jedoch, dass es vor allem um die gefährdete Welt der eigenen Zukunft geht, und ist zufrieden, die »erste Generation zu sein, die den Therapeuten auch in Deutschland zu so einem wichtigen Berufsstand macht, wie er es in Amerika bereits ist«.

Der Text ist Ende der Neunzigerjahre entstanden und atmet noch den Geist jener turbulenten und hoffnungsvollen Jahre, als der Neue Markt Reichtum für alle ganz ohne Arbeit versprach. Da die Aktienkurse von Firmen ohne Umsatz, aber mit hohen Verlusten – so die Theorie – ständig steigen würden, hatten alle ausgesorgt. »Am liebsten kaufte man EM.TV oder Intershop, also Aktien, bei denen man weiß, dass die Chefs selbst vollwertige Mitglieder der eigenen Generation sind – und somit profitträchtig.« In Wirklichkeit war der Neue Markt eine neue, raffinierte Form des Schneeballsystems und erlitt bald das Schicksal aller kurzfristig hochtourigen Finanzsysteme: Er brach zusammen und hinterließ jede Menge ruinierter Existenzen.

Das war der erste brutale Realitäts-Check für die Generation

Golf, den sie jedoch unbeeindruckt hinnahm. Rätselhaft, nebenbei, dass es dem Berufsstand der Wirtschaftswissenschaftler, ebenso wie den dreitausend Beamten im Wirtschaftsministerium, damals nicht auffiel, was sich da unter ihren Augen zusammenbraute.

Das Buch hätte im Übrigen korrekt »Generation Golf Cabrio« heißen müssen, denn eigentlich ist das sommerliche Freizeitgerät gemeint, auf dessen zugiger Rückbank zwar kein Raum für Kinder, dafür aber reichlich Platz für zusätzliches Gepäck ist. Die Generation Golf vergnügt sich am liebsten »allein und unorganisiert« und leidet unter »geminderter Bindungsfähigkeit«. Das erschwert den kollektiven Widerstand gegen eine Zukunft, der die Eltern das Mark aus den Knochen gesaugt haben.

In ähnlicher Tonlage melden sich die internationalen Kohortengenossen der deutschen Generation Golf zu Wort, aus Frankreich etwa Michel Houellebecq mit *Elementarteilchen*. Der Absolvent einer der Grandes Ecoles ist, wie viele seiner Landsleute, belesen und brillant. Er betrinkt sich auf einer Party, schläft hinter dem Sofa der Gastgeberin ein, kotzt dort auf den Teppich und bemerkt in den frühen Morgenstunden, dass er seinen Zündschlüssel verschlampt hat. Später kann er den dazugehörigen Wagen nicht mehr finden, er hat ihn verloren. »Wenn einer zugibt, dass er seinen Wagen verloren hat, erklärt er praktisch seinen Austritt aus dem Gemeinwesen.« Deswegen schweigt er. Dem würde die Generation Golf sicherlich zustimmen, wenn man davon absieht, dass sie ihren Wagen unter keinen Umständen verloren hätte.

Vereinsamt, denn »im Grunde interessieren die Mitmenschen« ihn kaum, und davon überzeugt, dass »zwischenmenschliche Beziehungen zunehmend unmöglich werden«, steht Houellebecq vor den gleichen Problemen wie Illies. Er beobachtet aus der sicheren Distanz eines Straßencafés Passanten, die ihm vorkommen wie »Hummer, die in einem Aquarium aufeinander herumkriechen«, und hat damit ein eindringlich trostloses Bild für den aktuellen Zustand einer, in seinen Augen, desolaten Gesellschaft gefunden.

Während der Deutsche gemächlich durch ein grenzenloses, klimatisiertes Einkaufsparadies schlendert, setzt sich der Franzose dem Leben aus, und das meint es nicht gut mit ihm. Es herrscht ein gefährlich rauer Ton. Die Menschen riechen schlecht und sind in der Regel hässlich. Houellebecq ist überzeugt, dass die »Existenz auf ein schmerzhaftes und endgültiges Desaster zuläuft«, dass »die Beschaffenheit der Welt ungeeignet« ist und sich daran »nichts ändern lässt«. Einsichten und Empfindungen, die der Deutsche, allerdings weicher und unschärfer, mit ihm teilt.

Auch aus den Vereinigten Staaten melden sich die Nachkommen der Vierziger, wenngleich in anderer Tonlage, zu Wort. Der Protagonist von *American Psycho*, Patrick Bateman, hat den Traumberuf seiner Generation. Er arbeitet an der Wall Street und verdient mit manikürten Händen gutes Geld. Die Menschen, mit denen er verkehrt, sind schön, gepflegt, riechen gut und leben in einer kostbaren Welt kultivierten Konsums. »Drinnen bei Harry's entdecken wir David Van Patten und Craig McDermott. Van Patten trägt ein zweireihiges Sakko aus Wolle und Seide, eine Mario-Valentino-Hose aus Wolle und Seide mit geknöpftem Hosenschlitz und nach innen gewendeten Bundfalten, ein Baumwollhemd von Gitman Brothers, eine gepunktete Seidenkrawatte von Bill Blass und Lederschuhe der Brooks Brothers. McDermott trägt einen Anzug aus reiner Wolle mit Bundfaltenhosen, ein Button-Down-Hemd aus Baumwolle und Leinen von Basile, eine Seidenkrawatte von Joseph Abboud und Loafers aus Straußenleder von Susan Bennis Warren Edwards«, heißt es in dem Roman von Bret Easton Ellis.

Wenn man sich die Schnelllebigkeit von Moden vor Augen führt, wird deutlich, welch geistigen und zeitlichen Aufwand Patrick Bateman und seine Bekannten – der Begriff »Freundschaft« verbietet sich – treiben müssen, um auf der Höhe der Zeit zu bleiben und nicht aus ihren Rollen zu fallen. »Sind Klub- oder Piccadilly-Kragen zu fein gemacht oder zu leger?«, fragt man sich mit großem Ernst. »Das ist ein vielseitiger Look und passt sowohl zum Anzug wie zum Sportsakko. Für elegantere Anlässe sollte er gestärkt sein, und zu ganz besonders formellen Anlässen sollte man eine Kragennadel tragen. Trägt man ihn zu einem Blazer, dann sollte der Kragen weich aussehen. Da es ein klassischer Preppy-Look ist, wird er am besten durch einen einfachen, schmalen Krawattenknoten ergänzt.«

Sorgfältiger kann man sich mit der Oberfläche von Objekten nicht auseinandersetzen. Die Protagonisten von *American Psycho* genießen den Klang der Dinge, nicht mehr die Dinge selbst, und haben sich damit ein gutes Stück aus der realen Welt verabschiedet. Sie werfen sich Reichtum und Ausschweifungen nicht in die Arme, um der Einsamkeit und Leere zu entgehen, wie Jay Gatsby in Scott Fitzgeralds großem Roman über die Zwanzigerjahre, sondern sie suchen im Gegenteil die Leere und fühlen sich wohl in ihr.

Auf den ersten Seiten des Romans hält Bateman im Kreis eines festlichen Abendessens eine Ansprache: »Wir müssen der Apartheid ein Ende setzen, das nukleare Wettrüsten stoppen, dem Terrorismus und dem Hunger Einhalt gebieten, den Kampf gegen die Umweltverschmutzung aufnehmen.« Die Rede ist allerdings ähnlich ernst gemeint wie die von Little Napoleon in *Manche mögen's heiß*. Sie zählt die Themen auf, um die sich diese Generation unter keinen Umständen mehr kümmern wird.

Das Buch bevölkern traurige, ratlose Zyniker, die ihre schmucklose, entgrenzte Sprache für Ironie halten. Zu diesem Zweck wird ständig geredet, freilich ohne jeden Bezug zum Gegenüber – die höchste Form der Einsamkeit.

Trotz aller Unterschiede haben die drei Protagonisten unübersehbare Gemeinsamkeiten. Sie erwarten nichts Gutes von der Zukunft, sehen ihr mit resigniertem Gleichmut entgegen und sind außerstande, etwas dagegen zu tun. Sie verkörpern eine geschlagene Generation, obgleich sie selbst nie die Hand erhoben haben. Trotzdem sind sie völlig angstfrei und haben sich ruhig und entspannt im Augenblick niedergelassen.

Die Idee ihrer Existenz ist der Konsum. Sie leben in einer Art diszipliniertem Überdruss und erwarten nichts, weil Erwartungen völlig aussichtslos sind. In diesem Sinne sind sie Optimisten, zudem würde ihnen für den Pessimismus das notwendige Moment des Tragischen fehlen.

Es ist, wenn wir ihren literarischen Zeugnissen Glauben schenken dürfen, eine seltsame Generation, die die Vierziger hinterlassen. Gelegentlich kritisieren diese das mangelhafte Engagement ihrer Nachkommen, sind insgeheim jedoch ganz froh über deren friedfertigen Lebensstil. Denn jedes Engagement beginnt mit Fragen, und die zu beantworten würde den Vierzigern schwerfallen.

Auch die Enkel sind in der Zwischenzeit in ein Alter gekommen, in dem man gerne eine Generation mit eigenem Namen sein möchte. An – meist kurzlebigen – Vorschlägen ist kein Mangel, was vor allem bezeugt, wie rat- und orientierungslos die Enkel sind und wie unübersichtlich die Welt geworden ist, in der sie sich zurechtfinden müssen. Der »Generation X« folgt unter anderem die »Generation Y«, was vor allem dem Alphabet geschuldet ist. Ihr gegenüber steht die »Generation Chips«, die ihr Leben zwischen Mikro- und Kartoffelchips führt und infolgedessen zu viele Kilos auf die Waage bringt. Kulturpessimisten haben eine »Verlorene Generation der Neunziger« entdeckt, die jedoch schnell wieder in Vergessenheit geriet, ihr folgte die »Generation Maybe« und schließlich der augenscheinlich fügsame »Hipster«, der sich vor allem durch sein Äußeres definiert: zwei Prozent Körperfett, engste Hosen, dicke Brillen, Truckerkappen, minimalistische Fahrräder, ärmellose Feinripp-Unterhemden, um nur einige Merkmale, die freilich ständig wechseln, zu nennen. Hipsters stöbern ständig auf der Suche nach neuen Objekten in der Vergangenheit herum. Wobei Fahrräder ohne Gangschaltung zweifellos eine besonders schöne und verstaubte Trouvaille sind.

Ihre Hausphilosophen raten ihnen: »Tut nichts, ihr müsst überhaupt nichts tun«, und Richard Rorty ergänzt: »Es gibt nichts zu tun«, was politisch von Bedeutung wäre. Ihren Ursprung hat die Bewegung, bei der sich nichts bewegt, unter anderem in Andy Warhols Factory: Dort entstand in den Sechzigerjahren eine Lebensform, die arrogant, unverbindlich und glamourös und ausschließlich am Spiel mit der Oberfläche interessiert war.

»Geld ist im Überfluss vorhanden. Es wartet nur darauf, ausgegeben zu werden«, sind die Hipster überzeugt, und genau genommen verlangt die Gesellschaft von der Jugend auch nicht, dass sie sich »für irgendetwas anderes als Geldausgeben interessiert«. Sie verzichten notgedrungen auf den Regelbruch, der einst die Großeltern befeuert hatte, denn es gibt keine verbindlichen Regeln mehr.

Die Großeltern – die Vierziger – kommen nur noch am Rande vor und spielen in dieser Generation keine Rolle mehr. »Sie wollten kiffen, Altnazis ärgern und frei Liebe machen«, sind sie den Hipsters in Erinnerung geblieben. »Sie haben sich ohne Zweifel verdient gemacht und ein bisschen Jamaica-Feeling in das ernste und graue Nachkriegsdeutschland gebracht«, wird der Ertrag der Achtundsechziger großmütig und ahnungslos zusammengefasst.

Aus Rebellen gegen Ungleichheit und Ungleichzeitigkeit sind rebellische Verbraucher geworden, die sich gegen den schnelllebigen Tand der Gegenwart durch einen Rückgriff auf Produkte der Vergangenheit zur Wehr setzen. Hinter der »Resignifikation« bereits verbrauchter Gegenstände verbirgt sich, recht besehen, eine radikale Kritik – nicht am Konsum, sondern an den aktuellen Angeboten einer Wirtschaftsform, die auf Verschleiß und Vergänglichkeit angewiesen ist.

Hipsters klinken sich, überzeugt, dass sie ohnehin nichts ändern können, aus dem Kreislauf von Erwerb, Verbrauch und Neuerwerb aus und suchen sich jenseits der Königsallee ihre eigenen Marktstände – eine Form politischer Aktion, die aus der langen Tradition passiven Widerstands kommt. Selbst würden sie diesen Gestus der Kritik freilich entschieden ablehnen und auf ihr Motto: »Sei ein Aktivist, indem du nicht mitmachst«, verweisen. Damit grenzen sie sich gegen ihre Brüder und Schwestern ab, die »zornigen« Enkel der Vierziger, die sich zur Wehr setzen, wie etwa die Tochter meines Freundes, von der eingangs die Rede war. Recht besehen ist sie eine Hybride, denn der Vater ist ein Vierziger, während die sehr viel jüngere Mutter der Generation Golf angehört.

Sie und ihre Freunde und Freundinnen mucken auf: spontan, fantasievoll und in großer Vielfalt. Sie beherrschen souverän die Technik, die eine mediale Gesellschaft bereitstellt. Sie verzichten klugerweise auf die Gründung von Parteien, und wenn sie trotzdem nicht widerstehen können, lösen sie diese alsbald wieder auf. Ihre Organisationsform, gleichermaßen flüchtig wie beständig, ist das Netz, das es ihnen ermöglicht, mit den zähen Verhältnissen Hase und Igel zu spielen.

Ob sie Erfolg haben werden, ist mehr als ungewiss. Zu stark und feuerfest ist das, was sich ihnen gegenüber zusammengebraut hat. Das Diktat der Strukturen hat sich so weit vom menschlichen Interesse entfernt, dass beide nur mehr selten in Deckung zu bringen sind. Im Gegenteil: Sie stehen sich immer häufiger feindselig gegenüber.

Im Interesse der Menschen wäre es, dem Klimaanstieg Einhalt zu gebieten. Das aber lassen die Erfordernisse der globalisierten Wirtschaft nicht mehr zu. Im Interesse der Menschen wäre es, die Schere zwischen Arm und Reich zu verkleinern. Der Markt jedoch verursacht notwendigerweise genau das Gegenteil. Im Interesse der Umwelt wäre es, den Verpackungsfetischismus zurückzufahren, was jedoch der Logik der Konkurrenz widerspricht.

Die Kämpfe, die unsere Enkel, die Enkel der Vierziger, austragen müssen, werden mithin keine bessere Welt, sondern die Verhinderung von Katastrophen zum Ziel haben. Ob sie die alte Hoffnung: »Die Enkel fechten's besser aus«, in die Tat umsetzen können, ist zwar nicht ausgemacht, aber ihre Unvoreingenommenheit, Ausbildung und Respektlosigkeit sind gute Voraussetzungen für eine lebenswerte Zukunft.

Was bleibt?

»Meine Generation ist wirklich privilegiert gewesen!«

Christoph Stölzl

Das war in der Tat eine niederschmetternde Mängelliste auf den zurückliegenden Seiten. Es wird deshalb hohe Zeit, den Vierzigern Gerechtigkeit widerfahren zu lassen und in lockerer Form darüber nachzudenken, was von ihrer Hinterlassenschaft Bestand haben wird, auch wenn manches darunter von zweifelhaftem Wert ist und bereits reichlich Beulen und Kratzer abbekommen hat.

Auf der Suche nach Antworten aus den eigenen Reihen habe ich mich bei Freunden und Bekannten umgehört. »Vielfalt, Toleranz, Durchblick für alle, abgeschnittene Zöpfe, Empathie, Autoritätsverlust, Neue Deutsche Welle – nee, ist ein Scherz –, kritisches Bewusstsein, Sexualität«, waren sie überzeugt.

All diesen Bemühungen liegt ein durchgängiges Motiv zugrunde, das der Befreiung. Innerhalb kurzer Zeit erlösten die Vierziger alles von allem: die Haare vom Schnitt, den Tanz vom Schritt, die Sexualität von der Fortpflanzung, den Umgang von den Manieren, die Mode vom Geschmack, das Examen von den Noten, den Sport vom Sieger und die Beziehung von der Verbindlichkeit. Das ist üppige Ernte, und die Liste ließe sich beliebig fortführen.

Auch die Freiheit indes braucht einen verbindlichen Rahmen, um sich zu entfalten. Während die Vorfahren Sicherheit in festen Institutionen wie Familie, Kirche oder Staat suchten, gründeten die Vierziger Bewegungen, um ihren Anliegen Halt zu verleihen. Zu ihnen zählen die Frauenbewegung und die der Schwulen ebenso wie der auf lange Sicht erfolgreiche Widerstand gegen die Atomenergie, die Gründung der »Grünen« und die Friedensbewegung, auch wenn sie kurzfristig die Aufrüstung nicht verhindern konnte, sondern sie im Gegenteil erst ermöglichte. Hans-Dietrich Genscher erzählte mir, während die großen Demonstrationen im Bonner Hofgarten stattfanden, dass sein sowjetischer Amtskollege Andrej Gromyko auf seine eindringliche Warnung, der Westen werde nachrüsten, wenn der Osten seine Mittelstreckenraketen nicht zurückzöge, entgegnet habe, das würde der Westen gegen den Widerstand der Friedensbewegung nicht wagen. Nachdem der Westen trotzdem stationiert hatte, verschwanden die Raketensysteme auf beiden Seiten binnen weniger Wochen. Für die klugen Köpfe in der grünen Fraktion, die seit Kurzem im Bundestag saßen, war das eine eindrucksvolle Lehrstunde in Macht- und Realpolitik, die sie nicht vergessen sollten.

Zu den gewichtigen und wirkmächtigen Hinterlassenschaften der Vierziger gehört die ständige und spontan abrufbare Bereitschaft vieler Bürger, sich auf lokaler Ebene zu engagieren. Dieses leicht erregbare Potenzial zählt heute fraglos zum politischen und kulturellen Bestand der Republik und hat unser Verhältnis zur Politik zumindest im kommunalen Bereich um das Moment ständig drohender Beteiligung bereichert. Statt der Ohnmacht des Einzelnen haben die Vierziger die Macht der Vielen eingerichtet.

Sie wuchsen in einer Zeit auf, in der die drängenden Probleme der Vergangenheit, knappe Nahrungsmittel, umkämpfte Rohstoffe oder unzuverlässige Energieträger zumindest in den industrialisierten Staaten weitgehend gelöst waren. Gute Gelegenheit also, sich um das Wesentlichste zu kümmern: sich selbst.

Die Feldzüge der Vierziger gingen ebenso häufig in die Weite wie ins Innere jedes Einzelnen, ein Terrain, auf das sich ihre Vorfahren nur selten gewagt hatten. »Dort ist auch nichts los«, lautet die Pointe eines alten Berliner Offizierskasinowitzes, und damit war die Sache vorläufig erledigt. Im Inneren gab jedoch überraschende Entdeckungen zu machen: verborgene Wünsche, abgründige Sehnsüchte und die Fantasie als Energiequelle ebenso wie Ängste, unerwartete Mängel und, gelegentlich, besondere Begabungen.

In diesem Zusammenhang kommt eine Lieblingsvokabel jener Zeit ins Spiel, die »Unmittelbarkeit«. Der anspruchsvolle philosophische Begriff wurde handlich auf seine Wortbedeutung reduziert, wonach unsere Beziehungen zu anderen Menschen von allen fremden Einflüssen gereinigt und in eine Art Naturzustand zurückgeführt werden sollen. Dann, so die Hoffnung, würde echt, was bislang durch fremde Einflüsse beschmutzt sein wahres Gesicht nicht hatte zeigen können.

Der magische Ort, an dem die Unmittelbarkeit sich entfalten konnte, war das »Selbst«. In ihm war die eigentliche Bestimmung des Menschen angelegt, die unglücklicherweise durch Erziehung und ungünstige gesellschaftliche Einflüsse verschüttet worden war. Die galt es nun beiseitezuräumen, um zum kostbaren Kern vorzustoßen. Das Paradies der Vierziger lag nicht im Jenseits, nicht mal auf einer tropischen Insel, sondern ganz in der Nähe, im Selbst – so nah und doch so fern.

Unberührt war das Selbst von feiner Qualität und damit der empirische Ort jenes Menschenbilds der Vierziger, das in der Tradition von Rousseau davon ausging, der Mensch sei gut. Wenn man diese Theorie mit der Wirklichkeit abglich, konnte man an der Gesellschaft als Ursache aller Schwierigkeiten, auch der persönlichen, schon verzweifeln.

Das Meisterstück, die glanzvollste Errungenschaft der Vierziger ist zweifellos die sexuelle Befreiung, der freilich ein Gegner von dramatischer Harmlosigkeit gegenüberstand: die elterliche Sexualmoral. In gewissen Büchern gab es zwar zerlesene Stellen, die an der dunklen Einfärbung am Seitenschnitt erkennbar waren, aber über Fortpflanzung – schon der Begriff »Sexualität« war ihnen verdächtig – redeten und dachten unsere Eltern mehrheitlich immer noch in der Sprache des heiligen Augustinus.

Der Protestantismus, die düstere, hochgeschlossene Mode des 19. Jahrhunderts, Unerfahrenheit und Ungeschicklichkeit hatten der Sexualität hierzulande stark zugesetzt und ihr eine freudlose Nebenrolle im Geschäft der Reproduktion zugewiesen. Dort kauerte sie erschöpft und wartete ohne große Hoffnung auf ihre Wiederentdeckung.

Die Aufklärungsbemühungen von Oswald Kolle, dem Vorboten der eigentlichen Revolution, zeugten von einem erschütternden Mangel an Kenntnissen über diesen mächtigen und vielfältigen menschlichen Trieb. Die Filme wirken heute, als hätte die Vertreibung aus dem Paradies eben erst stattgefunden, während Adam und Eva, überraschend aus der libidofreien Zone verstoßen, bemüht sind, tastend und ungelenk mit den neuen Herausforderungen zurechtzukommen.

Uschi Glas ist vor Kurzem älter geworden. Zur Erinnerung druckten einige Tageszeitungen wieder jenes berüchtigte Bild von ihr in sittsamer Korsage aus *Zur Sache, Schätzchen* ab. Das Foto ist zwar so rein und unschuldig wie frisch gewaschene Windeln, aber in jenen Tagen wirkte es ungeheuer belebend auf die Fantasie junger Männer – eigentlich aller Männer, was das betrifft.

An dem Abend, als die junge Uschi für vierundzwanzig Stunden wiederauferstanden war, besuchte mich zufällig meine Tochter, um sich ihre wöchentliche Portion Nudeln in Tomatentunke nebst wertvollen Ratschlägen, über die ich grenzenlos verfüge, abzuholen. Nachdem ihr Blick auf die ehrbare Uschi gefallen war, wollte ich sie an meinen Erfahrungen teilhaben lassen und begann über unseren epischen Kampf um eine befreite Libido zu erzählen.

Weit kam ich indes nicht damit. Zum einen ertragen Töchter keine Väter, die über Sexualität reden, und zum anderen schien ihr das wenige, das ich zu Gehör bringen konnte, bevor sie mich unterbrach, so exotisch, dass sie mir den »Stalingradblick« zuwarf, der jenem gleicht, den unsere Väter abkriegten, wenn sie begannen, über ihren Krieg zu reden. Im Vergleich zum lässigen Umgang mit der Sexualität durch die Enkel war der unsrige noch dumpf und ranzig, wie es eine Befreiung aus den Verliesen der Vergangenheit an sich haben kann. Es lohnte nicht mehr, darüber zu sprechen.

Gemeinsam mit der sexuellen Befreiung ist auch die Intimität einer gründlichen Revision unterzogen worden. Die Eltern hatten sie noch gehütet wie ihren Augapfel. Nachdem die Vierziger die Intimität als Folge von Verklemmungen (wo sind die eigentlich abgeblieben?) entlarvt (ebenfalls aus der Mode gekommen!) hatten, durfte sie nach langem Hausarrest das Licht der Öffentlichkeit erblicken, wurde eine Zeit lang zum Gegenstand ernsthafter Gespräche, bis sie in den Strudel der grenzenlosen Redseligkeit geriet und alsbald dort verschwand.

Ihr Schicksal ist allerdings als Verlust zu notieren. Die Intimität ist jener verborgene Winkel, in dem Scham, Reue und dunkle Fantasien ihren Platz haben. Eingerichtet im Mittelalter, war sie im Lauf der Zeit so selbstverständlich geworden, dass niemand mehr ahnte, wie empfindlich diese Oase der Ruhe sein würde.

Die Vierziger, denen ohnedies Scham und Reue fremd waren, konnten weitgehend auf sie verzichten und taten dies auch. Mit der Intimität haben sie jedoch sorglos einen bedeutsamen Rückzugsort vor den Zumutungen der Gesellschaft aufgegeben. Im menschlichen Kleiderschrank fehlt seither ein wärmender Rock gegen die kühlen Winde der Realität.

Für diese Sorglosigkeit sind die Vierziger zwar zu Recht gescholten worden, aber sie waren ihrem Gegner, dem Markt, von Beginn an hoffnungslos unterlegen und haben ihn deshalb widerstandslos bei seiner Suche nach neuen Absatzchancen gewähren lassen. Der räumte als Erstes entschlossen die Diskretion beiseite, die der Intimität Schutz geboten hatte, und entdeckte mit der freigelegten Intimität einen der ertragreichsten Marktplätze unserer Tage. Wie sich deren Indienstnahme durch die Logik des Markts auf jeden Einzelnen auswirkt, wird die Zukunft zeigen.

Eine Herausforderung, und gewiss nicht die leichteste, haben die Vierziger ohne zu zögern angenommen und bewältigt. Sie haben das Bild vom hässlichen Deutschen, vom Krieger und gnadenlosen Massenmörder, der den Aufbau des zerstörten Landes mit dem gleichen Nachdruck vorantrieb, mit dem er wenige Jahre zuvor in den Krieg gezogen war, nachhaltig verändert.

Das neue Geschöpf war heiter und übermütig, unvoreingenommen und weltoffen. Die Vierziger waren eine ungeheuer sympathische Generation, warmherzig, emphatisch und nur in seltener Ausnahme übertrieben ehrgeizig. Ellbogen, Rücksichtslosigkeit und Durchsetzungsvermögen hatten vorläufig ausgedient, statt ihrer breitete sich in allen Lebensbereichen eine behagliche Friedfertigkeit aus.

Mit den Vierzigern hätte man kein Weltreich gründen, vermutlich nicht einmal das Fürstentum Liechtenstein erobern können, aber man war gern mit ihnen befreundet und hat gern mit ihnen zusammengelebt.

Sie waren nett, die Vierziger. »Nett, aber«, pflegte meine Mutter zu sagen, »nett reicht nicht. Nett sind wir alle.«

Gibt es eine literarische oder reale Figur, die als Symbol für die Generation der Vierziger gelten kann?

Auf jeden Fall haben sie den deutschen Michel auf dem Gewissen, jene einfache, ungebildete, gemütliche Gestalt, die seit der Renaissance den ideellen Gesamtdeutschen, das »ganze schwerleibige deutsche Volk« verkörperte. Also muss Ersatz her.

Von der neuen Figur wird nichts Umzumutbares verlangt. Sie muss kein Held oder von der Ernsthaftigkeit des Lebens überzeugt sein. Verantwortungsgefühl oder Verbindlichkeit sind nicht dringend erforderlich, stattdessen Leichtfüßigkeit, Genussfähigkeit und, ja, sorgsamer Umgang mit dem eigenen Wohlergehen.

Bei näherer Betrachtung kommt für die neue Figur nur ein später Nachfahre des ehrenwerten Edward John Smith infrage, des Kapitäns auf der »Titanic«, der bis zuletzt aushalf, um dann mit seinem Schiff unterzugehen.

Die Rede ist natürlich von Francesco Schettino, der, um eine junge Dame zu beeindrucken, am 13. Januar 2012 gegen 19 Uhr sein Schiff vor der Küste der Toskana durch ein leichtfertiges Manöver auf Grund setzte. Als ihm das nachfolgende Chaos an Bord zu viel wurde, zog er sich an Land zurück und beobachtete aus sicherer Distanz das Geschehen, das schließlich zweiunddreißig Menschen das Leben kosten sollte. Zur Rede gestellt, wies er in ehrlich empfundener Empörung jede Verantwortung für das Desaster von sich. Alle Welt hat ihn daraufhin beschimpft und als nichtswürdigen Einzeltäter dargestellt. Das ist unanständig, denn tatsächlich ist er einer von uns.

Wir erkennen in ihm unschwer jene Banker, die sich während der Krise geräuschlos, aber mit vollen Taschen zurückgezogen und von nichts gewusst haben wollten, ebenso wie die Politiker, die bei hoher See und dichtem Nebel auf Sicht fahren, oder den normalen Bürger, dem der Staat und die Zukunft nicht Verpflichtung, sondern Chance zur kleinteiligen Bereicherung sind.

Schettino ist Italiener und deswegen ein geeignetes Symbol der nationalen Verbundenheiten, die der Euro mit sich gebracht hat. Unsere ultramontanen Freunde werden ihn sicherlich unter seinem eingedeutschten Namen Franz Rollschuh gerne hergeben oder mit uns teilen wollen.

Was tun?

Es ist bewährter Brauch im letzten Kapitel, das nun vor Ihnen liegt, Maßnahmen vorzuschlagen, um der geschilderten Malaise Herr zu werden. So zumindest enden in der Mehrzahl Bücher zu ähnlichen Sujets, die ich zur Kenntnis genommen habe. Dabei sind die Vorschläge so zahlreich und vielfältig wie die Anzahl der Veröffentlichungen, und die ist beträchtlich. Wenn ich hingegen nur wenige flüchtige Skizzen zur Frage »Was tun«? zusammenhangslos zu Papier bringe, dann deswegen, weil ich es nicht besser weiß.

Ein Schuldgefühl wäre sicherlich ganz praktisch, denn daraus erwachsen gelegentlich Einsicht und das Bedürfnis, den Misserfolg ungeschehen zu machen. Davon aber kann bislang keine Rede sein.

»Schuld, um Gottes willen! Wegen was denn?«

»Na, wegen unserer Hinterlassenschaft.«

Ich begann, meine Bekannten mit meinen Fragen spürbar zu nerven.

»Kommt mir sehr moralisch vor. Ich glaube nicht, dass man so argumentieren kann.«

»Unsere Eltern haben wir wegen des Dritten Reiches schuldig gesprochen.«

»Du willst doch nicht …«

Nein, wollte ich nicht.

Ebenso hilfreich könnte die alte Hochstandsweisheit »Mit geschlossenen Augen ist schlecht zielen« sein. Solange wir jedoch hoffen, irgendwie ungeschoren davonzukommen, leben wir bequem unter dem schützenden Dach der großen Lüge, alles könne, abgesehen von einigen wenigen Retuschen, weitergehen wie bisher.

Lebenslügen haben, bei begrenzter Haltbarkeit, die schöne Eigenschaft, den Augenblick lebenswert zu halten. Ihre Nutznießer verteidigen sie deshalb entschlossen und oft über lange Zeit erfolgreich. Sie sind in den Köpfen der Menschen das Äquivalent zur Spekulationsblase und können, wie diese auch, weitergereicht werden. Dann müssen die Nachkommen sich um die Folgen ihrer unausweichlichen Vergänglichkeit kümmern.

Ihre kritische Hinterlassenschaft sind falsche, auf kurze Frist erwogene Maßnahmen, bis schließlich jener Punkt erreicht ist, an dem die Wirklichkeit das Heft das Handelns in die Hand nimmt und beginnt, sich dem planenden Zugriff der Betroffenen zu entziehen. Welche Kräfte dann frei werden können, war zu Beginn der Finanzkrise zu erahnen, als ein rat- und hilfloser Banker jammerte, er habe das Gefühl, ein Tsunami sei »aus heiterem Himmel« über ihn gekommen.

Politiker, die einsehen, dass die geliehenen Gelder verloren sind, das Klima sich stark verändern wird, die archaischen Gesetze der Globalisierung gezähmt werden müssen und der Atommüll nicht spurlos zu entsorgen ist, werden notwendig andere Maßnahmen ergreifen als Politiker, die vom bequemen Gegenteil überzeugt sind. Der gesamte westliche Lebensstil nebst seinen Eckpfeilern Wohlstand und Wachstum gehört unerbittlich auf den Prüfstand. Alle bestehenden und geplanten Gesetze und Vorhaben müssen auf ihre ökologischen Folgen und die Belastungen für zukünftige Generationen hin überprüft und, wenn notwendig, geändert werden.

Von solcherart radikalem Realismus, den das Erbe der Vierziger dringend erfordert, ist jedoch nichts zu spüren. Man lässt im Grunde alles beim Alten, tänzelt nervös in ausgetretenen Spuren, legt gelegentlich Hand an und schraubt Energiesparlampen ein, während die »Titanic« untergeht.

»Die Kinder sollen es einmal besser haben«, hieß es bei den Vertretern vergangener Generationen einst. Ihnen war diese Vorgabe stets heilige Pflicht gewesen, auch wenn es ihnen selten gedankt wurde. Das aber bringt Elternschaft so mit sich.

Die Vierziger indes haben das alte Gebot bedenkenlos beiseitegelegt. Keiner von ihnen würde diesen Satz heute noch äußern wollen. Er ist spurlos aus unserem Wortschatz und damit aus dem Katalog unserer Pflichten getilgt. Zum einen sind viele Vierziger ohnedies kinderlos, zum anderen wissen sie, dass ihr Lebensstandard von keiner nachfolgenden Generation je wieder erreicht werden kann. Im Gegenteil: Die Gürtelenden von Kindern und Enkeln werden weit zu Boden hängen.

Wenn das Bemühen um die Zukunft der Kinder und Enkel jedoch nachlässt, verliert die Gesellschaft eine ihrer dynamischsten Kräfte und damit Leistungsvermögen und Energie gegenüber anderen, bei denen die Sorgen noch lebhaft wirken. Die Vierziger laufen Gefahr, die »Unterdrückten und Beladenen«, deren Schicksal ihnen einst weltweit am Herzen lag, in ihren Enkeln und Urenkeln zu produzieren. Eine Gefahr, die sie mit verstörendem Gleichmut zur Kenntnis nehmen.

Wenn die politischen Instrumente stumpf geworden sind und die Verantwortlichen nicht mehr weiterwissen, kommen regelmäßig Werte auf die Tagesordnung. Das ist praktisch, denn die muss jeder Einzelne für sich in die Tat umsetzen. Bei Mark Aurel findet sich eine Liste, die seit zweitausend Jahren sicheren Bestand hat und jedem Menschen zugänglich ist, weshalb sich niemand mit der »Mangelhaftigkeit seiner Naturanlage« herausreden kann. Es sind dies »Fleiß, Selbstbeschränkung, Genügsamkeit, Bescheidenheit, Besonnenheit und Großzügigkeit«.

Diese Werte täten uns auch heute noch guten Dienst, sind aber, von Ausnahmen abgesehen, aus der Mode gekommen und zudem unvereinbar mit dem, was der Markt von seinen Teilnehmern erwartet. Statt ihrer beherrscht eine Reihe christlicher Todsünden wie Gier, Neid, Völlerei und Wollust unser Verhaltensrepertoire. Wir haben uns »zum Denken in Rechten, nicht in Pflichten, in Ansprüchen, nicht in Verantwortung« erzogen.

Wertewandel ist unter diesen Umständen ein schwieriges und vor allem langwieriges Geschäft mit ungewissem Ausgang. In jüngster Zeit war kurzfristig die »Verantwortung« entdeckt, aber sogleich wieder unter den Milliarden zur Rettung der Banken begraben worden.

Auch »Sparen« ist in aller Munde. Das heißt, jenseits der Alpen soll der Gürtel enger geschnallt werden, bei uns in Deutschland hingegen erfordert die gute Konjunktur das Gegenteil. Da die Gefangenschaft in der gemeinsamen Währung es den wirtschaftlich schwachen Staaten verbietet, über Abwertungen wieder konkurrenzfähig zu werden, sollen wir in Deutschland unsere Exportüberschüsse reduzieren. Ein elegantes Mittel zum Zahlungsausgleich, von dem alle etwas hätten, wären vier Wochen zusätzlicher Mittelmeerurlaub für jeden Deutschen.

Da die »äußere« Abwertung den Staaten nicht mehr zur Verfügung steht, zwingt man sie zur »inneren« Abwertung: zu niedrigen Löhnen, zu Entlassungen, zur Abschaffung der Sozial- und Gesundheitssysteme sowie zu tiefen Einschnitten im Bildungsbereich. Notfalls opfert man wie in Spanien oder Griechenland Teile einer ganzen Generation, wenn sich deren Erhalt nicht lohnt.

Was den hohen Schuldenstand hierzulande betrifft, so steht dem ein Vielfaches an privatem Vermögen gegenüber. Kluge Politik, die das aktuelle Risiko nicht scheut, um die Zukunft zu gewinnen, würde die Erbschaftssteuer anheben und mit dem erzielten Erlös keine neuen Verpflichtungen eingehen, sondern alte Schulden tilgen. Das lässt sich einsichtig begründen, denn im privaten Besitz sind hohe Summen gebunden, die, recht besehen, den Enkeln gestohlen wurden. Die Nachkommen würden also einen Teil der Hinterlassenschaft in Form der Erbschaftssteuer verkaufen müssen. Freilich werden damit Teile des Volksvermögens in fremde Hände fallen, denn das Geld muss überwiegend aus dem Ausland kommen, um gesamtwirtschaftlich jenen Überschuss zu erlösen, mit dem die Schulden abgebaut werden können.

Was können die Vierziger noch persönlich zuwege bringen, jetzt, da sie zügig aus der Verantwortung ausscheiden und die Zukunft denen an die Hand geben, denen sie gehört – den Kindern und Enkeln? Die werden, beschäftigt mit Klima, Umwelt, Schulden und Atommüll, einen übervollen Terminkalender haben. Ihnen können die Vierziger den Rücken freihalten, indem sie die Belastungen, die das Alter notwendig für eine Gesellschaft mit sich bringt, unter sich ausmachen. Es braucht dazu keinen Staat, sondern nur die Verpflichtung zur Selbstverantwortung in den Köpfen der Beteiligten. Die notwendigen Werkzeuge (Aufrufe, Flugblätter, Sitzungen, Tagesordnungen, Kompromisse) haben die Vierziger seit ihrem kurzen Sommer der Revolte noch im Gepäck.

Menschen sind zur Geselligkeit verdammt, die Sehnsucht nach gemeinsamem Zeitvertreib wird im Alter eher größer. Warum sollte eine ganze Generation tatenlos zuschauen, wie Teile von ihr in die Einsamkeit kommen und das Leben gegen die Natur verläuft? In lokalen Netzwerken auf Nachbarschaftsebene müssen die Rüstigen sich ehrenamtlich um die Gebrechlichen, Pflegebedürftigen und Dementen ihrer Generation kümmern. Die Vierziger sind deshalb aufgefordert, aus der fernen Fremde, in der sie sich gerne aufhalten, in die Heimat zurückzukehren, um dort auszuhelfen. Das Abenteuer beginnt dann nicht mehr auf Patagonien, sondern beim hilflosen Nachbarn um die Ecke, und die Entdeckungen finden nicht mehr im valdivianischen Regenwald statt, sondern in der Vielfalt der Krankheiten, die den alten Leib bedrohen.

Zurzeit erledigen kommerzielle Pflegedienste diese Aufgaben. Das wird auf Dauer nicht zu bezahlen sein. Wenn wir verhindern wollen, dass viele Vierziger ihre späten Jahre verfluchen, müssen wir eine Kultur der gegenseitigen unentgeltlichen Verantwortung verbunden mit Selbstlosigkeit und Gemeinsinn entwickeln. Ein neuer, unerhörter Markt würde entstehen, auf dem nicht mit Waren gehandelt und Gewinn erzielt wird, sondern auf dem die Mitmenschlichkeit kostenlos in den Auslagen liegt.

Die vitalen Vierziger werden für die Siechen einkaufen und kochen müssen, Rollstühle durch die nahe Grünanlage schieben, den Vereinsamten Gesellschaft leisten, beschädigte Körper reinigen und pflegen und Sterbenden die Hand halten. Das ist im Detail häufig unreinliche Tätigkeit, die zudem die eigene Vergänglichkeit vor Augen führt.

Aus vielen Einzeltaten könnte eine zukünftige Kultur des Alterns entstehen, die unsere Not mit unseren Bedürfnissen unentgeltlich und listig versöhnt. Nachbarschaftliche Tauschgesellschaften ersetzen die Wohlfahrtsverbände und staatlichen Bemühungen. Ihre Währungen werden Einkaufen gegen Dankbarkeit, Häkelunterricht gegen Spazierengehen, Hackbraten gegen Vorlesen sein. Die Vielfalt der Tauschbeziehungen entspricht dabei der Vielfalt des menschlichen Lebens, und die ist bekanntlich grenzenlos.

Die Kinderlosen unter den Vierzigern, die im System der umlagenfinanzierten Renten keine Ansprüche erworben haben, sollten einen Teil der Einkünfte, die sie recht besehen der augustinischen Sexualethik eines alten Mannes verdanken, in einen Fonds einzahlen, der zweckgebunden die bedürftigen Alten zukünftiger Generationen unterstützt.

Die Vierziger wären gut beraten, einer nervösen Regierung gelegentlich zu signalisieren, dass sie von der Macht ihrer Stimmen wenig Gebrauch machen wollen, sondern bereit sind, ein zurückhaltendes Leben frei von zusätzlichen Forderungen zu führen. Damit wären Befürchtungen zerstreut, sie würden mit ihrem politischen Gewicht, das doch nur Resultat ihrer Lendenschwäche ist, künftige politische Entscheidungen in ihrem Interesse beeinflussen.

In alarmiertem Tonfall werden bereits heftige Auseinandersetzungen zwischen den Generationen heraufbeschworen. »Die Klassenkämpfe der Vergangenheit werden durch Verteilungskämpfe zwischen Rentnern und dem arbeitenden Bevölkerungsteil abgelöst.« Der viel gescholtene Friedrich von Hayek beispielsweise befürchtete, dass »Konzentrationslager für die Alten (…) wahrscheinlich das Schicksal der alten Generation« sein werden.

Auf der einen Seite stehen nach diesen Projektionen die Jungen vor der Notwendigkeit, zukunftsweisende Entscheidungen zu fällen. Auf der Gegenseite verteidigen die Alten entschlossen ihren Besitz und haben an den Erfordernissen einer Zukunft, die die ihre nicht mehr sein wird, wenig Interesse. Einen Anspruch auf Ansprüche haben sie zwar nicht mehr, sind aber aufgrund ihrer Anzahl zu einem gewichtigen Machtfaktor geworden. Ein verantwortungsvoller Umgang mit ihm bestünde in Zurückhaltung und der Einsicht der Vierziger, dass ihr Schicksal hinter ihnen liegt und sie nur noch für begrenzte Zeit Gäste auf der Erde sein werden.

Kurz: Aus Hedonisten müssen von christlichen Klischees befreite Epikureer werden, die im Rahmen eines zurückgezogenen Lebens Verantwortung für ihre unmittelbare Umgebung übernehmen. Aus dem Garten der Philosophie mit seinen üppigen Stauden, fremdartigen Gewächsen und betörenden Gerüchen würde allerdings die abgestandene Luft der Nachbarwohnung oder das Sterbebett der alten Dame.

Bleibt schließlich die Frage: Wie konnte es so weit kommen? Hätte es auch anders laufen können? Wann waren die entscheidenden Weichenstellungen? Hat es solche überhaupt gegeben? Sind die missratenen Entwicklungen nicht vielmehr Folge unzähliger Einzelentscheidungen oder Unterlassungen, deren gebündelte Konsequenzen keiner vorhersehen konnte?

Wenn es so ist, dann wären alle – und damit keiner – verantwortlich. Wenn es Unterlassungen gewesen sein sollten – hätte ein Eingreifen nachweislich das bessere Gegenteil bewirkt? Hätten wir heute eine kinderreiche, schuldenfreie Gesellschaft, die ihren Atommüll entsorgt hat und den Klimawandel nicht zugelassen hätte? Wäre unser Leben in diesem Fall ärmer und entbehrungsreicher gewesen?

Wir wissen es nicht. Wir wissen nur: Es ist im Zeitalter der Vierziger geschehen, die vor der Tyrannei der Gegenwart kapituliert und eine Welt zugelassen haben, die ziemlich genau das Gegenteil von dem darstellt, was sie einst anschaulich und theoretisch gut begründet gefordert hatten.

Ihr Zeitalter neigt sich seinem Ende zu. Es wird einzigartig geblieben sein. Die Ressourcen des Planeten erlauben keine Verlängerung. Die Vierziger werden jedoch ihre Hoffnung, alles möge vorläufig so bleiben wie es ist, wahrscheinlich über die Zeit retten können und von schmerzlichen Opfern verschont bleiben.

Es wird ein langer Abschied, aber das ist das Leben ohnehin. Eine Zeit lang werden sie noch in fernen Winkeln herumstöbern, bis aus der letzten Klause ein Ressort geworden ist. Das Reisen verlohnt dann nicht mehr, denn statt der ehedem unübersehbaren kulturellen Vielfalt herrscht weltweit eine marktbeherrschte Eintönigkeit.

Nur das Klima zeigt sich in neuen, aufregenden Formen. Unsere Nachkommen werden in dramatischer Umgebung leben dürfen und sich der Natur erwehren müssen wie unsere Ahnen in der Steinzeit. Uralte, über lange Zeit gebannte Weggefährten der Menschheit, die Gefahr, das Abenteuer, die Verheerung und das Opfer, werden in den Alltag zurückkehren.

Wenn sich die Urenkel bei tropischen Regenfällen, brütender Hitze oder strenger Kälte über die »Welt von damals« unterhalten, wird sehnsüchtig von paradiesischen Zuständen die Rede sein, in denen ihre fernen Vorfahren einst leben durften.

Freilich, noch ist Zeit, gemeinsam das Unheil zu verhindern und dafür zu sorgen, dass die Erde für alle bewohnbar bleibt. Technik, Sachverstand und Mittel stehen zur Verfügung. Es wäre eine unvorstellbare Tragödie, wenn die Chance nicht ergriffen würde. Niemand hält die Vierziger übrigens davon ab, selbstlos anzupacken und sich unentgeltlich nützlich zu machen. Es wäre ein letzter Dienst an den Enkeln und Urenkeln, bevor die Vierziger endgültig Geschichte geworden sind.